广东省精品在线开放课程配套教材

高等职业教育经济管理类专业系列教材

客户服务与管理

(微课版)

主　编　袁年英　邹德军

副主编　胡建平　邹建军

参　编　廖蓓蓓　高国昌　梁巧丽　祝丽杰

西安电子科技大学出版社

内容简介

本书立足于客户服务与管理职业岗位工作的需要，本着“岗、课、赛、证”相融合的宗旨，按照“项目导向和任务驱动”的思路，围绕企业尤其是外贸服务类企业客户服务一线的真实工作场景，以吸引和留住客户为目的，从客户信息数据管理、呼入型客户服务与管理、呼出型客户服务与管理、客户服务现场管理、客户服务质量管理、客户服务产品开发与管理及客户服务绩效管理等方面介绍了客户服务与管理的相关知识。

本书适合高职高专、职业本科以及应用型本科工商企业管理、连锁经营与管理、商务管理、市场营销、电子商务、酒店管理、旅游管理、现代物流管理等相关专业的学生使用，也可作为企业相关岗位的人才培训资料。

图书在版编目(CIP)数据

客户服务与管理：微课版 / 袁年英，邹德军主编. --西安：西安电子科技大学出版社，2024.4 (2025.1 重印)
ISBN 978-7-5606-7229-8

Ⅰ. ①客…　Ⅱ. ①袁… ②邹…　Ⅲ. ①企业管理—销售管理—商业服务
Ⅳ. ①F274

中国国家版本馆 CIP 数据核字(2024)第 065583 号

策　　划　明政珠　姚　磊
责任编辑　孟秋黎
出版发行　西安电子科技大学出版社(西安市太白南路 2 号)
电　　话　(029)88202421　88201467　　邮　　编　710071
网　　址　www.xduph.com　　电子邮箱　xdupfxb001@163.com
经　　销　新华书店
印刷单位　陕西天意印务有限责任公司
版　　次　2024 年 4 月第 1 版　2025 年 1 月第 2 次印刷
开　　本　787 毫米×1092 毫米　1/16　印张 15.5
字　　数　368 千字
定　　价　44.00 元
ISBN 978-7-5606-7229-8
XDUP 7531001 -2
如有印装问题可调换

前言

当今时代，大多数行业都进入了竞争激烈的买方市场，而在白热化市场竞争中取胜的重要因素之一是客户服务。客户服务是一个既古老又充满新意的话题。说它是古老的话题，是因为自人类有商务活动以来，客户服务就一直是商务活动中的一个核心问题，也是商务活动成功与否的关键因素之一。说它是充满新意的话题，是因为对于企业来说，互联网时代，人工智能、大数据、云计算等新技术的应用赋予了客户前所未有的“主导权”，他们既获得了产品的卓越性能，也获得了良好的用户体验。“客户为根，服务为本”，客户是企业的宝贵资源，“留住老客户”和“开发新客户”同等重要，满足客户需求，为客户提供个性化的客户服务是互联网时代客户服务与管理的新貌。

本书立足于客户服务与管理职业岗位工作的需要，突显新颖性、先进性、应用性和可操作性。

1. 新颖性

新颖性体现在以下三个方面：

(1) 教学内容新颖。本书结合最新的客户服务知识、技能，融“岗、课、赛、证”于一体。本书融入了 1+X 社交电商职业技能等级证书、互联网营销、互联网直播营销、商务数字能力等比赛内容，以常用场景为工作对象，力求把握技术的先进性，将最新理念和技术方法呈现给读者。

(2) 教学资源形式新颖。为与后疫情时代的教学相适应，本书配置了形式多样的教学资源，包括视频、动画、文字资料等。

(3) 教材形式新颖。本书与产教融合相适应，以任务为导向，采用工作手册的形式展示教学内容。

2. 先进性

先进性体现在以下三个方面：

(1) 有机融入课程思政元素。本书在设计上将社会主义核心价值观中的诚信贯穿课程教学内容的始终。

(2) 充分应用互联网、大数据等现代技术。本书在内容上尤其是在客户信息管理、客户新产品开发管理中充分将大数据、数据透视分析等技术应用其中。

(3) 紧跟时代潮流。时至今日，数智客服已广为企业所用，并颇受客户欢迎。本书对全渠道统一数智客户服务、直播营销、数智外呼、数智质检及智能培训等时下流行的数智服务分别作了介绍。

3. 应用性

应用性体现在以下三个方面:

(1) 注重选取企业工作实践情景。本书选取了企业尤其是外贸类企业客户服务管理职业岗位通用技能应用场景，有利于培养学生的实际应用能力。

(2) 注重培养学生的任务管理能力。这也是本书有别于其他客户服务与管理类教材之处。本书结合客户服务岗位工作的特点，设置项目、分解流程、梳理知识，有助于学生掌握客户服务任务分解技能。

(3) 注重培养学生的思维方式和实践能力。学以致用才是学习的根本和价值，本书秉承实用的宗旨，注重可读性和互动性。各项目一开始均给出了知识目标、技能目标和素养目标，项目中的任务均由任务情境、任务准备、任务实施、任务评价组成，设置了“知识拓展”栏目，项目末还配有复习与思考题。全书呈现了一个完整的客户服务过程，有利于培养学生发现问题、分析问题和解决问题的能力。

4. 可操作性

可操作性体现在以下三个方面:

(1) 实操性。本书设置了任务操作内容，以提升学生的动手能力。

(2) 场景性。本书立足客户服务场景，以任务实施为线索，突出客户服务技能的培训。

(3) 可评性。本书根据任务所涉及的知识、技能、技巧，明确任务评价内容，从而较好地保证了任务评价的可操作性。

广东工贸职业技术学院袁年英、邹德军担任本书主编，胡建平、邹建军担任副主编，廖蓓蓓、高国昌、梁巧丽、祝丽杰等教师也参与了本书的编写工作。本书还得益于广州友学科技有限公司、中联集团教育科技有限公司等企业的通力合作。此外，在本书的编写过程中，我们参阅了有关教材、网站的研究成果和文献，在此一并表示感谢。

2024 年 8 月，本书在智慧职教平台上开设的配套线上课程被认定为广东省精品在线开放课程。欢迎学习者加入学习，任课教师也可对本教材配套线上课程进行引用、修改，再发布为个性化课程(SPOC)。

由于编者的综合理论知识水平有限，对外社会活动范围有限，书中难免存在疏漏和不足之处，恳请广大读者批评指正。

客户服务与管理

编　者
2023 年 8 月
(2025 年 1 月改)

目　录

项目一　客户服务与管理概述

知识目标

(1) 了解客户服务与管理的概念与内容；
(2) 理解客户服务与管理的作用；
(3) 理解客户服务与管理和互联网、企业文化的关系；
(4) 掌握客户、客户服务的概念与特点；
(5) 掌握倾听、提问、复述、非语言沟通等客户服务基本技巧；
(6) 掌握网络沟通流程和技巧；
(7) 理解数智客户服务与管理的含义；
(8) 熟悉数智客户服务与管理的工具。

技能目标

(1) 能够运用倾听、提问、复述技巧与客户进行有效沟通；
(2) 具备在沟通中提取关键信息的能力；
(3) 能够熟练运用非语言沟通技巧；
(4) 能够运用适当的网络语言和表情与客户进行沟通；
(5) 能够运用数智客户服务与管理工具为客户服务。

素养目标

(1) 培养和树立正确的岗位意识，具有社会责任感；
(2) 培养和树立良好的服务意识，明礼诚信；
(3) 培养奉献精神与创新思维，具有创新意识。

思政园地：爱岗、敬业，培养和树立良好的客户服务意识

在当今时代，企业面临着产能过剩、产品同质化和竞争日趋激烈这一困境，同时也面临着客户需求日趋个性化、客户日益情绪化、客户流失风险上升的趋势。因此，市场竞争正由产品价值主导转变为客户需求主导。面对个性化的客户需求和容易流失的客户，客户服务与管理对企业而言至关重要。

任务一 认识客户与客户服务

企业的客户涵盖了各行各业，企业与客户打交道的方式直接影响着企业的声誉和发展。客户已成为企业生存与发展的关键，每个企业都在竭力为客户提供服务。

一、任务情境

(一) 任务场景

广州某外贸综合服务有限公司创建于1995年，是一家集进出口贸易、国际货运、仓储包装、物流配送、报关、物流方案策划及其他相关运输服务于一体的国际贸易综合服务企业。随着市场竞争的日趋激烈，该公司的高层越来越觉得生意难做，不仅服务对象多种多样，而且客户需求越来越个性化。他们意识到做好客户服务与管理已经成为公司进一步生存与发展的关键。

(二) 任务布置

请客户服务部张经理为大家做一个客户服务与管理的专题讲座。

(1) 分清顾客与客户。

(2) 明确什么是客户服务。

(3) 树立和培养良好的客户服务意识。

二、任务准备

(一) 知识准备

知识点：客户 客户服务 服务意识

1. 客户

所谓客户，是指产品和服务的最终使用或接受者。

从广义上看，任何一个过程输出的接受者都是客户。广义的客户如图1-1-1所示。

从狭义上看，客户是指直接获得商品或服务的个人或组织。

客户，尤其是外部客户，对企业的感知最直接的判断来自接待他的客户服务人员。无论客户带有何种情绪，客户服务人员应能够清晰地判断其类型，进而采取不同的服务方式，应情、应景地处理问题，这是客户服务人员应有的基本素质和能力。实践中，根据不同的标准，可以将客户分成不同的类型。

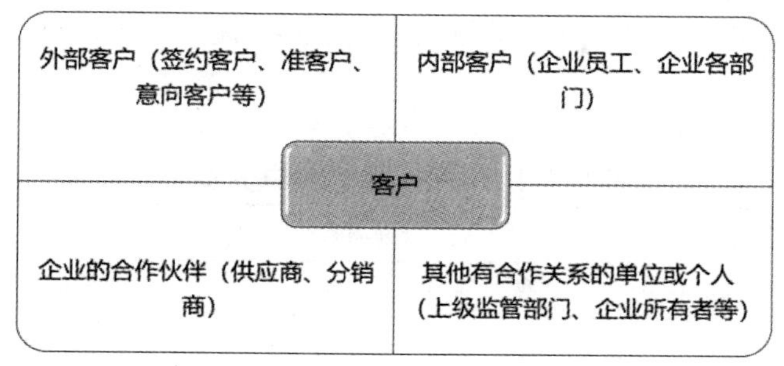

图 1-1-1　广义的客户

1) 按客户所处位置分类

(1) 内部客户。内部客户就是企业内部各部门的同事。内部客户可分为水平支援型客户、上下源流型客户和小组合作型客户。水平支援型客户平时彼此独立工作，当遇到困难时相互帮助；上下源流型客户通常是自己工作完成后，转给下一位员工；小组合作型客户则是一个团队共同协作完成一种工作。

(2) 外部客户。外部客户就是企业编制人员之外的客户，包括所有与企业发生交易行为和没有发生交易行为的客户。外部客户可分为直接客户和间接客户。直接客户是指了解商品(或服务)的信息和购买渠道，可以立即为企业带来收益的现有消费群体。间接客户是指具有足够的消费能力，对某种商品(或服务)具有购买需求的潜在消费群体。

2) 按客户所处的时间状态分类

(1) 过去的客户。过去的客户即曾经购买过该企业产品(或服务)的个人或组织。不论购买次数，只要之前有过交易记录的，就都是过去的客户。

(2) 现在的客户。现在的客户指现在正在和企业进行交易的个人或组织。即使是第一次，只要正在进行交易，不论是否成交，都是现在的客户。

(3) 潜在的客户。潜在的客户指将来有可能购买产品的个人或组织。

3) 按客户表现分类

(1) 要求型客户。这类客户想了解产品和服务，较有主见，思路清晰，控制欲较强，通常会提出自己的想法和很多疑问。

(2) 困惑型客户。这类客户对某个问题不清楚或有误会，需要客户服务人员为其解释清楚。

(3) 激动型客户。这类客户很激动，并且对产品的服务不满意，情绪激动，说话语速较快。

4) 按 RFM 模型分类①

根据美国数据库营销研究所 Arthur Hughes 的研究，客户数据库中有 3 个要素：最近一次消费(Recency，R)、消费频次(Frequency，F)、消费金额(Monetary，M)。这 3 个要素构成了 RFM 模型。RFM 模型是衡量客户价值和客户创造利润能力的重要工具。

RFM 模型通过分析客户最近一次消费、消费频次及消费金额来预估该客户的价值：最近一次消费(R)表示客户最近一次消费的时间间隔。R 的值越大，说明距离客户最近一次购买的时间越短；反之，则表示时间越长。消费频次(F)表示客户在最近一段时间内的消费频

① 涉及 1+X 社交电商职业技能等级证书、金砖国家职业技能大赛商业数字化能力赛项内容。

次。F 的值越大，表示客户越活跃；反之，则表示客户活跃度不够。消费金额(M)表示客户在最近一段时间内消费的金额。M 的值越大，表示客户越有价值；反之，则表示客户价值越低。

根据 RFM 权重的分析，企业可以将客户分为 8 种类型，如表 1-1-1 所示。

表 1-1-1　RFM 模型客户分类表

客户分类	R(时间间隔)	F(消费频次)	M(消费金额)	客户价值
重要价值客户	高	高	高	优质客户，需要重点服务
重要发展客户	高	低	高	需重点维持
重要保持客户	低	高	高	需要唤醒召回
重要挽留客户	低	低	高	需要挽留
一般价值客户	高	高	低	需要挖掘
一般发展客户	高	低	低	新用户，有推广价值
一般保持客户	低	高	低	贡献不大，一般维持
一般挽留客户	低	低	低	即将流失

重要价值客户是指最近一次消费的时间间隔短、消费频次和消费金额都很高，必须成为公司的 VIP 客户的客户，由专人为其提供重点服务。

重要发展客户是指最近一次消费的时间间隔较短、消费金额高，但频次不高，说明这是一个忠诚度不高但很有潜力的客户，必须重点发展，推动其成为重要价值客户。

重要保持客户是指最近一次消费的时间间隔较长，但消费频次和金额都很高，说明这是一个一段时间没来的忠诚客户，需要主动与其保持联系。

重要挽留客户是指最近一次消费的时间间隔较长、消费频次不高，但消费金额高的客户，可能是将要流失或者已经要流失的客户，应当对其采取一些挽留措施。

为了不断吸引和留住客户，公司应根据客户类型的不同，采取不同的服务策略。RFM 模型重要客户分类图如图 1-1-2 所示。

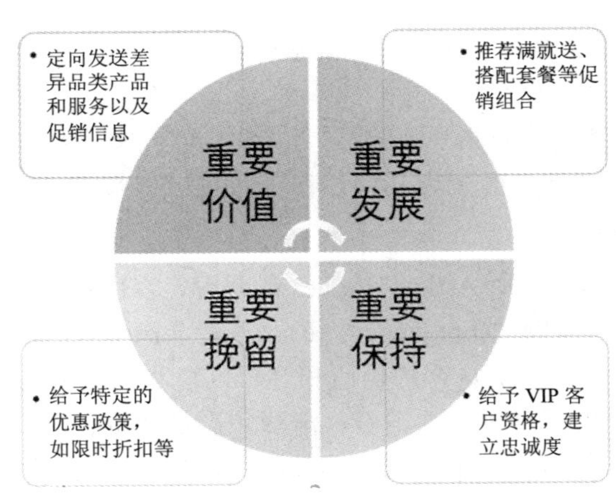

图 1-1-2　RFM 模型重要客户分类图

2. 客户服务

客户服务

所谓客户服务，就是企业为维护企业与客户之间的关系而为客户提供其所想要的服务的过程。客户服务是通过员工为客户提供商品或服务时所具备的知识水平、能力和工作热情等展示出来的一种员工能力。

客户服务的目的是让客户满意，进而继续购买企业产品或服务。客户服务包括提供技术支持、提供信息咨询、受理客户订单和客户投诉等内容。

客户服务不仅能提高客户的满意度，更能较好地防止客户流失。对于企业而言，客户服务的意义在于：

(1) 客户服务能够让客户的需求得到更好的满足。

(2) 通过客户服务，企业能够获得最有价值的市场信息。例如，通过客户服务，企业可以了解到客户需求被满足的程度及掌握客户还有哪些需求有待进一步得到满足。

(3) 客户服务不仅可以提升客户的体验感，更可增加产品或服务的附加值，从而进一步拉近与客户的距离，提高客户的满意度。

实践中，客户服务人员应具备以下基本素质：

(1) 熟悉客户服务岗位工作所需的关键知识。

(2) 掌握客户服务岗位工作所必须具备的技能。

(3) 树立“客户至上”、全心全意为客户服务的理念。

3. 服务意识

服务意识是指企业全体员工在与企业利益相关的人或企业的交往中所体现出来的为其提供热情、周到、专业、主动服务的欲望和意识。

服务意识是一种发自服务人员内心的、自觉主动做好服务工作的理念和愿望，是一种以被服务者的需求为导向，甘愿为被服务者服务的精神。

互联网时代，企业之间的竞争已经从以产品为中心的竞争转向了以客户需求为中心的竞争。企业只有具有良好的服务意识，服务好客户，才能提高客户的满意度，才能赢得客户的信赖，进而赢得客户的不离不弃。可以这样说，当今社会，缺乏服务意识的企业是没有竞争力的企业。

企业的服务意识与员工个人的服务意识相辅相成。企业作为一个整体往往是由员工个体组成的，正确处理好企业与员工个人之间的关系，对企业和员工个人来说具有重要的意义。

(1) 企业的服务都是由企业员工完成的，因此，员工个人的服务质量与企业的服务质量之间是个体与整体的关系，企业的服务质量决定了员工个人的服务质量，员工个人的服务质量反过来又会影响企业的服务质量。实践中，员工个人的服务意识就是企业的服务意识在实践中的具体体现，它不仅影响员工个人的服务质量，更会进一步影响企业的服务质量。

(2) 企业员工要想在职场上获得更好的发展，就应当把工作当作事业来做，并且要把企业的事当作自己的事来做。企业员工在为他人提供服务时，应多一份理解、多一份爱，并且要有同理心，要懂得换位思考。

(二) 操作准备

(1) 理解顾客与客户的区别，正确认识客户服务与管理的对象。

(2) 掌握客户服务的内涵，正确认识客户服务。

(3) 能够正确看待客户需求。

(4) 能与时俱进，树立良好的客户服务意识。

(三) 任务要领

1. 把握客户的内涵

互联网+时代，客户早已成为企业的财富，吸引和留住客户是企业进一步生存和发展的关键。客户是具有鲜明个性特征的活生生的人，并且是能给企业带来利润的人。不同的客户由于其所在地区、行业、成长经历、受教育程度、收入等不尽相同，其需求特征也不尽相同。并且，就算是同一个客户，其需求特征也会因其所处环境、心理状态等的变化而变化。因此，掌握客户的需求特征，有的放矢，对吸引和留住客户十分重要。

2. 明确客户服务的范畴和内容

客户服务是一个系统工程，涉及企业的产品研发、生产、销售、运营的全方位、全过程及企业的全体员工。例如，在产品研发过程中考虑客户的个性化需求，设计个性化的产品；在产品生产过程中，严格控制生产工艺流程，以确保生产出安全产品；等等。从内容上看，客户服务的内容包括有形的客户服务和无形的客户服务。有形的客户服务包括产品材料、产品外观等；无形的客户服务包括客户服务人员的服务态度和客户的消费环境等。

3. 树立和培养良好的客户服务意识

培养和树立良好的客户服务意识

1) “以客户需求为导向”的客户服务意识

互联网+时代是“客户为王”的时代，以客户需求为导向，充分满足客户需求，已经是企业吸引和留住客户的制胜法宝。企业只有了解客户需求、分析客户需求、充分迎合并满足客户需求，才能把握客户需求，进而抓住客户服务工作的重心。“以客户需求为导向”的服务意识因企业所处行业及市场环境的不同而不同，因此，企业应根据客户的需求为客户提供个性化服务。

2) “一切为了客户”的客户服务意识

互联网+时代是供大于求的时代，即客户时代。只有具有“一切为了客户”的服务意识，企业才能站在客户的立场上制定经营管理与营销战略，围绕客户需求研究、开发产品，才能在设计、生产和供应过程中尊重和充分肯定客户的意见，从而拉近与客户的距离，进而产生客户满意的群体效应。

三、任务实施

(一) 任务流程

客户和客户服务业务流程如图 1-1-3 所示。

正确认识客户 ⇨ 理解客户服务的范围和内容 ⇨ 树立和培养良好的客户服务意识

图 1-1-3　客户和客户服务业务流程

客户和客户服务业务流程说明如表 1-1-2 所示。

表 1-1-2　客户和客户服务业务流程说明

工作序号	工作任务	操作指导	注意事项	备　注
1	正确认识客户	正确界定客户	区分顾客与客户	接受客户服务
2	理解客户服务的范围和内容	明确客户服务的范围，清楚客户服务的内容	站在客户的立场，真心实意地为客户提供帮助和解决问题	提供客户服务
3	树立和培养良好的客户服务意识	理解什么是良好的客户服务意识，培养和树立良好的客户服务意识	具有“以客户需求为导向”“一切为了客户”的服务意识	提供客户服务

(二) 任务操作

顾客与客户

1. 正确认识客户

顾客(customer)和客户(client)这两个词来源于西方，从其英文本身的含义看，顾客(customer)是指如零售店、快餐店、超市等中比较随机的购买者，卖家所提供的商品不会因为购买者的不同而不同。而客户(client)通常是指长期合作的购买者，卖家通常拥有专业的技能，如律师事务所、设计公司、咨询公司等。

顾客是与社会化大生产相适应的，没有任何的个性化特征和需求。在商品或服务提供者的眼中，顾客只是购买自己商品或服务的人而已。客户是与个性化需求相适应的，有鲜明的个性化特征和需求。从广义上看，任何与所提供的商品或服务有关的人都是客户。从狭义上看，客户是指那些能够从所提供的商品或服务中获利的人。

从范围上看，客户的范围要广于顾客的范围。顾客仅指已经购买了商品或服务的人；而客户不仅包括已经购买了商品或服务的人，还包括商品或服务的使用者、以前购买或使用过本商品或服务的人及将有可能购买或使用本商品或服务的人。从广义上讲，除狭义的客户所指的这些外，客户还包括企业内部各部门的员工，以及企业外部的供应商、销售商、竞争伙伴等。

2. 理解客户服务的范围和内容

客户服务管理是指在了解和创造客户需求的基础上，建立并提高客户的满意度，从而提升客户的忠诚度，进而最大限度地开发和利用客户。它是企业全员、全过程参与的一种经营行为和管理方式。因此，客户服务管理包括营销服务、部门服务和产品服务等几乎所有的服务内容。

3. 树立和培养良好的客户服务意识

客户服务意识也称客户服务理念，即客户服务人员在提供客户服务活动过程中的思想意识，反映的是客户服务人员对服务活动的理性认知。客户服务人员良好的客户服务意识不仅能让客户满意，更能让自身从工作中享受到更多的乐趣，总结出更多更好的服务方法，进而使自己的职业获得更多更好的发展。

随着客户服务逐渐成为企业转型升级的有效手段，培养员工良好的客户服务意识已成为企业发展的必然。良好的客户服务意识主要是指“以客户需求为导向”和“一切为了客户”。

1) “以客户需求为导向”的服务意识

企业的一切工作都开始于客户需求，从了解和掌握客户需求出发，分析客户需求，进而充分迎合并满足客户需求。互联网时代是个性化的时代，因此，“以客户需求为导向”的服务意识落实到企业的工作实践中，就是企业为客户提供个性化、区别化、精准化且重视客户感受的服务。如广州某外贸服务平台就是为客户提供个性化服务的典范，该平台的老板曾不断鼓励员工：“你们一定要用客户喜欢的方式为客户提供服务，而不是用自己喜欢的方式。”此平台通过为客户建立个人档案来快速而有效地为客户提供精准服务。由于关注客户的需求，重视客户的感受，这家外贸服务平台的效益不断增长。

2) “一切为了客户”的服务意识

“一切为了客户”的服务意识落实到企业的工作实践中，就是要树立“客户至上”“客户永远是对的”的理念。企业要将“客户至上”的理念落实到客户服务实践之中。要做到这一点，企业首先要知道客户需要什么，然后根据客户的需要，重视客户的意见，让客户参与决策，不断完善产品服务体系，从而最大限度地使客户满意。至于“客户永远是对的”，它其实包含了三层含义：第一，客户是商品或服务的购买者或使用者，不是麻烦的制造者；第二，客户最了解自己的需求、爱好，这恰恰是企业最需要的信息；第三，由于客户的“天然一致性”，如果与一个客户争吵，就会在客户中一传十、十传百，最后，必将有损企业的品牌与形象，因此，从这个角度上讲，与一个客户争吵，就是与所有客户争吵。

总而言之，企业应在“客户至上”“一切为了客户”的理念指导下，培养客户服务人员的同理心，从而让客户服务人员懂得换位思考，进而与客户感同身受。也只有这样，客户服务人员才能真正理解并将“客户永远是对的”落实到自己服务客户的实际行动中去，从而真正服务好客户，进而赢得客户和市场。

四、任务评价

客户与客户服务任务评价表如表 1-1-3 所示。

表 1-1-3 客户与客户服务任务评价表

任务清单	完成情况
分析客户的定义和分类	
区分顾客与客户	
分析客户服务	
分析服务意识和客户服务意识	
分析如何培养和树立良好的客户服务意识	

知识拓展

服务的特点

任务二　理解客户服务与管理

客户服务与管理工作覆盖整个企业，其关键实施者是客户服务人员，但客户服务人员不可能完成所有的客户服务与管理工作，企业所有员工的工作均与此有关。

一、任务情境

（一）任务场景

深圳市某服务公司作为全球最大的外贸综合服务平台，改变了传统外贸企业的交付方式和信用体系，实现了从“汗水驱动”向“数据驱动”的转型，堪称贸易价值链的标志性变化。

2001 年该公司在深圳成立，成立后该公司做了三项决策：一是开发平台系统，实行电子化操作、流水化作业；二是定位中小企业客户；三是固定收费 1000 元/单。对中小企业来说，能不能接到国际订单只是困难的“起步阶段”，更难的还在后面。比如，跑银行、跑海关、跑物流等，不少小企业接单后还得专门成立小组来处理这些与核心业务无关的事宜。该公司的目标就是为企业解决这些问题，让小企业专心做主业。以外贸出口中经常碰到的退税周期过长问题为例，该公司会给企业先行垫付退税款，解决企业资金周转问题。

在提供各环节外贸服务的同时，该公司还通过集纳平台上 13 万家外贸中小微企业的服务需求，获得议价权，拿到国际快递、物流、通关等各外贸环节的“团购价”。该公司的服务模式可以为中小企业降低约 30%的外贸综合成本。

在互联网和大数据的深度介入下，该公司还帮助平台上的中小企业解决了流通和信用两大难题。一方面，企业可以享受外贸综合服务平台提供的通关、退税、物流、金融等一系列外贸服务；另一方面，通过交易积累数据，企业还可获得数据红利反哺、信用背书、融资，从而远程赢得客户。通过该公司，企业在海关、商检、物流等环节的真实数据会在平台沉淀。通过全程服务，该公司沉淀下来的贸易数据，甚至比银行自己调查的更加全面准确，转化为外贸金融服务产品之后，也更适合中小企业需求，从而成为获取银行融资的有力依据。

在成功踏出金融服务的关键一步后，该公司又有了一个新想法，即根据该公司平台的交易数据形成卖家信用体系，让买家可以迅速在数据中甄别卖方，从而彻底解决“小买家不敢跨境买、大卖家不敢跨境卖”的问题。

事实证明，该公司的这种“赋能”的客户服务是非常有效的。2016 年，全国 36 个城市先后引入该公司的子公司，逾 8 万家外贸中小企业受益，较 2015 年增长 48%。

(二) 任务布置

请办公室陈珊为大家做客户服务与管理的专题讲座。

(1) 讲清什么是客户服务与管理。

(2) 明确客户服务与管理和企业文化的关系。

(3) 明确客户服务与管理和互联网的关系。

二、任务准备

(一) 知识准备

知识点：客户服务与管理　企业文化　互联网

1. 客户服务与管理

客户服务与管理是企业为了建立、维护并发展与客户的关系而进行的各项服务工作的总称。客户服务与管理是企业全员、全过程参与的一种经营行为和管理方式。

2. 企业文化

企业文化是企业在生产经营实践中逐步形成的，为企业全体员工所认同并遵守的带有本企业特点的企业使命、愿景、宗旨、精神、价值观和经营理念，以及这些理念、价值观、精神等在企业生产经营实践、管理制度、员工行为和企业对外形象中体现的总和。

3. 互联网

互联网是指将两台计算机或者是两台以上的计算机终端、客户端、服务端通过计算机信息技术的手段互相联系起来的结果。互联网不仅可以让我们实现资源共享、个性化服务，而且可以让远在千里之外的人们实时进行通信、社交、网络贸易等。

4. 相关法律法规

本任务涉及的相关法律法规有《互联网广告管理办法》《中华人民共和国货物进出口管理条例》《中华人民共和国对外贸易法》等。

(二) 操作准备

(1) 了解什么是客户服务与管理。

(2) 理解客户服务与管理和企业文化的关系。

(3) 理解客户服务与管理和互联网的关系。

(三) 任务要领

1. 加强客户服务与管理

随着互联网、人工智能等现代技术的不断发展，人们的个性化需求日益突出，客户服务与管理是企业在发展过程中，针对企业客户感性需求、客户容易流失等问题，借助现代技术不断改革和创新的结果。客户服务与管理来源于实践，并在实践中不断与时俱进，创新发展。大数据、互联网、人工智能等现代技术为客户服务与管理提供了便利，加强客户服务与管理是企业获得可持续发展的大势所趋。

2. 改造企业文化体系

客户服务与管理作为一种新型的管理理念，其实施能否成功，不仅取决于企业的实施经验和技术水平，而且与企业自身的推进力度有很大关系，尤其是理念的贯彻和思想的融合，即企业文化体系的改造。客户服务与管理和企业文化相辅相成，企业文化决定客户服务与管理，客户服务与管理的有效实施又进一步推动企业文化不断推陈出新，不断进步。

3. 掌握客户服务与管理工具

随着互联网技术的快速发展，公司之间单纯以产品为中心的竞争逐渐减弱，以客户为核心，能够及时响应客户的能力已成为互联网时代公司成功与否的关键之一。可以说，互联网+客户服务与管理是企业顺应互联网 + 时代的竞争市场需要从而获得进一步生存与发展的产物。并且，随着互联网信息技术的不断发展，互联网、人工智能等现代信息技术又为客户服务与管理创造了条件、提供了便利。时代在进步，科技在发展，作为互联网+时代的一员，客户服务人员应主动顺应时代的需要，有效掌握互联网、人工智能等现代技术，尊重科学，尊重事实，不断提高自己的互联网信息技术素养，在实践中不断发现问题、分析问题进而解决问题。

三、任务实施

(一) 任务流程

从客户服务岗位工作实际着手，结合客户服务岗位工作，理解和掌握客户服务与管理的定义、目的、核心理念、内容、作用及实现。

客户服务与管理作为一种管理行为活动，是在一定的企业文化指引下进行的，其和企业文化相辅相成，因此，做好客户服务与管理离不开相应的企业文化体系改造。通过改造企业文化体系塑造“以客户为中心”的企业文化，为客户服务与管理营造良好的氛围。

互联网为客户服务与管理创造了条件，提供了便利。随着互联网技术的不断发展，客户服务与管理的时空界限被打破。互联网技术在客户服务与管理中的不断运用，不仅大大缩短了客户服务响应的时间，更是让客户服务无时不能、无处不在，从而大大提高了客户服务与管理的效果和效率。

(二) 任务操作

1. 学习客户服务与管理相关内容

什么是客户服务管理

通过对客户服务与管理相关内容的学习，新入职的客户服务人员应对客户服务与管理工作有清楚的认识。

(1) 客户服务与管理的定义。客户服务与管理是在“以客户至上”的理念指导下，企业为吸引和留住客户而进行的包括营销服务、部门服务和产品服务等在内的各项服务工作的总称。

(2) 客户服务与管理的目的。客户服务与管理的目的是在了解和创造客户需求的基础上，建立并提高客户的满意度，从而提升客户的忠诚度，进而最大限度地开发、利用客户。

(3) 客户服务与管理的核心理念。客户服务与管理作为一种管理行为活动，同其他众多的管理行为活动一样，是在一定的思想指导下进行的。客户服务与管理的核心理念有以下三方面内容：

① 从满足客户需求出发。客户是企业发展最重要的资源之一，充分满足客户需求是“以客户为中心”在实践中的具体体现。

② 以提供客户满意的产品或服务为义务。企业及其相关人员作为产品或服务提供者，只有在实践中把为客户提供让其满意的产品或服务作为自己对客户应尽的义务，才能让客户需求得到应有的重视，也只有这样，企业及其相关人员在为客户提供产品或服务时才能真正从客户需求出发，为客户提供其所需要的产品或服务。否则，从满足客户需求出发就犹如无根之木、无源之水，难以为继。

③ 以客户满意作为企业的经营目的。在“以客户为中心”的时代，从客户需求出发，通过为客户提供令其满意的产品或服务，从而进一步提升客户的感知度和体验度，目的就是要让客户满意。因为只有客户满意了，客户才有可能不断购买产品或服务。

(4) 客户服务与管理的内容。客户服务与管理包括营销服务、部门服务和产品服务等几乎所有的服务内容。客户服务与管理涉及企业全员、全过程。

(5) 客户服务与管理的作用。客户服务与管理的主要作用包括以下三方面内容：

① 提高市场营销效果和效率。为了达到满足客户需求这一目的，企业及其市场营销等相关人员应以客户需求为导向，借助现代技术，根据客户需求特点设计、组织和实施市场营销活动，提高市场营销效果和效率。

② 为生产、研发提供决策支持。借助现代技术，客户服务与管理不仅要注重客户数据的收集、处理、保管和利用，更要注重客户数据的挖掘。企业借助现代技术对客户服务过程中所收集的资料了解客户，发掘出具有共性的客户需求，并合理分析客户的个性化需求，从而总结出具有市场需求的产品(或服务)品种、产品(或服务)功能及高附加值的深加工信息，并通过对供应商、相关政策法规、销售商及竞争对手等各项资料的收集分析，结合自身企业的实际，为企业确定产品(或服务)的品种、性能及产量等相关内容提供决策支持。

③ 吸引和留住客户。企业及其相关人员应在“客户至上”理念指导下，围绕客户需求不断改善其产品和服务，从而不断提升客户的体验感，吸引和留住客户。

(6) 客户服务与管理的实现。在以客户为核心，为客户创造价值的理念引导下，以利用与客户的良好关系为企业创造价值为目的，借助数据中心、数据挖掘、商业数智及个性化服务系统等现代技术，对信息、资源、流程、管理、技术等方面进行整合利用，实现客户服务与管理。

客户服务管理与企业文化

2．明确客户服务与管理和企业文化的关系

企业文化是在企业特定的服务与管理环境下逐渐形成和发展起来的，并与企业特定的服务与管理模式相适应。如果客户服务与管理的模式变了，则企业文化也要进行相应的改变。

1) 传统企业管理和客户服务与管理

传统企业管理和客户服务与管理的区别主要表现在以下两个方面。

(1) 传统企业管理着眼于企业内部资源管理，以产品为中心展开工作，企业的销售策略是“推销”式的；客户服务与管理的着眼点在于客户这一外部资源，以客户为中心，提供有针对性的产品及服务，把老客户发展成忠实的“回头客”，从而增加客户黏性，以便有效防止客户流失。

(2) 与传统企业管理理念下的以生产为中心不同，客户服务与管理以客户需求为中心，在市场开拓上，从传统的以推销产品为目的转向以为客户提供整体解决方案为目的，而企业内部则从各部门的多头作战转向团队协作。所以，从这一意义上说，客户服务与管理成功实施的前提是传统的推销型企业从企业结构、企业文化、业务流程向适应新的“客户拉动”式营销理念转变。尤其是企业文化的改造，对客户服务与管理的推进起着至关重要的作用。

2) 与客户服务与管理相适应的企业文化特征

与客户服务与管理相适应的企业文化特征如下：

(1) 重视客户利益，让客户满意。重视客户利益，让客户满意是提高客户对企业的忠诚度，增加客户黏性，进而防止客户流失的有效方法。传统企业管理下，面对市场竞争，企业往往会形成一种以企业自身利益最大化为目标的企业文化。在“盈利是唯一目标”这一思想的指导下，不少企业为了自己获利，自觉和不自觉地损害了客户利益，导致客户对企业的忠诚度、黏度普遍偏低。而在“以客户为中心”的客户关系管理文化下，企业重视客户利益，让客户满意，从而提升客户的忠诚度，这不仅可以有效防止老客户的流失，还可以通过老客户的推荐不断增加新客户，从而不断从老客户身上获取更多利益。

(2) 关注客户个性化需求。传统企业管理是与社会化大生产相适应的，企业面对的是一个群体市场，企业只需简单地根据市场上的大众需求来经营自己的产品。企业一旦发现自己的产品滞销，往往先考虑的是如何加紧促销，却忽略了从客户的个性化需求中突破。然而，随着经济全球化的到来，“个性化”和“多元化”的价值观念和消费需求得到重视，不仅使得客户的个性化需求得以彰显，更让客户个性化需求的实现成为可能。因此，关注客户个性化需求已成为企业进一步生存和发展的关键。

(3) 注重感情消费经营思路。随着经济社会的不断发展，人们的消费观念已经从追求物美价廉的理性消费时代过渡到感情消费时代，消费时更多地追求一种心灵的满足，产品本身则摆在次要位置，这是感情消费时代客户消费时最突出的特点。消费者对企业的感情虽然难以量化，但面对众多同质性的产品，最终决定消费者取舍的关键因素，很大可能就是客户对企业的感情。

(4) 形成努力争取以客户为主的企业外部资源的思想。在特定的经济环境和管理环境下，企业已经形成了着眼于企业内部资源管理的企业文化。在这种文化下，企业管理后台部分缺乏对客户这一前台资源的相应管理。客户服务与管理利用现代技术，在“以客户为中心”的全新战略思维下，充分利用以客户为主的外部商业关系，扩展新的市场和业务渠道，提高客户的满意度和黏性，进而提高企业的盈利能力。

3) 客户服务与管理给企业文化带来的变革

客户服务与管理给企业文化带来的最大变革就在于企业由重视内部价值和能力变为重视外部资源的利用能力。企业文化的其他许多变革都是由这一变革所衍生的，包括由原来的重视企业与员工、员工与员工之间的关系变为重视企业与客户、员工与客户的关系，由重视企业利润变为重视客户利益，由关注客户群体变为关注客户个性化需求，由面向理性消费的经营思路变为面向感情消费的经营思路等。

实践中，客户服务与管理所带来的新型文化观念可以与旧有的企业文化兼容并蓄，当二者发生冲突时，企业文化的天平会倾向于有利于客户资源利用方面，但并不表明企业就此完全忽视内部资源的管理和利用。

3. 明确客户服务与管理和互联网的关系

1) 互联网对客户服务与管理的关键性要求

(1) 客户信息数据同步化。为了企业面向客户的部门能协调自如，以实现一个连贯的、掌握客户服务全过程的客户服务与管理大系统，企业在客户服务与管理实践中，实现对客户完整、实时的交互和信息的同步传递共享，即客户信息数据同步化尤为关键。否则，将会影响客户与企业互动的效果和效率。

客户服务管理与互联网

(2) 明确互联网在客户关系管理中的核心地位。互联网+时代，互联网技术交流和达成交易的权利(或方便、自由)更多地移向客户，企业将不得不给予客户对双方关系更多的控制权。企业为了生存和发展，必须以客户需要的服务类型、信息等来架构企业与客户之间的交互方式。因此，互联网观念和技术必须处于客户服务与管理的中心位置，只有这样，企业在构建客户服务上才能够满足其全面运营的需要。

(3) 支持与开发个性化客户服务。与互联网+时代下人们的个性化需求相适应，企业的客户服务与管理应能够支持和开发个性化客户服务，从而充分满足客户个性化需求，进而提高客户满意度，增强客户黏性，有效防止客户流失。

2) 互联网+战略下的客户服务与管理

互联网+战略下的客户服务与管理是一种以网络为中心，全面沟通客户渠道和业务功能，实现客户服务同步化的方案。它能创造和充实动态的客户交互环境，产生覆盖全渠道的自动客户回应能力，整合全线的业务功能并实时协调运营，拓展和提高客户交互水平，提高客户服务与管理的效果和效率。例如，企业服务人员可以通过电话与客户同步浏览网页，与此同时，为客户提供文字、语音、音像等多媒体的在线即时服务。这样既增强了客户的体验感，又较好地满足了客户方便、快捷及个性化的消费需求。当然，方便、快捷又充满个性化的服务也较好地增强了客户的体验感，从而进一步提高了客户的满意度和黏性，增强了企业与客户之间的情感，进而较有效地防止了客户流失。

四、任务评价

客户服务与管理认知任务评价表如表 1-2-1 所示。

表 1-2-1　客户服务与管理认知任务评价表

任 务 清 单	完成情况
查阅与外贸相关的法律法规	
分析客户服务与管理的发展趋势	
分析客户服务与管理和企业文化之间的关系	
收集和整理反映客户服务与管理和企业文化关系的案例	
分析互联网和企业客户服务与管理之间的关系	

知识拓展

客户服务与管理的产生背景与发展

任务三　熟悉客户服务的基本技巧

热情、周到、耐心、专业是客户对客户服务人员的期望，也是客户服务人员的基本工作要求。倾听客户心声，以便通过有效提问及巧妙复述迅速找准客户需求是客户服务的基本技巧。

一、任务情境

(一) 任务场景

为了满足公司业务发展的需要，深圳某外贸综合服务有限公司新招来一批市场营销、企业管理、计算机、金融等专业的应届毕业生。经公司高层研究决定，在这批应届毕业生入职后，先统一将其安排到客户服务部锻炼、培养，后期再根据他们的表现及公司的需要调整到相应的岗位。公司客户服务部接到通知后，决定从客户服务的基本技巧着手，对这批应届毕业生进行相关的培训。

(二) 任务布置

请培训部蔡莉设计和组织客户服务基本技巧培训事宜。

(1) 确立培训具体内容，准备相关资料。

(2) 组织和实施相关培训。

二、任务准备

(一) 知识准备

知识点：客户服务的基本技巧

客户服务的基本技巧是客户服务人员做好服务工作应掌握的基本理论和技能规范。客户服务人员首先要了解客户有什么需求和期望，而了解客户需求和期望的过程，实际上就是客户服务人员不断与客户交流沟通的过程，因此，交流沟通技巧是客户服务的基本技巧。实践中，交流沟通包括有声语言的交流沟通、无声语言的交流沟通和网络的交流沟通，因此，从这个意义上讲，客户服务的基本技巧也就包括有声言语服务技巧、无声言语服务技巧和网络沟通服务技巧。

(1) 有声言语服务技巧。有声言语即人们运用有声语言进行交流沟通的过程。有声言语是人的一种行为，又称有声言语行为或有声言语活动。

(2) 无声言语服务技巧。无声言语是相对于有声言语而言的，无声言语又称非言语，是指通过表情、身体动作、语气语调、空间距离等肢体语言进行交流沟通的过程。

(3) 网络沟通服务技巧。随着互联网技术的普及和发展，互联网交易已成为企业与客户之间不可或缺的一种重要交易方式。在互联网交易过程中，企业与客户的交流沟通是通过网络来实现的。客户在互联网上主要通过图、文等信息了解商品或服务，但看不到真正的实物，给人感觉比较虚幻，客户服务人员既要为客户描述清楚产品，又要体现出对客户的关心、关爱，因此，网络沟通服务技巧越发显得重要。

(二) 操作准备

(1) 了解客户服务的基本形式及其相应的特点。

(2) 了解客户服务的相关标准和行为规范。

(3) 能根据企业实际和客户需求为客户提供相应形式的有效客户服务。

(4) 能根据客户的具体情况，综合应用客户服务技巧，有效为客户提供让客户满意的服务。

(三) 任务要领

客户服务实质上就是客户服务人员与客户之间不断通过有声言语和无声言语进行交流沟通，以求达到一致畅通的过程，因此，和谐、得体、自然、适度是关键。

1. 和谐

客户服务是在一定的社会环境下进行的，人们相互交流是因为需要同周围的社会环境相联系。沟通与人际关系两者相互促进、相互影响。有效的沟通可以赢得和谐的人际关系，而和谐的人际关系又使沟通更加顺畅。

2. 得体

得体不仅指无声言语的得体，还包括有声言语的得体。无声言语的得体不仅能体现出客户服务人员良好的职业素养，更能让客户赏心悦目，从而拉近与客户的距离，增加客户的满意度和体验度。有声言语的得体不仅能较好地与客户相匹配，满足客户受尊重的需要，更有助于客户的理解和接受，从而提高沟通的效果和效率。

3. 自然

自然指的是不刻意、不强求。客户服务人员不仅表情、肢体动作、言语等要自然，对于客户的需求也应自然接受。客户服务人员的自然不仅是其良好职业素养的体现，更是对客户的尊重。客户服务人员自然的有声语言和无声语言，不仅有利于创造轻松融洽的沟通氛围，更能让客户卸下防备和抗拒之心。

4. 适度

适度即适合，要求程度适当、相当，正所谓“适合的就是最好的”。客户多种多样，根据客户的个性化特点，有针对性地提供其所需要的客户服务，即适度的服务，这既是对客户的尊重，更是提高客户服务效果和效率的关键。

三、任务实施

(一) 任务流程

客户服务基本技巧业务流程如图 1-3-1 所示。

掌握有声言语服务技巧 ⇨ 熟悉无声言语服务技巧 ⇨ 理解网络沟通服务技巧

图 1-3-1　客户服务基本技巧业务流程

客户服务基本技巧业务流程说明如表 1-3-1 所示。

表 1-3-1　客户服务基本技巧业务流程说明

工作序号	工作任务	操作指导	注意事项	备　注
1	掌握有声言语服务技巧	倾听，提问，复述	尊重客户，以抓住客户需求为目的	适用于电话客户服务和现场客户服务
2	熟悉无声言语服务技巧	肢体语言，信息反馈，精神面貌	言行一致，恰当、得体	电话客户、现场客户及网络客户均适用
3	理解网络沟通服务技巧	网络客户服务人员职业素养，网络客户服务沟通的礼仪礼貌，网络客户服务沟通的语言规范，网络服务工具的使用技巧	主动热情、尊重客户、礼貌待客、灵活应对	随着互联网技术的不断发展，网络客户服务已越来越普遍，越来越为企业和客户所青睐

(二) 任务操作

倾听

1. 掌握有声言语服务技巧

1) 倾听

从狭义上讲，倾听是指借助听觉器官接受言语信息，进而通过思维活动达到认知、理解的全过程；而广义上的倾听还包括文字交流等方式。倾听的主体是听者，而倾诉的主体是客户，两者一唱一和，可排解矛盾或者宣泄感情。

倾听不仅仅是听，更是一种情感活动，除了用耳朵听，还需要通过面部表情、肢体语言等来回应对方，传递给对方一种你非常想听他说话的感觉。客户服务人员应全身心地去感受客户在谈话过程中表达的言语信息和非言语信息。倾听包括听事实和听情感两部分。

听事实意味着需要能听清楚对方说什么。要做到这一点，就要求客户服务人员必须有良好的听力。听情感要求客户服务人员在听清对方说事实的同时，还要考虑客户的感受是什么，需不需要给予回应。

倾听时，客户服务人员应注意以下几点：

(1) 以机警和共情的态度深入到对方的感受中去，从而认真、有兴趣、设身处地地听客户诉说，要显示出在听。可通过一些方式(如眼神交流、身体语言的帮助或语调等)向对方显示你在认真倾听。

(2) 听的过程中，不仅要听，还要有参与，要有适当的反应，如点头、简单的言语回应等。

(3) 倾听时，不能先入为主、带有偏见，不作价值评判。遇到讨价还价的客户时，不应觉得客户小气、抠门、贪图便宜等。

(4) 不仅用耳听，更要用心听以及用眼观察客户的各种表情、姿势、动作等，以便把倾听过程当作一个了解客户诉求的过程，与客户建立友善的关系。在进入解决问题的过程前，给客户足够的空间发泄情绪，并让客户知道你是站在他的立场上来思考问题的。

(5) 不要匆忙得出结论，以免让客户觉得你不尊重他，不理解他，进而对你产生抗拒之心。

(6) 不要急于作评判、下结论，不要让自己陷入争论，提问不要太多，以免引起客户不满。

(7) 对客户带有情绪的话语不要过分敏感，也不要完全沉默。

提升倾听能力的方法有以下几种：

(1) 尊重客户，非必要时不打断客户说话，以免影响客户表达自己的心声。

(2) 肯定客户的谈话价值，并清楚地辨识出谈话重点。

(3) 适时表达自己的意见。

(4) 必要时配合恰当的肢体语言，以便与客户拉近距离，产生共情，进而提高倾听的效果和效率。

2) 提问

提问

提问即提出问题。通过提问可以有效帮助客户作出相应判断，进而使客户愿意跟客户服务人员交谈，愿意接受客户服务人员的意见和建议，从而有效实现企业预期的目标。

实践中提问的方法不同，其效果和效率也不尽相同。常用的提问方法有以下几种：

(1) 开放式提问。开放式提问即不给客户具体的答案，而是引导客户比较自由地把自己的观点表达出来。开放式提问可以帮助客户服务人员迅速了解客户的需求。如“请问，有什么能帮到您？”就属于开放式提问。

(2) 封闭式提问。封闭式提问即问题中带有预设答案且答案具有唯一性的提问方式，这种方式有利于客户回答。但对客户服务人员而言，需要其具有丰富的专业知识。

(3) 选择性提问。选择性提问就是给客户几个答案供其选择，从客户的选择中得知其意见、建议所在。

(4) 引导式提问。引导式提问的作用在于使客户尽早进入沟通状态，对于思维不够灵活的客户比较适用。

提问时，客户服务人员应注意以下几点：

(1) 围绕提问的目的进行。提问是为了更好地满足客户的需求或更好地帮助客户解决问题。

(2) 提问的表达方式应与客户的认知心理相匹配。如果提问超出客户的认知心理，不仅对提问目的的实现没有帮助，而且有可能伤害到客户的自尊，从而带来不良影响。

(3) 不断提问，以促进客户需求或问题的明晰化。实践中，最常用的是开放式和封闭式提问。通常先提一个开放式问题，然后立刻转入封闭式问题，两种方式交互使用，以便迅速地判断出客户的需求或问题。

3) 复述

复述

把别人说过的话或自己说过的话重说一遍的过程称为复述。

复述分为机械复述(或保持性复述)和精细复述两种。机械复述(或保持性复述)即简单重复客户所说过的话；精细复述则是将客户说过的话中的信息进行分析，使之与已有的经验建立起联系。

客户服务过程中复述的内容包括复述事实和复述情感两个方面。复述事实的目的是分清责任。通过复述事实既能提醒客户，又能较好地展示客户服务人员的职业素质，从而在一定程度上满足客户的情感需求。复述情感就是对客户的感受给予认同，如“我理解您的心情”“确实是很急的了”等。

复述时，客户服务人员应注意以下几点：

(1) 复述要简洁明了，避免啰嗦，以免让客户认为你故意拖延，不想为其解决问题，进而加剧客户的不耐烦和不满。

(2) 抓住重点，以提高解决客户问题的效率，从而避免给客户留下不专业的印象，同时也可在一定程度上避免让客户产生不必要的误解。

(3) 注意复述的语气语调、方式方法及场景，避免成为“复读机”，从而让客户产生反感，甚至厌恶。

2. 熟悉无声言语服务技巧

1) 打造专业的职业形象

除有声言语服务外，客户服务人员还应注意自己的职业形象。“首因效应”表明，第一次与某人或某物相接触时留下的印象持久而深刻。作为一名客户服务人员，其外表、着装和处事方式等会让客户对公司和客户服务人员作出一个综合的评价，并在很大程度上影响着客户对客户服务人员的满意度和信赖度，从而影响客户服务人员与客户沟通的效果和效率。

2) 及时、准确地给出反馈信息

及时、准确地给出反馈信息，是具有责任心的表现。面对客户的请求，如果客户服务人员不能及时作出反馈，则往往会被客户认为其故意拖延，且认为客户服务人员缺乏责任心，从而造成对客户服务人员的不满，进而对客户服务人员产生抵触和抗拒的心理。

3) 练就恰当的肢体语言

除口头和书面传递的信息外，客户服务人员的一举一动都会不同程度地透露出其个性和态度，以及帮助客户的意愿和能力。肢体语言不仅能产生正面的影响(如微笑、点头会让客户得到鼓励，认为客户服务人员是赞同和支持自己的)，也有可能产生负面的影响(如不时打断客户说话、皱眉等，就会让客户感到自己是不被尊重的，并认为客户服务人员是不耐烦的)。

3. 理解网络沟通服务技巧

1) 基本技巧

(1) 热情、及时应答。网络沟通服务中，客户服务人员的情感无法通过言语或非言语沟通来表达，只能通过文字让客户感知。因此，及时、适当地多回复几个字，可以让屏幕对面的客户感受到客户服务人员的热情和对自己的尊重。为能第一时间查看并回复客户的信息，网络客户服务人员可以设置自动回复。

(2) 有礼貌、有耐心。礼貌的言辞不仅可以树立客户服务人员良好的职业形象，更能进一步提升客户的感知体验，满足客户受尊重的需要。耐心地为客户解答问题，记住客户是来消费的，而不是来受气的。面对客户的问题，客户服务人员如果没有表现出耐心的语气，客户就会因感觉自己没有受到应有的尊重而不愿意再发问，进而导致客户不满或投诉。

(3) 尊重客户。人都有受尊重的需要，在与客户的交流沟通中，客户服务人员要做到尊重客户，不能随便打断客户，尊重客户的选择、喜好、习惯等。当客户表达不同意见时，要力求体谅和理解客户，能够站在客户的角度思考问题，以便较好地满足客户受尊重的需要，进而获取客户的信赖。

(4) 管理表情，控制情绪。进行表情管理，多以微笑示人，传递美好心情，不能让自己的不良情绪影响到客户。网络沟通过程中，客户服务人员可多用些充满生活情趣的表情符号，在表达心情的同时，也能传递积极愉快的情绪。如在“请问有什么能帮到您”后面加上一个微笑的表情，能立刻使字里行间充满生机，进而让客户感受到客户服务人员的热情与对自己的尊重。

(5) 懂得感恩。客户是能带来利润的人，是“上帝”。当与客户进行交易或客户提出了建设性意见和建议时，客户服务人员都应该衷心地对客户表示谢意，从而进一步提升客户的满意度和体验度。

(6) 与客户保持同步。对于不同的客户，客户服务人员应该尽量用和他们相同的谈话方式来交谈。例如对年纪较大、中规中矩的客户，应尽量少用网络语言，以免产生交流障碍；对年轻一代的客户，可多用网络语言，以拉近距离。

2) 语言规范

实践中，对于同一件事，不同的表达方式可能会传达出不同的意思。很多交易中的误会和纠纷往往都是因为语言表述不当而引起的。使用网络客户服务语言服务客户时，应注意以下几点：

(1) 少用“我”字，多使用“您”或者“咱们”这样的字眼，让客户感觉客户服务人员是在全心全意为他考虑问题。

(2) 常用规范用语，包括“请”“欢迎光临”“认识您很高兴”等。

(3) 避免使用负面语言。

3) 网络服务工具

随着互联网技术的不断发展，网络服务工具也越来越多样，其中比较常用的有微信、APP、网络直播等。

(1) 微信客服。微信支持跨通信运营商、跨操作系统平台通过网络快速免费发送语音信息、视频、图片和文字(需消耗少量网络流量)，同时，也可以使用通过共享流媒体内容的资料和“朋友圈”“公众平台”等服务插件。微信因具有精准推送、良好互动、方便快捷等优点，被越来越多的人所接受。微信公众平台客户服务包括服务号、订阅号、企业微信、微信小程序、微信群等。

(2) APP 客服。随着数智手机和 iPad 等移动终端设备的普及，人们逐渐习惯了 APP 客户端上网的方式，而目前国内各大电商均拥有了自己的 APP 客户端，这标志着 APP 客户端的商业使用已初露锋芒。APP 客服具有增加流量、使用便捷和提升客户体验感的优点。

(3) 网络直播客服。随着网络购物的流行，尤其是 2020 年以来，网络直播客服因其直观、快速、表现形式好、内容丰富、交互性强、地域不受限制、可以随时持续提供重播、点播、受众可划分等特点而备受关注。

四、任务评价

客户服务基本技巧业务管理任务评价表如表 1-3-2 所示。

表 1-3-2　客户服务基本技巧业务管理任务评价表

任 务 清 单	完成情况
查阅网络客户服务有关的法律、法规、行为规范等	
分析有声言语服务技巧	
分析无声言语服务技巧	
分析网络沟通服务技巧	
查阅各企业客户服务人员行为规范	
查阅网络客户现状及其发展趋势	

知识拓展

客户服务人员的必备素养

任务四　认清客户服务与管理的趋势——数智客户服务与管理

随着数智时代的到来，大数据、人工智能等现代技术与客户服务场景不断融合，许多以往求而不得的客户需求得到满足。大数据赋能下，通过数智技术和服务体系设计，重新构建客户服务场景，精准判断出客户的新需求，并设计出新的客户服务体系以满足客户服务与管理需求，已成为客户服务与管理的趋势。

一、任务情境

(一) 任务场景

大数据时代，随着互联网、人工智能的不断发展，数智客户服务与管理已成为企业数字化转型升级的必然趋势。为进一步提升客户的体验度和满意度，深圳某外贸综合服务有限公司决定在公司客户部试行数智客户服务与管理方案，通过 AI 赋能，提升公司客户服务与管理的效果和效率，进而不断吸引和留住客户。

(二) 任务布置

请为客户部设计一套数智客户服务与管理方案。

(1) 明确数智客户服务与管理的目的、工具与要领。

(2) 设计数智客户服务与管理方案。

二、任务准备

(一) 知识准备

知识点：数智客户服务与管理

数智客户服务与管理是企业为了不断吸引和留住客户，在 AI 赋能的基础上发展起来的一项面向各行业的客户服务与管理工作的总称。数智客户服务与管理主要基于自然语言处理、大规模机器学习、深度学习技术，使用海量数据建立对话模型，结合多轮对话与实时反馈自主学习，精准识别客户意图，可实现语义解析和多形式的对话，以进一步提升客户的感知度和体验度，从而提高客户服务和管理工作的效果和效率。

数智客户服务与管理不仅为企业提供了更加精细的知识管理技术，还为企业与海量消费者之间的沟通搭建了一座快捷有效的技术桥梁。同时，数智客户服务与管理能够为企业提供精细化管理所需的真实用户数据，帮助企业更好地发现运营中的问题，从而对症下药，进而药到病除。

(二) 操作准备

(1) 了解数智客户服务与管理的定义。

(2) 理解数智客户服务与管理的特点。

(3) 能根据客户需求指引客户选择和使用数智客户服务与管理工具。

(4) 能根据客户的具体情况，充分利用数智客户服务与管理工具，有效提供让客户满意的服务。

(三) 任务要领

数智客户服务与管理借助互联网、人工智能等现代技术，不仅大大提升了客户服务与管理的效率，还大大提升了客户的感知度和体验度，从而获得了企业和客户的信赖。数智客户服务与管理的成功在于其方便快捷、安全可靠、体验感强。

1. 方便快捷

数智客户服务与管理能让客户接受是因为它更加便捷、灵活，能为客户节省时间、精力，让客户在享受服务的同时还拥有更多的控制权。因此，数智客户服务与管理系统或工具的界面要非常友好、操作简单，让客户很容易上手使用，以便消除数智客户服务与管理的技术障碍，从而为客户带来更好的服务体验。

2. 安全可靠

数智客户服务与管理的应用需要先进技术的支持，不仅其设备的生产和落地应用是以技术为基础的，而且其所提供的服务与管理更是与海量的客户数据分不开的。但客户数据规模的日益增长，给客户信息数据带来了数据泄露、数据隐私等方面的安全隐患。因此，除不断提高数智客户服务与管理设备的性能，确保数智客户服务与管理安全、稳定外，企业及相关部门还要不断加强客户信息数据安全的管理与监督，以防客户信息数据外泄。

3. 体验感强

与传统人工客户服务与管理相比，数智客户服务与管理采取的是稳定的、标准化的客户服务与管理，较好地克服了客户服务人员不同、服务时间不同、服务地点不同、客户服务人员状态不同等因素造成的服务水平不同的问题。另外，数智客户服务与管理通过自助服务、3D 展示、仿真操作等，可以进一步提升客户的体验感，增强客户对企业产品或服务的信赖。

三、任务实施

(一) 任务流程

从数智客户服务岗位工作实际着手，结合对数智客户服务与管理工作的理解，认识数智客户服务与管理的技术和工具，掌握数智客户服务与管理的定义和特点。

数智客户服务与管理是与客户个性化需求相适应的，其核心在于企业与用户的交互，通过文字、图片、语音、视频等媒介，达到咨询、答疑、关怀、体验等多重目的。与传统的人工客户服务与管理相比，数智客户服务与管理在接入渠道、响应效率、数据管理等多方面具有极大优势。

(二) 任务操作

1. 了解数智客户服务与管理的技术和工具

数智客户服务与管理是在大数据技术、人工智能技术、云计算技术赋能下，通过客服机器人协助人工进行会话、质检、业务处理，从而降低人力成本、提高响应效率的客户服务与管理形式。大数据技术、人工智能技术是数智客户服务与管理的关键技术和工具。

1) 大数据技术

大数据技术是指用于处理、分析和管理大规模数据集的技术和工具。随着互联网和物联网的普及，数据量不断增大，对数据的处理和分析需求也日益增加，大数据技术应运而生。分布式存储和计算、分布式文件系统和分布式计算框架是大数据技术的基础。数据采集和清洗、数据处理和分析、实时数据处理、数据安全和隐私是大数据技术的关键。

(1) 数据采集和清洗。实践中，客户服务的数据具有多维性、动态性和孤立性等特点。大数据技术在数智客户服务与管理中发挥功效的第一步就是对这些客户服务数据进行采集和清洗，以便进行后续分析。

(2) 数据处理和分析。大数据技术处理的通常是复杂的数据处理和分析任务，如数据可视化、数据挖掘等。这些任务通常需要使用特定的数据可视化软件(如 Power BI)、数据挖掘工具(如 PyTorch)等大数据技术和工具。

(3) 实时数据处理。随着物联网和实时业务的普及，实时数据处理变得越来越重要。实时数据处理需要具备低延迟和高吞吐量的能力。

(4) 数据安全和隐私。大数据技术涉及的数据通常是敏感的，甚至涉及客户隐私，因此，保护数据安全和隐私是大数据技术应用的前提和保障。目前，常用的数据安全和隐私保护技术包括加密、访问控制及数据脱敏等。

在“客户为王”的时代，懂得应用大数据技术吸引和留住客户对于企业而言是非常重要的。在数智客户服务与管理中，大数据技术的运用主要体现在以下几个方面：

(1) 构建客户画像。应用大数据挖掘技术，先从各类数据库中收集客户信息，如客户使用终端的信息、消费信息、行为特征信息等，并运用各类数据分析方法对收集到的客户信息进行分析，然后为客户贴标签，形成客户画像，从而深度了解客户行为偏好和需求特征。

(2) 实施精准营销。企业通过构建和分析客户画像能够深入了解客户，推测客户的消费偏好，从而在了解客户需求的基础上对客户实施精准营销，向客户推送符合他们兴趣和爱好的营销信息、产品或服务信息等，最大限度地挖掘市场机会。

(3) 实施客户生命周期管理。客户生命周期包括客户获取、客户成长、客户成熟、客户衰退和客户离开 5 个阶段。在客户生命周期的各个阶段，企业都可以运用大数据技术对客户实施管理。在客户获取阶段，运用大数据技术可以挖掘和发现潜在客户；在客户成长阶段，运用大数据算法进行交叉销售，可提高客户消费额；在客户成熟阶段，运用大数据技术，采取聚类分析、RFM 模型等分析方法对客户进行分类，并对不同类型的客户实施精准营销；在客户衰退阶段，运用大数据技术设计流失预警，提前发现流失风险较高的客户；在客户离开阶段，运用大数据发现流回可能性高的客户，并通过采取相应措施挽回这部分客户。

(4) 实现客户服务与管理的半自动化。运用大数据技术搭建客户数据库，并通过运用客户数据库增强自身为客户提供跟踪服务和自动化服务的能力，使客户享受到更快捷、更周到的服务，从而提高客户的满意度。建立客户数据库后，不同的客户服务人员可以同时运用该数据库开展工作，一旦有客户服务人员要离开工作岗位，其他客户服务人员可以随时随地接替其工作，从而避免出现客户服务工作中断的情况。

2) 人工智能技术

人工智能技术是研究、开发用于模拟、延伸和扩展人的数智的理论、方法、技术及应用系统的一门新技术。人工智能涉及机器人、语言识别、图像识别、自然语言处理和专家系统等技术。自人工智能诞生以来，其理论和技术日益成熟，应用领域不断扩大。人工智能的目的是让计算机这个机器代替人类进行一些智力活动，从而使人类解放出来，从事更有益的工作。

随着人工智能技术的发展，客服机器人、数智导览机器人、人工智能"刷脸"等人工智能技术正为越来越多的客户提供更多的客户服务。人工智能在客户服务与管理中最常见的应用是在线客服和语音客服。

(1) 在线客服。在线客服是指通过网站、APP 等互联网媒体，为客户提供实时的咨询和解答服务，包括文字、图片、语音等模式的服务。通过在线客服功能，不仅能够为客户提供快捷、准确的服务，还可以降低客户服务的工作难度，减少运营成本。

(2) 语音客服。语音客服是指利用语音通信技术，将服务对象的声音转化为电信息，从而实现客户咨询的自动化处理，为客户提供人性化服务，能够更好地提升客户的体验度和感知度，进而提升客户对企业产品或服务的忠诚度。

2. 理解数智客户服务与管理的特点

数智客户服务是指应用人工智能技术，代替人工进行客户服务，实现信息的数智化处理，其应用能够为人们带来便利，目前已成为现代商业服务的重要发展方向。

数智客户服务与管理将人工智能应用于电子自助设备，让客户按照相应的流程操作设备，为其提供随时随地下单、咨询、产品演示等服务；AR、VR 等技术更是给客户带来了身临其境般的超值体验。与传统客户服务与管理相比，数智客户服务与管理体现了更多的新特点。

(1) 更优秀的集成方式。借助人工智能和大数据技术，数智客户服务与管理实现了前台与后台的紧密集成。这种集成是快速响应客户需求的基础，也是一种从客户开发、服务和维护的全方位管理。另外，企业可以借助数智客户服务与管理系统为客户提供更加精准的服务，避免因缺乏针对性的有效服务而产生的消极影响。

(2) 更个性化的客户服务。人都有尊重和理解的需要，被人尊重和理解才能带来好的感知和体验。传统的客户服务与管理虽可以在一定程度上提高客户的感知度和体验度，但往往是规范化、标准化的客户服务，无法较好地满足客户的个性化需求。数智客户服务与管理能够按照客户需求提供个性化的产品或服务，也能有效跟踪客户消费行为习惯和偏好，为其推荐相关性高的产品或服务，是一种更人性化的精准管理模式。

(3) 更实时的客户服务。与客户服务人员、客户要同时在场的传统客户服务与管理不同，数智客户服务与管理打破了时空和人际接触的限制，它能够实现 365 天、7 × 24 小时随时待命，客户通过网络平台、移动客户端等渠道随时随地自由享受服务，这不仅为客户带来了极大的便利，还能让客户享受到更实时的客户服务。

(4) 更高效的服务。数智客户服务与管理往往以机器人为主导，采用语音识别、自然语言处理、知识图谱等技术，自动识别服务对象的需求，并作出针对性的反馈，从而达到高效、快捷、准确的服务目的。

(5) 更低廉的成本。数智客户服务与管理的应用使数智机器代替了部分人工进行客户服务与管理工作，数智机器能持续性地，更好、更快地完成多种工作，并能进行规模定制，持续高速运转，有效降低了企业在人力布局上的花费。

四、任务评价

数智客户服务与管理任务评价表如表 1-4-1 所示。

表 1-4-1　数智客户服务与管理任务评价表

任务清单	完成情况
查阅大数据时代客户服务与管理有关的法律、法规、行为规范等	
理解数智客户服务与管理的定义	
了解数智客户服务与管理的技术	
分析数智客户服务与管理的特点	
了解各企业数智客户服务与管理的发展趋势	

知识拓展

大数据时代数智客户服务与管理的发展趋势

复习与思考

1. 什么是客户服务与管理？客户服务与管理和企业文化有何关系？
2. 客户服务与管理的目的是什么？如何实现对客户的服务管理？
3. 顾客和客户有何区别？
4. 什么是客户服务？客户服务的基本技巧有哪些？
5. 什么是数智客户服务？数智客户服务与管理有什么特点？

课后练习

项目二　客户信息数据管理

知识目标

(1) 掌握客户信息数据、客户标签、客户画像的定义；
(2) 了解客户信息数据的内容、分类和来源；
(3) 掌握收集、处理和挖掘客户信息数据的技巧。

技能目标

(1) 能够有效收集客户信息数据，掌握客户信息数据管理技巧；
(2) 能够熟练制作客户标签；
(3) 能够熟练进行客户画像；
(4) 能够借助互联网、大数据等现代技术对客户信息数据进行有效挖掘。

素养目标

(1) 掌握客户信息数据管理技巧，具有信息素养和能力；
(2) 具有数据安全意识和良好的职业操守；
(3) 具有正确的利益观。

信息数据时代，客户信息数据管理在当今以互联网为支撑来开展业务的企业中已经显示出了强大的生命力。由于互联网信息的复杂性和多样性，开展客户信息管理不仅是保护客户隐私的需要，还是企业生存和发展的重要一环。

思政园地：诚信、守法，合法收集和利用客户信息

任务一　认识客户信息数据

客户信息数据不仅是客户的个人信息和个人隐私，还是企业的商业机密，是众多企业不惜花重金都要得到的宝贵财富。合法获取客户信息数据并充分发挥客户信息数据的应有价值是企业不断吸引和留住客户的关键。

一、任务情境

(一) 任务场景

做个有心人，随时采集客户信息数据

外贸实践中，从联系客户开始，就要建立一份客户信息数据采集表，专门用来收集客户的信息。例如，从繁杂、海量的邮件信息中提取一些有效的信息，并将这些信息记录到客户信息数据采集表中。很多信息是隐藏在邮件中的，如果我们不提取，随着客户的增多、邮件量的增大、工作量的增大，很多信息就会被忘掉，如客户的民族、宗教信仰、爱好、职位、习惯等。这些信息往往是我们与客户谈判、跟踪客户的利器。

情形一：很多客户会在邮件的落款中写上职位，如 CEO、Manager 之类，这类信息很容易被忽略，尤其是当有大量信息的时候。那么，我们就要将这类信息提取出来，放到客户信息数据采集表中，这就是对客户身份的一个判断。

情形二：有些客户在闲聊的过程中可能会透露出他的宗教信仰，如信仰伊斯兰教。这些信息我们要立刻提取并记录下来，以便为后期的客户跟踪提供线索。跟这类客户闲聊的时候，可以聊一些他们关注、关心的话题，如斋月、开斋节等；另外，在客户来考察的时候可以安排他们到穆斯林餐厅吃饭。

情形三：有一些信息是要花很多心思和时间去获取的，如客户的个人情况。这时候，我们可以拿着客户的邮箱、固话、手机号码去百度、Google、Facebook、Linkedin 等搜索，可能会获取到一些业务以外的信息，如爱好、家庭情况、生活习惯等。

……

(二) 任务布置

请客户信息管理员赵敏收集与整理客户信息数据。

(1) 收集客户信息数据。

(2) 整理客户信息数据。

二、任务准备

(一) 知识准备

知识点：客户信息数据的定义　客户信息数据安全　相关法律法规及有关规定

1. 客户信息数据的定义

客户信息数据是指涉及客户个人隐私的个人身份信息和活动信息的一些基本资料，以及经过必要加工后得到的汇总信息。

2. 客户信息数据安全

数据是指任何以电子或者其他方式所记录的信息。数据安全是指通过采取必要的措施，确保数据处于有效保护和合法利用的状态，以及具备保障持续安全的能力。与网络安全不同，数据安全的核心在于保障数据的安全与合法有序的流动。

尊重客户个人隐私，合法获取和使用客户信息数据，是我们每个公民及组织应尽的义务。

3. 相关法律法规及有关规定

本任务涉及的相关法律法规有《中华人民共和国个人信息保护法》《中华人民共和国网络安全法》《中华人民共和国数据安全法》《最高人民法院、最高人民检察院关于办理非法利用信息网络、帮助信息网络犯罪活动等刑事案件适用法律若干问题的解释》《常见类型移动互联网应用程序必要个人信息范围规定》《关于开展 App 违法违规收集使用个人信息专项治理的公告》等。

(二) 操作准备

(1) 了解客户信息数据的定义。
(2) 明确客户信息数据的内容范围。
(3) 清楚客户信息数据的分类依据。

客户信息

(三) 任务要领

1. 保障客户信息数据安全

信息社会，客户信息数据不仅是数据，更是财富。我们要谨记“金钱有价，诚信无价”，合法收集和利用客户信息数据，自觉维护客户信息数据，以保障客户信息数据的安全。

2. 明确客户信息数据的主要内容

弄清客户信息数据的主要内容，明确客户信息数据的范围，全面掌握客户信息，提高客户信息数据安全的风险识别和防范能力，进而提高客户信息数据收集及管理的效果和效率。

3. 理解客户信息数据的分类

理解客户信息数据的分类标准，立足企业实际，根据客户信息数据分类的目的，本着实事求是的原则和认真负责的职业操守，对客户信息数据进行准确分类，以提高客户信息数据利用的效果和效率。

三、任务实施

(一) 任务流程

客户信息数据业务流程如图 2-1-1 所示。

认识客户信息数据 ⇒ 掌握客户信息数据的主要内容 ⇒ 做好客户信息数据的分类管理

图 2-1-1　客户信息数据业务流程

客户信息数据业务流程说明如表 2-1-1 所示。

表 2-1-1　客户信息数据业务流程说明

工作序号	工作任务	操作指导	注意事项	备　注
1	认识客户信息数据	理解客户信息数据的含义	准确界定客户信息数据	界定客户信息数据的范围，是弄清客户信息数据的内容的前提
2	掌握客户信息数据的主要内容	熟悉客户信息数据所包含的内容	全面、准确	为后续客户信息数据的收集奠定基础
3	做好客户信息数据的分类管理	确定客户信息数据分类标准，做好客户信息数据分类和管理	科学、合理	对客户信息数据进行分类管理，是有效利用客户信息数据的前提和保证

(二) 任务操作

1. 认识客户信息数据

通过客户信息数据的定义，理解客户信息数据的含义，从而对客户信息数据有个大概的认知。客户信息数据通常包括以下两方面的内容。

(1) 客户的一些基本资料，如姓名、性别、年龄、职业、收入、爱好、住址、微信号、电话等。

(2) 经过必要加工后得到的汇总信息，如客户的消费偏好、行为习惯、满意度、忠诚度等。

2. 掌握客户信息数据的主要内容

掌握客户信息数据所包含的主要内容，进一步加深对客户信息数据的理解和认识，同时为后续客户信息数据的收集奠定基础。

一般说来，客户信息数据主要包括客户基础资料、客户特征、客户业务状况和客户交易现状四方面的内容。

(1) 客户基础资料。对于个人或群体客户而言，客户基础资料主要包括客户的行为特征、消费偏好、消费水平，以及个人性格、兴趣爱好、年龄、收入等；对于企业客户而言，客户基础资料主要包括客户名称、地址、电话、所有者、经营者、管理者，法人代表及其个人性格、兴趣爱好、家庭、学历、年龄、能力等，还有企业创办时间、与本企业交易起始时间、企业组织形式、业务种类、资产等及其客户市场规模、市场结构等。

(2) 客户特征。客户特征是企业重要的客户信息数据。客户特征主要包括服务区域、销售能力、发展潜力、经营观念、经营方向、经营政策、经营特点等。

(3) 客户业务状况。客户业务状况主要包括客户规模、销售业绩、业务人员的素质、与其他竞争者的关系、与本企业的业务关系及合作态度等。

(4) 客户交易现状。客户交易现状指的是客户的销售活动现状、存在的问题、保持的优势、未来的对策、企业形象、声誉、信用状况、交易条件及其出现的信用问题等。

3. 做好客户信息数据的分类管理

实践中，根据客户信息数据分类标准，从实际出发，结合客户信息数据分类的目的，科学而合理地对客户信息数据进行整理分类，是有效利用客户信息数据的前提和保证。实践中，客户信息数据的分类是多样的。

(1) 从客户信息数据获得渠道的角度看，客户信息数据可分为一手信息数据和二手信息数据。一手信息数据又叫原始信息数据，是企业通过市场调查活动在市场上直接获得的，没有经过任何处理的个体信息数据。二手信息数据是企业在调查中通过其他媒介组织而获得的，经过他人整理加工后的信息数据。通常来说，一手信息数据的可信度和有效性要高于二手信息数据，但一手信息数据的获得不仅费时还费力。

(2) 从信息管理的角度看，客户信息数据可分为客户基本信息、客户联系人信息、客户价值分析信息和与客户相关的历史活动。

(3) 从客户信息数据在客户服务与管理中所起作用的角度看，客户信息数据还可分为描述类信息数据、行为类信息数据和关联类信息数据。

描述类信息数据可反映客户基本属性，这类信息主要来源于客户的登记信息及通过企业运营管理系统收集到的客户基本信息，如客户的联系信息、地址信息、个人客户的人口统计信息和企业客户的社会经济统计信息等。描述类信息数据最主要的评价要素就是数据采集的准确性。实践中，有些企业因为没有很好地规划和有意识地采集、维护客户的描述类信息数据，导致企业不知道自己为多少客户提供了服务以及客户购买过什么，甚至是企业要主动联系客户时，却发现已经无法联系上客户了。

行为类信息数据可帮助企业的市场营销人员和客户服务人员在客户分析中掌握和理解客户的行为。行为类信息数据主要来源于企业内部交易系统的交易记录、客服人员和客户接触的记录、营销活动中采集到的客户相应数据及与客户接触的其他人员收集到的客户信息数据、企业从外部采集或购买的客户信息数据。与描述类信息数据不同，行为类信息数据主要是客户在接受服务过程中产生的动态交易数据及其他相关辅助信息，需要实时地记录和采集。行为类信息数据包括客户购买服务或产品的记录、客户与企业的联络记录及客户的消费行为、客户偏好和生活方式等。行为类信息并不完全等同于客户的交易和消费记录。对客户的交易记录和其他行为数据进行必要的处理和分析后，将得到的信息数据进行汇总和提炼，才能得到客户的行为类信息数据。

关联类信息数据可更有效地帮助企业的营销人员和客户分析人员深入理解影响客户行为的相关因素。关联类信息数据主要包括与客户行为相关的、反映和影响客户行为和心理等因素的相关信息，如客户满意度、客户忠诚度、客户对产品与服务的偏好或态度和竞争对手行为等。关联类信息数据主要是通过专门的数据调研和采集获得的，如通过市场营销调研、客户研究等获得客户满意度、客户偏好等。有效掌握客户关联类信息数据对于客户营销策略和客户服务策略的设计、实施都具有十分重要的意义。

四、任务评价

客户信息数据认知任务评价表如表 2-1-2 所示。

表 2-1-2　客户信息数据认知任务评价表

任 务 清 单	完成情况
查阅与客户信息数据安全相关的法律法规	
明确什么是客户信息数据	
分析客户信息数据的主要内容	
分析客户信息数据的分类	
收集和整理客户信息数据管理案例	

知识拓展

维护客户信息数据安全人人有责

任务二　收集客户信息数据①

收集客户信息数据的途径与方法多种多样。根据企业收集客户信息数据的目的，利用恰当的收集方法，选择有效的信息收集对象，全面、系统且有序地收集客户信息数据是客户信息数据质量的前提和保障。

一、任务情境

(一) 任务场景

佛山某外贸服务有限公司刚刚成立，为了尽快打开市场，该公司需要获得更多、更优质的客户信息数据。经公司管理员研究，决定开展一次大规模的客户信息数据收集活动。

(二) 任务布置

请王经理统筹安排好收集客户信息数据的工作，并撰写客户信息数据调研报告。

(1) 制订客户信息数据收集计划。

(2) 实施客户信息数据收集工作。

---

① 本任务融合了 1+X 社交电商职业技能等级证书考试知识。

(3) 整理客户信息数据资料。

(4) 撰写客户信息数据调研报告。

二、任务准备

(一) 知识准备

知识点：客户信息数据收集的概念　客户信息数据的来源　客户信息数据的收集方法

1. 客户信息数据收集的概念

客户信息数据收集是指利用一定的方法，按照一定的程序和步骤，将分散在各处的客户信息数据进行采集、整理与加工处理。客户信息数据收集是客户信息数据管理的出发点和落脚点，是客户信息数据管理的首要环节。

2. 客户信息数据的来源

(1) 公司日常经营积累。企业日常经营中的客户名单、销售记录、本企业营销人员(或代理商与经销商)提供的客户报告、客户来往咨询或投诉等，包含了大量的客户信息数据，是客户信息数据的重要来源之一。

(2) 企业主管部门或行业协会。企业主管部门专门负责监管各种客户服务信息，并且会定期统计整理和公布各种系统信息资料。很多行业协会都会定期在报刊上公布关于本行业的信息统计数据和会员名单。虽然行业协会所收集的资料和提供的会员名单一般以当时的会员企业为基础，不一定包括所有大企业和其他为数众多的小企业，而且行业协会所提供的资料不一定能全面准确反映出此行业今后的发展趋势，但其所提供的联络渠道、具体联系人员名单、有关产销方面的信息很有参考价值。

(3) 媒体搜索。能够进行搜索的媒体包括网络媒体、纸质媒体、展会、交易会等。互联网时代，网络媒体给客户信息数据收集提供了极大的便利。如各地的信息港、行业网站等。网络媒体所提供的信息往往比较集中、数量多且分行业，但网络媒体所提供信息的有效性需进一步考证。纸质媒体包括报纸、杂志及其他类型的图书资料。外贸类企业会举办国际展会、国际交易会等，虽然举办次数较少，但其注重推广，因此，对于客户信息数据收集，尤其是优质客户信息数据资料的收集而言无疑是一个极好的来源。

(4) 由专业机构提供。在信息资源共享的社会里，为实现信息资源共享，世界上几乎任何一个国家都有有偿或无偿向人们提供客户信息数据(已公布的或未公布的资料)的机构。客户信息数据收集人员可采用信件或登门拜访的方式，从专业调查机构获得部分客户信息数据资料。对于外贸出口企业，还可以向国外的公司和拟作为产品目标出口客户的国家或地区的相关机构索取资料。

3. 客户信息数据的收集方法

大数据客户信息数据采集作为一种新型的客户信息数据收集方法，不仅极大地提高了客户信息数据收集的效果和效率，更创新了客户信息数据收集方法。

客户信息收集方法

大数据客户信息数据采集是指从传感器和数智设备、企业在线系统、企业离线系统、社交网络和互联网平台等获取数据的过程。

大数据客户信息数据采集不仅数据源的种类多，数据的类型繁杂，数据量大，而且采集的速度快。所采集的数据包括大量的RFID(射频识别)数据、传感器数据、客户行为数据、社交网络交互数据及移动互联网数据等各种类型的结构化、半结构化及非结构化数据。

1) 大数据的主要来源

大数据的主要来源包括以下四种：

(1) 企业系统：客户关系管理系统、ERP(企业资源计划)系统、供应链系统、销售系统等。

(2) 机器系统：数智仪表、工业设备传感器、数智设备、视频监控系统。

(3) 互联网系统：电商系统、服务行业业务系统、政府监管系统等。

(4) 社交系统：微信、QQ、微博、博客、新闻网站等。

在大数据体系中，数据源与数据类型的关系如图 2-2-1 所示。

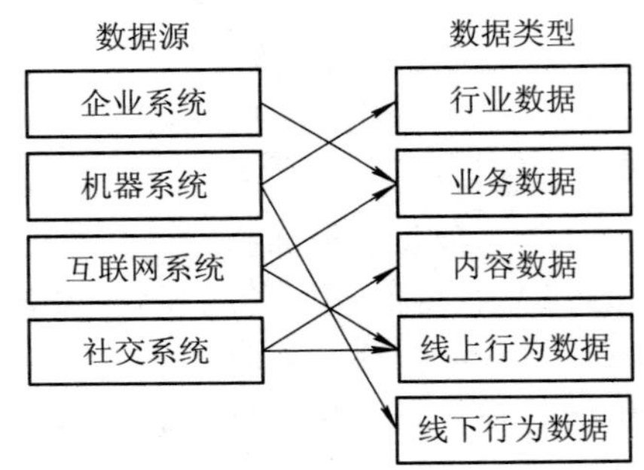

图 2-2-1　数据源与数据类型的关系

2) 大数据客户信息数据采集方法

大数据客户信息数据采集方法主要有以下四种：

(1) 数据库采集。除了传统的 MySQL 和 Oracle 等数据库，随着大数据时代的到来，Redis、MongoDB 和 HBase 等 NoSQL 数据库也常用于数据的采集。企业通过在采集端部署大量数据库，并在这些数据库之间进行负载均衡和分片，来完成大数据采集工作。

(2) 系统日志采集。系统日志采集主要是收集公司业务平台日常产生的大量日志数据，供离线和在线的大数据分析系统使用。系统日志采集工具采用分布式架构，能够满足数百兆字节每秒的日志数据采集和传输需求，因此，高可用性、高可靠性和可扩展性是日志采集系统的基本特征。

(3) 网络数据采集。网络数据采集是指借助通过网络爬虫 RPA 或网站公开 API 等方式从网站上获取信息的过程。网络爬虫 RPA 会从一个或若干初始见面的 URL 开始，获得各个网页上的内容，并且在抓取网页的过程中，不断从当前页面上抽取新的 URL 放入队列，直到满足设置的停止条件为止，从而将非结构化数据、半结构化数据从网页中提取出来，存储到指定的本地存储系统中。

(4) 感知设备数据采集。感知设备数据采集是指通过传感器、摄像头和其他数智终端自动采集信号、图片或录像来获取数据。大数据数智感知系统需要实现对结构化、半结构化、非结构化的海量数据的数智化识别、定位、跟踪、接入、传输、信号转换、监控、初步处理和管理等。其关键技术包括针对大数据源的数智识别、感知、适配、传输、接入等，如利用人脸识别系统采集客户信息数据。

总之，大数据客户信息数据的采集是利用多个数据库或存储系统来接收发自客户端(Web、App或传感器形式等)的客户信息数据。采集的数据源不同，大数据采集方法也不尽相同。但不管使用哪种方法，大数据采集时都要使用大数据处理模式，即MapReduce分布式并行处理模式或基于内存的流式处理模式。大数据采集过程的主要特点是并发数高，能同时满足成千上万的客户进行访问和操作。

4. 相关法律法规

本任务涉及的相关法律法规有《中华人民共和国个人信息保护法》《中华人民共和国民法典》《中华人民共和国刑法》《中华人民共和国网络安全法》以及涉及个人信息保护的其他法律，如《中华人民共和国消费者权益保护法》《中华人民共和国国家情报法》等。

(二) 操作准备

(1) 明确客户信息数据的来源。
(2) 熟悉客户信息数据的收集方法。
(3) 能根据公司客户信息数据收集目的灵活选用有效的信息收集方法。
(4) 能根据公司的相关要求对收集回来的客户信息数据进行相应的整理分析。

(三) 任务要领

1. 客户信息数据真实可靠

客户信息数据真实可靠是对客户信息数据收集工作最基本的要求。所谓客户信息数据真实可靠，是指所收集的客户信息数据是由真实对象或环境所产生的，即信息来源是可靠的，并且所采集的信息能反映真实情况。

2. 客户信息数据全面系统

客户信息数据全面系统是指客户信息数据收集必须按照一定的标准要求，采集反映客户全貌的信息。全面系统的客户信息数据是利用客户信息数据的基础。

3. 客户信息数据实时同步

客户信息数据自发生到被收集往往有时间间隔，而这个间隔时间的长短，也在一定程度上决定了客户信息数据的参考价值。因此，客户信息数据采集间隔越短就越实时，也就越有参考价值，最快的是信息采集与信息发生同步。

4. 客户信息数据准确有效

客户信息数据准确即所收集到的客户信息数据不仅其表达是无误的，而且是属于客户信息数据收集目的范畴之内的，是适用于企业收集客户信息数据的目的的，对企业所要解决的客户问题而言是有价值的。

5. 客户信息数据收集要有计划性

客户信息数据收集的计划性是指所收集的客户信息数据既要满足当前需要，又要考虑未来的发展需要；既要广辟信息来源，又要持之以恒。

6. 客户信息数据收集要有预见性

客户信息数据收集的预见性是指客户信息数据收集人员要掌握社会、经济和科学技术的发展动向，要随时了解未来发展趋势，从而采集那些对将来发展有指导作用的预见性信息。

三、任务实施

(一) 任务流程

客户信息数据收集业务流程如图 2-2-2 所示。

图 2-2-2　客户信息数据收集业务流程

客户信息数据收集业务流程说明如表 2-2-1 所示。

表 2-2-1　客户信息数据收集业务流程说明

工作序号	工作任务	操作指导	注意事项	备　注
1	明确调查的关键点	根据所要研究分析的问题确定	关键点应具有针对性、系统性和完整性	充分保证调查目的的全面实现
2	确定信息收集的方法	根据信息收集的目的、内容研究信息的来源和方法	信息收集工作要有针对性地进行，要保持信息资料的适时性、系统性、完整性和连续性	《中华人民共和国个人信息保护法》
3	准备调查表格	根据信息收集方式所选择的询问问题准备调查表格	根据实际需要充分准备相关的表格资料	《中华人民共和国个人信息保护法》
4	设计抽样	根据信息收集方法来确定抽样方法和样本的大小	抽取的样本应具有代表性和有效性	方法多样
5	实施实地调查	工作热情、踏实肯干，具有语言表达能力和专业知识	选择恰当的现场调查执行人员并做好相关培训工作，严格按调查计划执行	现场调查执行人员应具有较强的沟通协调能力

续表

工作序号	工作任务	操作指导	注意事项	备　注
6	整理分析客户信息数据资料	检查和评定所收集到的资料是否充分，推理是否严谨，阐述是否合理，观点是否成熟；制成系统的各种计算表、统计表；运用调查所得的资料和事实分析情况，得出结论，进而提出改进建议	注意选择科学且合理的统计、分析工具；实事求是，不能随意撰写资料	相关人员应能熟练使用相关的统计、分析技术及工具
7	撰写调查报告	根据调查目的编写调查报告的要求；根据调查报告的要求撰写调查报告的内容	调查报告的内容要紧扣主题；应该以客观公正的态度列举事实；文字要简练；尽量多使用图表来说明问题	立足调查所获得的实际资料，并针对调查中所发现的问题提出相应的对策与建议

(二) 任务操作

1. 明确调查的关键点

客户信息数据收集人员需要根据企业收集客户信息数据的目的，结合本企业的实际，明确收集客户信息数据而需要进行的调查的关键点。明确调查的关键点，就是弄清存在什么问题、问题现状如何以及为什么会出现这样的问题。调查包括初步情况调查和非正式调查。

1) 初步情况调查

初步情况调查是指收集企业内、外部相关信息资料并结合资料进行初步情况分析。企业内部资料包括历年统计资料、市场销售的统计报表、财务决算报告等。企业外部资料包括政府公布的统计资料、研究机构的调查报告、行业的刊物等。

初步情况调查的目的是探查问题和认识问题，从中找出因果关系。资料收集不必详细，只需重点收集对所要分析的问题有参考价值的信息资料。

2) 非正式调查

非正式调查的目的是确定有效调查范围和调查对象，明确调查的关键点。非正式调查由信息收集员通过主动访问精通本问题的人员(如平台推广人员、平台运维人员等)和客户来征求意见，了解他们对问题的看法和评价。

2. 确定信息收集的方法

收集信息的目的是更好地掌握问题的发展动向和趋势，从而更有效地解决问题。因此，确定信息收集方法必须明确以下几个问题：

(1) 调查需要收集什么信息资料？

(2) 用什么方法进行调查?

(3) 所需收集的信息资料谁能提供?

(4) 到什么地方进行调查?

(5) 什么时候进行调查?

(6) 是一次性调查还是多次调查?

根据上述6个问题的答案，制订有针对性的调查计划，并确保调查所获信息资料的系统性、完整性、连续性和适时性。

3. 准备调查表格

为了保证所获信息资料的有效度和可信度，根据调查方式及所要调查的问题准备相应的调查表格，有助于高效有序地进行调查。

4. 设计抽样

为了保证信息调查质量，调查方法确定以后，在现场调查前应设计并确定抽样方法及抽样样本的大小。参加实地调查的人员必须严格按照抽样设计的要求进行抽样。

5. 实施实地调查

实施实地调查即到现场去收集客户信息数据资料。为了保证调查的质量，选取既有工作热情又踏实肯干的人员来承担实地调查工作，并对他们进行相应的语言表达和专业知识培训。

6. 整理分析客户信息数据资料

刚收集回来的客户信息数据往往是杂乱无章的，而且质量良莠不齐，必须先对这些资料进行如下处理，方可提供给相关方使用。

(1) 检查和评定客户信息数据资料。为确保所收集回来的客户信息数据资料的真实性和准确性，必须对所收集回来的客户资料进行检查和评定，审核客户信息数据资料的依据是否充分，推理是否严谨，阐述是否合理，观点是否成熟。

(2) 整理客户信息数据资料。将客户信息数据资料进行分类、统计计算，并将其有系统地制成各种计算表、统计表以便分析利用。

(3) 提出对策和建议。分析调查所得的客户资料数据和事实，掌握真实情况，找出问题和不足，并针对问题和不足提出有效的改进意见和建议。

7. 撰写调查报告

调查报告是对某个问题、某个事件或某方面情况调查研究所获得的成果的总结。它可作为处理问题、制定政策的依据或参考。客户信息数据收集过程就是围绕特定目的展开调查的过程，调查过后，都必须出具调查报告。调查报告的结构、内容如下:

(1) 封面。封面要写明标题、承办单位和日期。

(2) 前言。前言主要是简单介绍调查的经过及背景，明确调查的目的。前言一般要根据主体部分的结构顺序来安排，主要包括提要式、交待式和问题式三种类型。提要式是把调查对象最主要的情况进行概括后写在开头，使阅读者一入篇就对它的基本情况有一个大致的了解。这种方式常用于特定个别对象的调查之中，如对某个竞争对手的调查。交待式是在开头简单地交待调查的目的、方法、时间、范围、背景等，使阅读者在入篇时就对调查的过程和基本情况有所了解。这种方式常用于大范围的客户信息数据收集调查，如对登录某外贸服务平台的所有客户信息数据的收集。问题式是在开头就将问题提出，引起阅读者对调查主题的关注，促使阅读者思考。这种方式常用于某一特定问题的调查之中，如关于客户投诉平台收费不规范问题的调查。

(3) 主体部分。主体部分主要是要明确调查问题的症结所在。其结构形式通常包括用观点串联材料、以材料的性质归类分层、以调查过程的不同阶段自然形成层次三种。所谓用观点串联材料就是由几个从不同方面表现基本观点的层次组成主体，以基本观点为中心线索将它们贯穿在一起。这种结构形式适用于情况复杂、意见多样性的调查报告。以材料的性质归类分层就是经分析、归纳之后，根据材料的不同性质，将它们梳理成几种类型，每一种类型的材料集中在一起进行表达，形成一个层次。这种结构形式适用于调查主题单一、材料比较分散的调查报告。以调查过程的不同阶段自然形成层次即以时间为线索来谋篇布局，类似于记叙文的时间顺序写法。这种结构形式适用于事件单一、过程性强的调查报告。

(4) 结尾。调查报告常在结尾部分显示报告撰写者的观点，结尾既要对主体部分的内容进行概括、升华，更要针对调查问题得出相应的结论，因此，它的结尾往往是比较重要的一个部分。结尾常见的写法有三种。一是概括全文，明确主旨。这种方法是在结束的时候将全文归结到一个思想的立足点上，从而让阅读者有一个清晰的理性认识。二是指出问题，启发思考。如果一些存在的问题还没有引起注意，或限于各种因素的制约，调查报告撰写者也不可能提出解决问题的办法，那么就可将问题指出来，以引起有关方面的注意或者启发有关方面对这一问题的思考。三是针对问题，提出建议。这种方法是指出问题的症结，并针对问题提供一些有针对性的解决问题的建议和对策。在客户信息数据收集中，收集客户信息数据的最终目的在解决客户问题，即在于针对问题提出解决对策，以增加企业赢利，所以结尾往往是客户信息数据收集的实践价值所在，应写得详细具体。

四、任务评价

客户信息数据收集任务评价表如表 2-2-2 所示。

表 2-2-2　客户信息数据收集任务评价表

任 务 清 单	完成情况
查阅与客户信息数据收集相关的法律法规	
查阅客户信息数据收集方法	
明确客户信息数据收集步骤	
制订客户信息数据收集计划	
实施客户信息数据收集调查	
撰写客户信息数据收集调查报告	

知识拓展

常用的客户信息数据收集方法

任务三　处理客户信息数据①

通过各种途径收集回来的原始数据往往是杂乱无章的，是无法直接用于经营、销售和客户服务的，是无法发挥其应有的价值的。因此，分析、挖掘及合理有效利用客户信息数据是充分发挥客户信息数据价值的重要工作。

一、任务情境

(一) 任务场景

佛山某外贸服务有限公司在王经理的统筹安排下，其客户信息数据收集小组现已按原计划完成了客户信息数据资料的收集工作，相关调查报告也已经撰写好。为了充分发挥客户信息数据的价值，王经理决定将相关资料交给客户信息数据处理小组，对收集回来的相关客户信息数据做进一步的处理工作，即处理客户信息数据。

(二) 任务布置

请王经理负责安排客户信息数据处理小组对收集回来的客户信息数据做进一步分析、整理、归类、保管和使用等，以充分发挥客户信息数据应有的价值。

(1) 整理客户信息数据。

(2) 建立客户信息数据库。

(3) 制定客户信息数据资料管理规定和使用办法。

二、任务准备

(一) 知识准备

知识点：客户信息数据处理　客户信息数据质量评估　客户信息数据分类整理　客户信息数据分类处理方法　客户信息数据资料归档　客户信息数据资料管理

1. 客户信息数据处理

---

① 本任务融合了 1+X 社交电商职业技能等级证书考试知识。

客户信息数据处理是指借助一定的技术手段和方法对客户信息数据进行加工。客户信息数据处理的效果和效率将在一定程度上决定客户信息数据利用的效果和效率。客户信息数据处理通常包括客户信息数据的整理、归类、管理和使用等环节。

2. 客户信息数据质量评估

客户信息质量评估

客户信息数据质量评估就是根据特定的信息使用目的，借助特定的工具和方法，对所获得的客户信息数据的可靠程度进行客观衡量的活动过程。客户信息数据质量评估六要素如下：

(1) 频繁性，即某信息被使用的频率。

(2) 有效性，即信息价值是否在有效时间、有效范围内。

(3) 一致性，即存储在不同位置的同一组数据是否具有相同价值。

(4) 相关性，即信息是否支持业务目标。

(5) 准确性，即信息能否正确描述所建模对象的属性。

(6) 适时性，即业务流程能否在适当的时间获取信息。

3. 客户信息数据分类整理

客户信息数据分类整理即根据预先设定的调查目的，对调查所得客户信息数据进行整理和分类。客户信息数据分类整理的内容包括数据评估、客户构成分析、划分客户等级、客户名册等级、对客户进行区域分析等。

4. 客户信息数据分类处理方法

常用的客户信息数据分类处理方法包括分类分析法、聚类分析法、关联分析法和序列分析法。

1) 分类分析法

分类分析法是指按照已有的标准将各个事件、对象进行划分，如可将客户划分为老客户、新客户、潜在客户等，并对不同的客户信息数据采用不同的处理方式。如新客户信息数据处理的方式是：获取客户信息数据—判断并确认未入库客户信息数据—创建客户类型—创建客户名称、客户识别编号—创建客户联系方式—创建客户市场、消费等相关属性的信息—记录客户接触信息。老客户信息数据处理的方式则是：与客户发生联系，获取客户信息数据—通过接待、打电话、网络或其他渠道与客户接触—记录客户接触信息—根据接触类型生成工作需求—跟踪、记录处理客户信息数据需要的信息—联系、通知客户—记录更新客户接触信息。

2) 聚类分析法

聚类分析法主要是把给定的对象集合分成由不同类型对象组成的多个类别的过程。使用聚类分析法可划分出不同的客户群，对每一客户群进行分析，掌握客户需求情况和客户特征，以提供个性化服务。例如，应用聚类分析法对客户进行销售构成分析和地区构成分析，通过销售构成分析可对客户进行分级，并针对不同的客户级别采用不同的策略。

3) 关联分析法

关联分析法是指利用客户信息数据对产品(或服务)信息、市场信息和公司信息进行分析，综合评价企业的运行状况和产品(或服务)的供需比例。通过关联分析法可以为客户提供系统、全面、准确度高的产品(或服务)。

4) 序列分析法

序列分析法即分析客户数据之间的前后因果关系。通过序列分析法可以预测客户的行为习惯，从而根据客户的行为特征更改产品(或服务)，提高客户服务效率，提升客户体验感和满意度。

5. 客户信息数据资料归档

客户信息数据资料归档即建立完整的可在企业内共享的客户档案，以保证客户服务人员对客户的特征、经营状况等了如指掌，并随时能与客户取得联系。客户信息数据资料归档时应注意做好以下几点：

(1) 分类应有逻辑性。分类的逻辑性即所分类别要包含所有的客户管理对象，不能有剩余的类别，也不能有多余的类别；分类的标准要一致，每一层的划分只能用一种分类标准，不同层次、不同类别的分类标准可以不一致；分类客户之间应定义明确、指向确定，在现实业务中有明确对象。

(2) 分类应符合实际，容易操作。从企业实际出发，决定是否需要分类、怎样分类、分多少个类别以及多少个层次等。通常，对于企业而言，如果客户数量少、客户特征相似，就可以少分类甚至不分类；如果客户数量庞大、种类繁多且特征差异明显，就需要进行多层次的分类。

(3) 分类应便于管理。各企业具体条件不同，客户情况也不尽相同。因此，企业对客户信息数据分类时，应考虑客户信息数据收集、查询和利用的实际需要，结合自己的实际，形成有自己特色的客户分类模式。

(4) 分类应具有客观性。客户分类的标准很多，不同的方法其效果也往往不同，为了使客户信息数据资料能尽量反映客户的实际情况和特征，就应使用客观性的分类标准。

6. 客户信息数据资料管理

客户信息数据资料管理即企业内的部门及人员可以根据工作需要对客户信息数据资料进行查阅利用。为提高客户信息数据资料的利用效率，从而充分发挥客户信息数据资料的价值，客户信息数据资料管理应注意做好以下几点：

(1) 动态管理。动态管理就是要将陈旧的或已经发生变化了的客户信息数据资料及时调整剔除，并及时补充新的客户信息数据资料，在客户信息数据资料上对客户的变化进行跟踪，从而使客户信息数据资料管理保持动态性。

(2) 突出重点。突出重点指的是客户服务人员应从众多的客户信息数据资料中找出重点客户，从而为选择新客户、开拓新市场提供参考资料，进而为市场的发展创造良机。

(3) 灵活应用。灵活应用即客户信息数据资料管理人员应以灵活的方式及时将客户信息数据资料提供给有需要的部门和人员，从而使客户信息数据资料得到充分利用，进而提高客户信息数据资料管理效率。

(4) 专人负责。客户信息数据资料是企业的商业机密，涉及客户的隐私，因此，是不能外流的，只能供企业内部人员使用。客户信息数据资料管理部门要针对客户信息数据资料的管理和使用制定确切、具体的规定和使用办法，并由专人负责管理，严格控制客户信息数据资料的使用和查阅，以防客户信息数据资料外泄。

(二) 操作准备

(1) 明确处理客户信息数据的目的和要求。
(2) 能根据企业需要对客户信息数据质量进行评估。
(3) 了解客户信息数据资料管理规定和使用办法。

(三) 任务要领

1. 合法、正当、必要，不得过度处理

合法、正当、必要即客户信息数据处理(包括客户信息数据资料的收集、存储、使用、加工、传输、提供、公开等)必须符合《中华人民共和国民法典》《中华人民共和国消费者权益保护法》等相关法律法规的规定。其中，客户信息数据的收集要征得客户同意，但是法律、行政法规另有规定的除外；客户信息数据处理规则应公开，并明示客户信息数据处理的目的、方式和范围。信息处理者不得泄露或者篡改其收集、存储的个人信息；未经自然人同意，不得向他人非法提供其个人信息，但经过加工无法识别特定个人且不能复原的信息数据除外。

2. 确保客户信息数据安全

客户信息数据处理者应当采取技术措施和其他必要措施，确保其收集、存储、使用的客户信息数据安全，防止信息泄露、篡改、丢失。若发生或者可能发生客户信息数据泄露、篡改、丢失，则应当及时采取补救措施，并按照规定向有关主管部门报告。

3. 动态管理，灵活应用

动态管理指的是客户信息数据资料管理者要对发生变化的客户信息数据资料及时跟踪和更新，使客户信息数据资料管理保持动态性。灵活应用是指将整理好的客户信息数据资料以灵活的方式及时提供给有需要的公司各部门及相关人员，从而实现客户信息数据资料的共享共用，提高客户信息数据资料管理的效率。

三、任务实施

(一) 任务流程

客户信息数据处理业务流程如图 2-3-1 所示。

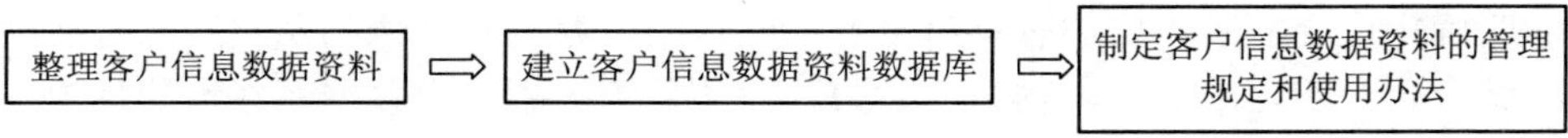

图 2-3-1　客户信息数据处理业务流程

客户信息数据处理业务流程说明如表 2-3-1 所示。

表 2-3-1 客户信息数据处理业务流程说明

工作序号	工作任务	操作指导	注意事项	备 注
1	整理客户信息数据资料	根据客户信息数据收集目的，对收集回来的客户信息数据的可靠程度进行评估及对客户信息数据进行清洗	客户信息数据质量评估六要素	
2	建立客户信息数据资料数据库	根据企业的实际条件和需求，将收集的客户信息数据加以整理并录入数据库，建设包括客户基础资料和客户调查报告的可供各部门共享的客户信息数据档案数据库	明确客户信息数据资料数据库的建立目的；从企业实际出发，结合企业的实际需要，合理设计建立客户信息数据库的流程、时间安排和成本控制等	电子数据库
3	制定客户信息数据资料的管理规定和使用办法	动态管理、灵活应用、专人负责	及时补充新的资料，以灵活的方式及时提供给相关人员，使客户信息数据资料得到充分利用	公司内、外部人员

(二) 任务操作

1. 整理客户信息数据资料

(1) 客户信息数据质量评估。对客户信息数据资料的可靠程度和可信程度进行评估，即对所收集到的客户信息数据资料进行质量评估，以确保客户信息数据资料的信度和效度。

(2) 对客户信息数据资料进行整理汇编。根据预先设定的客户信息数据资料收集目的，对收集回来的客户信息数据资料进行结构化清洗，去除数据噪声和不规则数据，为后续客户画像做好准备。

2. 建立客户信息数据资料数据库

将客户信息数据资料进行有序整理后形成的文档就是“客户档案”。客户档案是企业与客户交往过程中所采集、形成的客户资料，还包括企业制作的客户分析报告以及客户资信状况等综合性档案材料。建立合格的客户档案是企业客户信息数据资料管理的起点，也是客户服务与管理的基础性工作。

1) 准备阶段

(1) 明确建立客户信息数据资料数据库的目的；

(2) 从企业实际出发，了解企业的特性，掌握客户的消费特点；

(3) 明确定位企业所需要的客户信息数据资料的内容、实际情况及发展的可能性；

(4) 结合企业实际的人力、物力、财力、业务量等因素确定数据库建设的规模；

(5) 根据企业业务的需求，确定数据库信息内容建设的步骤；

(6) 数据库建设团队的组建与培训；

(7) 合理设计数据库的建设流程、时间安排及成本控制等。

2) 建设阶段

(1) 通过各个渠道采集客户信息数据资料；

(2) 填写、录入客户信息数据资料；

(3) 客户信息数据资料的筛选、整理、分类；

(4) 数据建模、形成数据库。

3) 使用阶段

(1) 及时补充新的信息资料；

(2) 找出重点客户；

(3) 灵活应用；

(4) 专人负责。

客户信息数据资料数据库建设流程如图 2-3-2 所示。

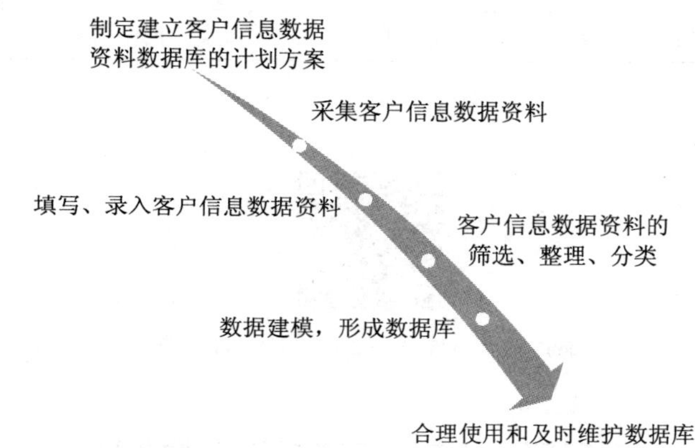

图 2-3-2　客户信息数据资料数据库建设流程

互联网时代，客户信息数据资料数据库基本都是基于计算机及互联网通过用电子数据库来实现的。

3. 制定客户信息数据资料的管理规定和使用办法

客户信息数据资料的管理通常包括客户信息数据采集、信息录入、信息整理分类、信息分析、信息数据库管理与维护、信息保密等 6 个环节，通过客户信息数据保密管理制度、客户管理制度、客户名册文件等具体监控实施。制定客户信息数据资料的管理和使用规范要做好以下 4 点：

(1) 明确目的。制定客户信息数据资料的管理规定和使用办法通常都是为了防止客户信息数据泄露，确保信息完整和安全，科学、高效地保管和利用客户信息数据。

(2) 确定适用范围。客户信息数据资料的管理规定和使用办法通常适用于所有与客户信息数据资料相关的工作人员。

(3) 明确职责。针对客户信息数据资料管理的 6 个环节，相关工作人员需进行分权与定职。

(4) 规范客户信息数据资料使用流程。确定严格的查阅和利用管理办法，规范客户信息数据资料管理和使用业务流程，确保充分有效且安全地利用客户信息数据资料。

四、任务评价

客户信息数据处理任务评价表如表 2-3-2 所示。

表 2-3-2 客户信息数据处理任务评价表

任务清单	完成情况
查阅客户信息数据分类及客户信息数据分类处理方法	
分析客户信息数据资料的分类整理方法	
分析客户信息数据处理业务流程	
分析客户信息数据资料数据库的建设流程	
查阅客户信息数据资料的使用管理制度	
制定客户信息数据资料的管理规定和使用办法	

知识拓展

客户信息数据处理流程设计注意事项

任务四 挖掘客户信息数据①

利用大数据、可视化等现代技术，找出隐藏在客户信息数据背后的规律和特点，以精准把握客户需求，进而提高客户服务与管理的效果和效率，是挖掘客户信息数据的根本。

一、任务情境

(一) 任务场景

2017 年，“数字经济”正式写入党的十九大报告。2018 年 3 月，政府工作报告提出“发展壮大新动能”“为数字中国建设加油助力”。数字化转型已不仅是企业顺应时代的必然趋势，还是降本增效的内在要求。数字化企业是企业业务决策智慧化的企业，是能够数智创造、挖掘新知识用于企业业务决策、日常管理等的高度信息化的企业。广州某外贸服务平台为了实现数字化转型，决定以客户为中心，从客户信息数据着手，利用大数据技术挖掘客户信息数据，从而为平台产品研发、市场运营及客户服务等业务决策提供依据。

---

① 本任务融合了 1+X 社交电商职业技能等级证书考试知识、金砖国家职业技能大赛互联网营销和商业数字能力等赛项知识。

(二) 任务布置

经公司研究决定，由负责平台客户信息数据库建设与维护的信息技术服务部负责具体的客户信息数据挖掘工作。

(1) 准备客户信息数据源。

(2) 客户信息数据的可视化处理。

(3) 根据需要运用大数据挖掘工具对客户信息数据进行挖掘。

二、任务准备

(一) 知识准备

知识点：客户信息数据可视化处理 大数据客户信息数据挖掘的概念

1. 客户信息数据可视化处理

客户信息数据可视化(Data Visualization)就是将客户信息数据转换为易于人们辨识和理解的视觉表现形式。信息数据可视化借助图形化手段，可以清晰有效地传达沟通信息。信息数据可视化将数据库中每一个信息数据项作为单个图元元素表示，大量的数据集构成数据图像，同时将数据的各个属性值以多维数据的形式表示，方便从不同的维度观察数据，并对数据进行更深入的观察。

1) 客户信息数据可视化的图表及其应用

(1) 柱状图。柱状图如图 2-4-1 所示。

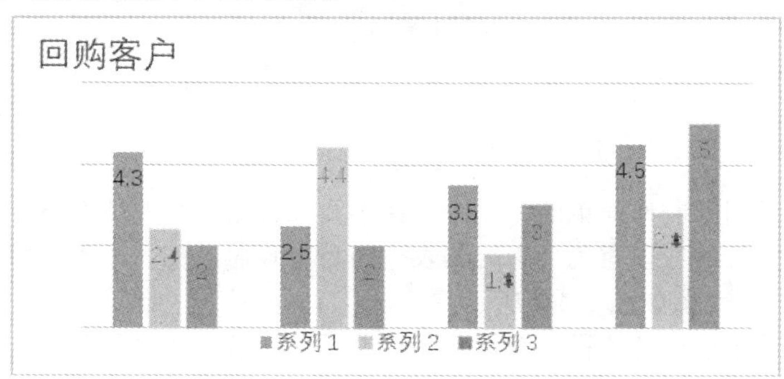

图 2-4-1　柱状图

适用场景：二维数据集(每个数据点包括两个值 x 和 y)，但只有一个维度需要比较。

优势：柱状图利用柱子的高度反映数据的差异。由于肉眼对高度差异很敏感，因此辨识效果非常好。

劣势：只适用于中小规模的数据集。

(2) 折线图。折线图如图 2-4-2 所示。

适用场景：适用于二维的大数据集，尤其是那些趋势比单个数据点更重要的场合。它还适用于多个二维数据集的比较。

优势：容易反映出数据变化的趋势。

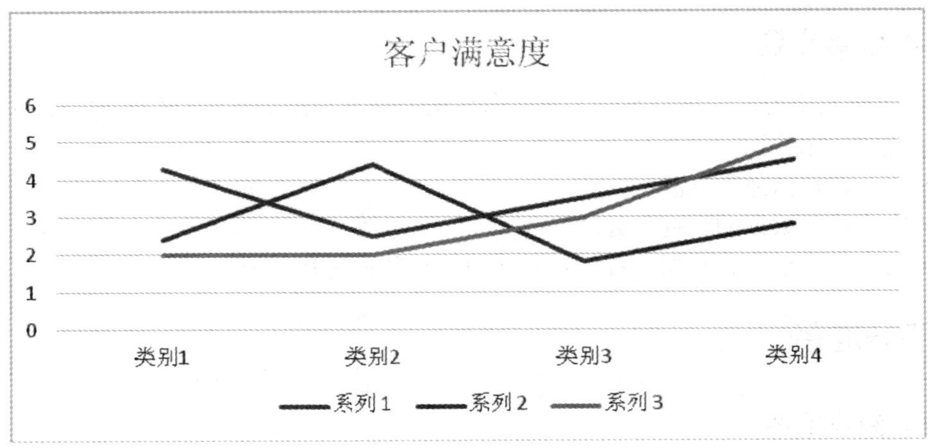

图 2-4-2 折线图

(3) 饼图。饼图如图 2-4-3 所示。

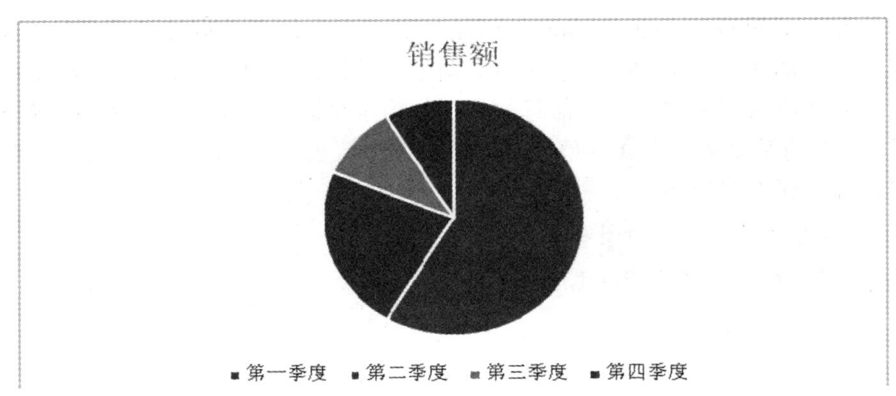

图 2-4-3 饼图

适用场景：适用于制作简单的占比图，在不要求数据精细的情况下可以采用饼图。

劣势：饼图是一种应该避免使用的图表，因为肉眼对面积大小不敏感。

(4) 漏斗图。漏斗图如图 2-4-4 所示。

适用场景：适用于业务流程比较规范、周期长、环节多的流程分析。

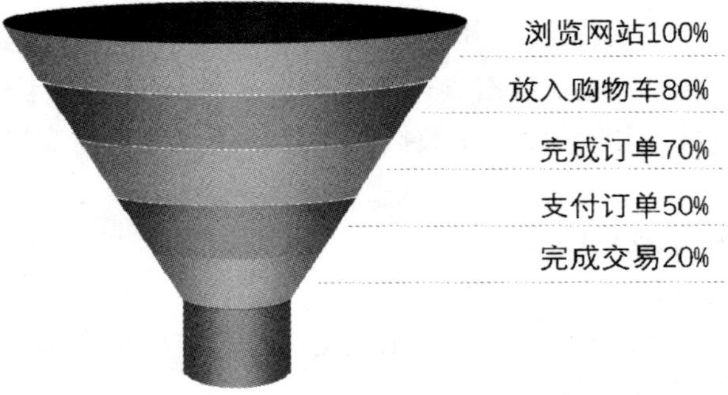

图 2-4-4 漏斗图

优势：能够直观地发现和说明问题所在。通常用于转化率比较，它不仅能展示最终的转化率，还可以展示各个环节的转化率。

劣势：单一漏斗图无法评价某个关键流程中各步骤转化率的好坏。

(5) 地图。适用场景：适用于有空间位置的数据集。

优势：能够较好地展示空间差异。

劣势：在特殊状况下使用。

(6) 雷达图。雷达图如图 2-4-5 所示。

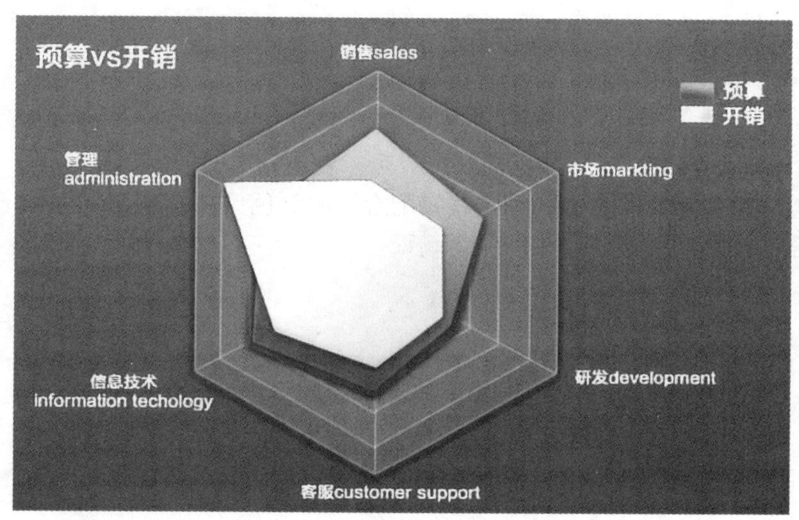

图 2-4-5　雷达图

适用场景：适用于多维数据(四维以上)，且每个维度必须可以排序。但是，它有一个局限，就是数据点最多 6 个，否则无法辨别，因此适用场合有限。

优势：可以进行多维比较并排序。

劣势：用户不熟悉雷达图，解读时会有困难。使用时应尽量加上说明，以减轻解读负担。

2) 客户信息数据可视化处理中常出现的问题

(1) 饼图顺序不当，其情况如图 2-4-6 所示。

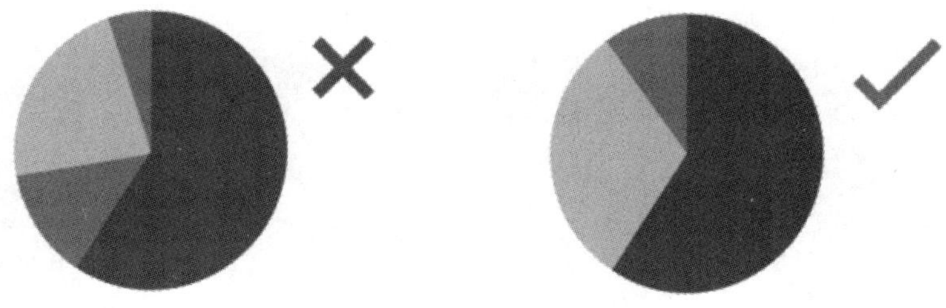

图 2-4-6　顺序不当的饼图

解决策略：将份额最大的那部分放在 12 点方向，顺时针放置第二大份额的部分，以此类推。

(2) 在折线图中使用虚线，其情况如图 2-4-7 所示。

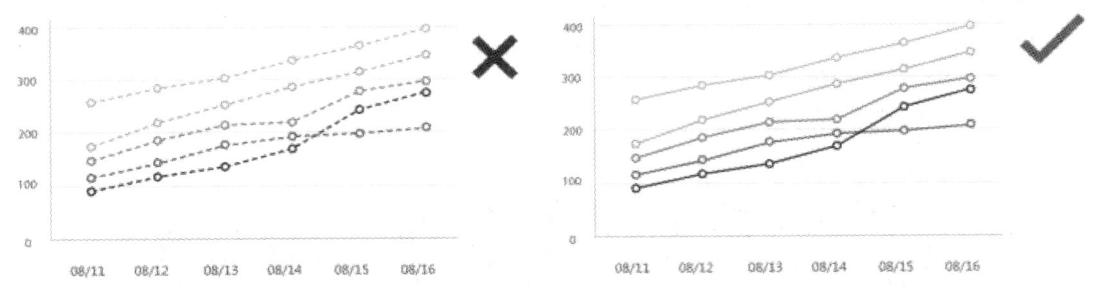

图 2-4-7　使用虚线的折线图

解决策略：虚线会让人分心，用实线搭配合适的颜色更容易区分。

(3) 数据被遮盖，其情况如图 2-4-8 所示。

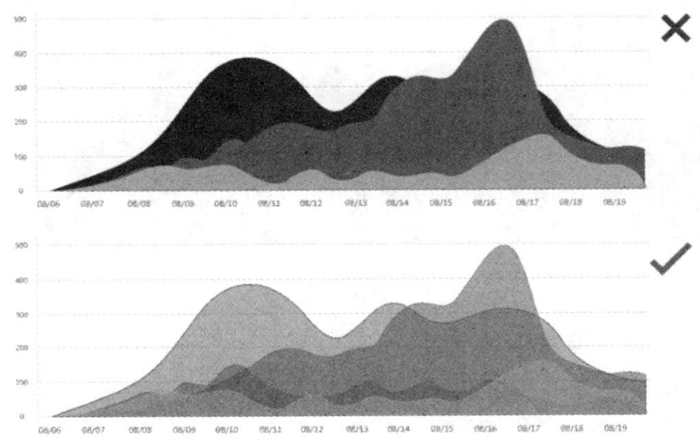

图 2-4-8　数据被遮盖的图

解决策略：确保数据不会因为设计而丢失或被覆盖。在面积图中使用透明效果可以确保用户看到全部数据。

(4) 理解困难，其情况如图 2-4-9 所示。

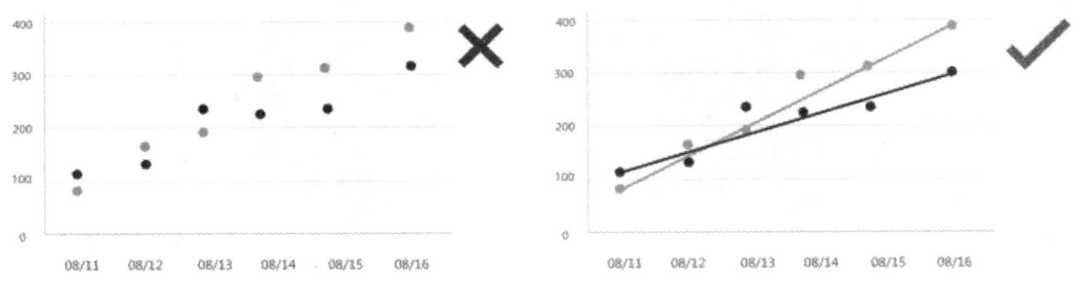

图 2-4-9　理解困难的图

解决策略：通过辅助的图形元素来使数据更易于理解，比如在散点图中增加趋势线。

(5) 柱子过宽或过窄，其情况如图 2-4-10 所示。

图 2-4-10　柱子过宽或过窄的图

解决策略：调查表明，柱子的间隔最好调整为柱宽的 1/2。

(6) 数据对比困难，其情况如图 2-4-11 所示。

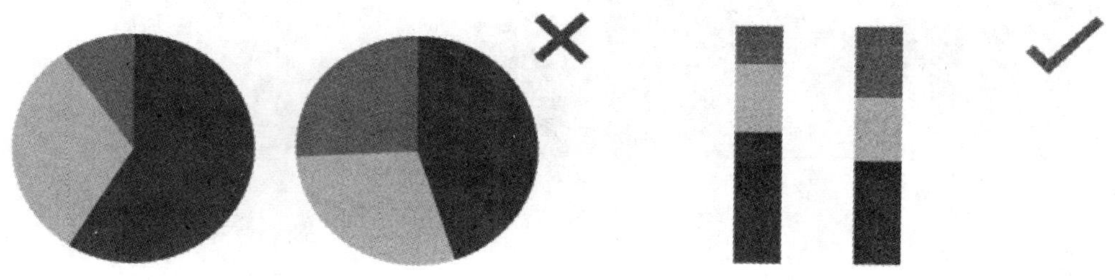

图 2-4-11　数据对比困难的图

解决策略：选择合适的图表，让数据对比更明显直接。显然，柱状图比饼图在视觉上更易于比较。

(7) 错误呈现数据，其情况如图 2-4-12 所示。

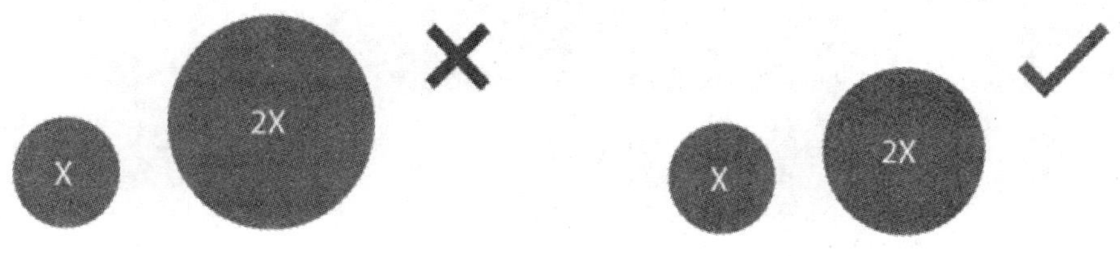

图 2-4-12　错误呈现数据的图

解决策略：确保任何呈现都是准确的，比如，图 2-4-12 中气泡图的面积大小应该跟数值一样。

(8) 过分设计，其情况如图 2-4-13 所示。

解决策略：清楚标明各个图形表示的数据，避免用与主要数据不相关的颜色、形状干扰视觉。

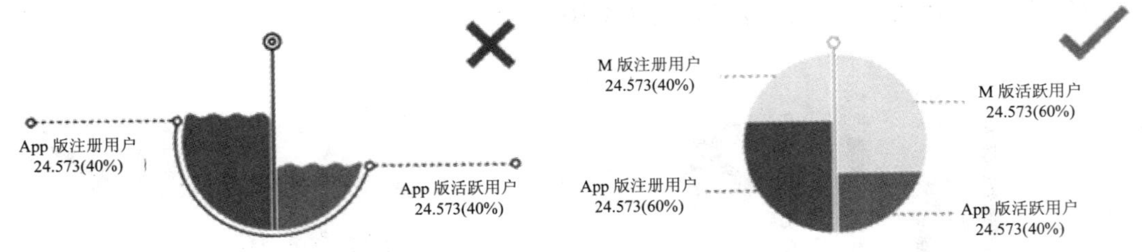

图 2-4-13 过分设计的图

(9) 数据没有很好地归类，没有重点区分，其情况如图 2-4-14 所示。

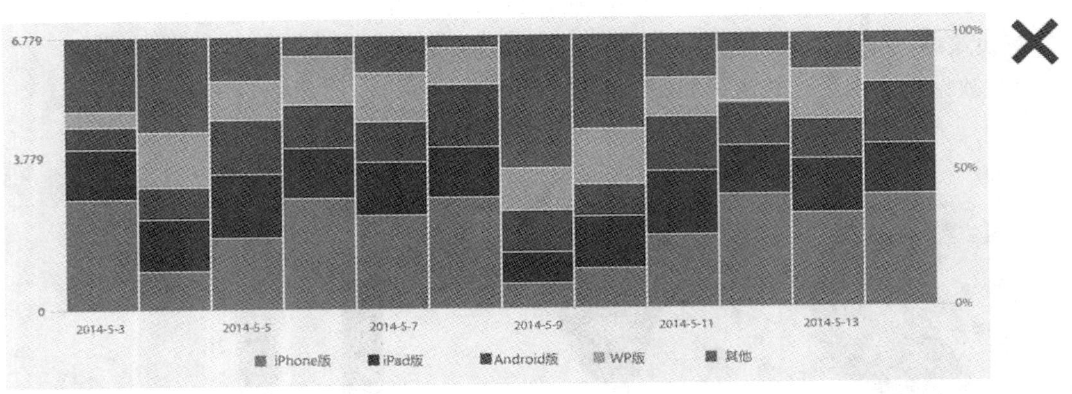

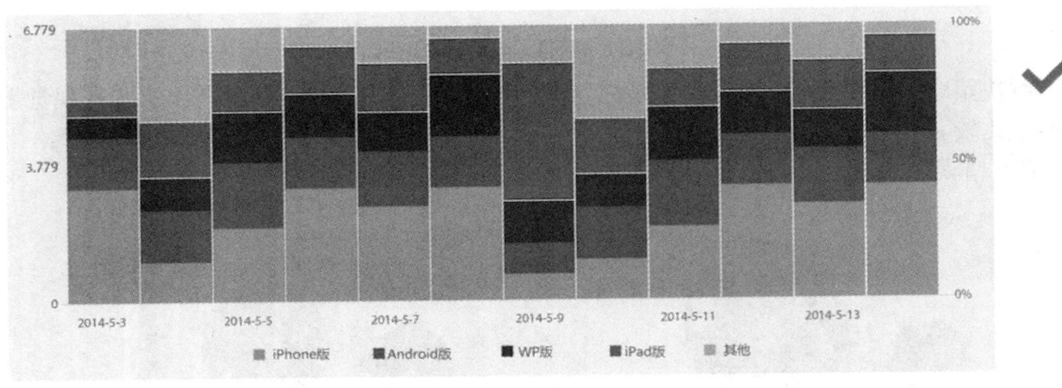

图 2-4-14 数据没有很好地归类和重点区分的图

解决策略：将同类数据归类，简化色彩，帮助用户更快地理解数据。图 2-4-14 中的上图没有对同类型手机中不同系统进行颜色上的归类，从而减少了比较的作用。下图不仅通过颜色将不同类型产品进行了归类，对于同类产品中不同系统还进行了相同色系的深浅度上的归类，从而显示了较明显的对比效果。

(10) 误导用户的图表，其情况如图 2-4-15 所示，左图的数据起始点从 50 开始，被截断了。

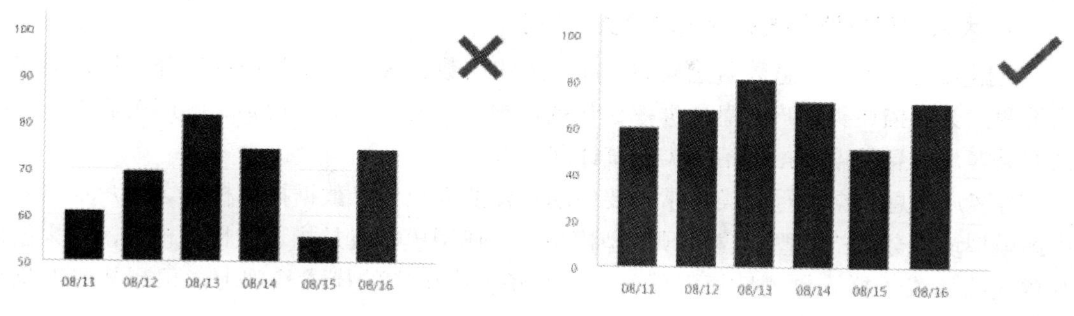

图 2-4-15　误导用户的图表

解决策略：要客观反映真实数据，纵坐标不能被截断，否则视觉感受和实际数据相差很大。

2. 大数据客户信息数据挖掘的概念

大数据客户信息数据挖掘又叫客户信息数据挖掘，是指利用大数据技术从海量的信息数据中找出隐藏在其背后的规律或找出数据间的关系，并用数据统计、人工智能等技术对客户信息数据进行分析，从中得出潜在模式，预测未来情况，以辅助企业决策者评估风险及作出正确的决策。

客户数据挖掘

通过大数据客户信息数据分析，能够对企业经营状况作出全面的描述。大数据客户信息数据分析包括：

(1) 客户来源信息分析。客户来源信息分析包括客户来源分布分析和客户来源分布比率分析。客户来源分布分析是根据客户范围大小和特点对客户进行地域划分，从而分析出客户经营规模、采购规模、行业性质、企业属性及每个区域不同年度的客户数量。客户来源分布比率分析主要分析区域销售额比率、区域客户比率、客户规模比率、客户性质比率和客户行业比率等。

(2) 客户商业行为分析。客户商业行为分析主要分析客户的资金分布情况、流量情况、历史记录等，主要用于分析产品分布情况、客户留存率和客户流失率。

(3) 客户经营状况分析。客户经营状况分析主要分析客户的经营方向、市场战略、生产规模、资本实力、人员素质、技术水平、管理能力、销售能力、成长能力、获利能力等状况或动向。客户经营状况分析主要用于分析客户的发展潜力。

(4) 客户信誉状况分析。客户信誉状况分析主要对客户信用程度、同业评价、稳定性、发展性、客户质量、交易愿望、货品周转、企业信用历史等方面进行分析。客户信誉状况分析主要用于客户的跟进和维护。

(5) 客户忠诚度分析。客户忠诚度分析主要针对客户的信任度、来往频率、服务效果、满意度以及继续接受同一公司服务的可能性进行分析。客户忠诚度分析主要用于客户的跟进和维护。

(6) 客户数据价值分析。客户数据价值分析主要分析客户的可靠性、真实性、相关性等。客户数据价值分析主要用于找出对企业的营销和服务有价值的信息。

3. 大数据客户信息数据挖掘的分类及模型

根据大数据客户信息数据挖掘的功能，可将大数据客户信息数据挖掘分为描述类和预测类两大类。描述类客户信息数据挖掘包括可视化、聚类、关联规则、顺序关联和汇总；预测类客户信息数据挖掘包括分类和统计回归。

对客户信息数据进行分类常常需要借助一定的客户信息数据挖掘模型。客户信息数据挖掘模型通常分为描述型模型和预测型模型。描述型模型就是描述数据的模式，用来创建有意义的群或子群。预测性模型就是在已知条件中确定的模式基础上，预测某些现象或数值。

4. 大数据客户信息数据挖掘的意义

(1) 塑造专业形象。借助科学的数据挖掘技术，如统计方法、数据库方法等，对客户信息数据进行分类、聚类等整理，既保证了分析方法的科学性和分析结果的可靠性，更是塑造专业形象的重要途径之一。

(2) 发现客户的潜在需求。挖掘客户信息数据能够发现客户的潜在需求，如利用大数据技术从历史订单、客户服务信息管理系统中挖掘数据，通过对数据进行对比，以全方位视角分析消费者，来找到自己需要的参数。

(3) 预测客户需求发展趋势。挖掘客户信息数据可预测客户需求的未来发展趋势。客户的偏好和需求不断变化，并受到包括新兴产品、当前趋势和各种其他重要因素在内的所有情况的影响。预测客户需求发展趋势，可确保对未来和现有客户的重视程度始终保持高度一致。

(4) 提供精准服务。通过客户信息数据挖掘，让企业及其相关人员能够更加准确地掌握客户的真实需求及其发展趋势，并针对客户的需求，结合自己的产品或服务为客户提供精准服务，以提高客户的体验感和满意度，进而提高客户的忠诚度，从而不断吸引和留住客户。

5. 相关法律法规

本任务涉及的相关法律法规有《中华人民共和国个人信息保护法》《中华人民共和国数据安全法》《中华人民共和国民法典》等。

(二) 操作准备

(1) 了解并掌握数据统计、人工智能等技术。
(2) 能运用数据统计、人工智能等技术对数据进行统计分析。
(3) 能运用大数据技术工具对数据统计结果进行可视化操作。

(三) 任务要领

1. 准备足够的客户信息数据源

互联网环境下，企业通常都建有自己的客户信息数据库，面对大量现成的客户信息数据，要把握客户特征，首先得对这些客户数据进行结构化清洗，除去数据噪声和不规整的客户信息数据，以便为后续的建模做好准备。如果客户数据量特别少，则应通过合法手段获取足够的客户信息数据。

2. 明确客户信息数据挖掘的目的

客户信息数据挖掘的目的决定了客户信息数据挖掘所涉及客户信息数据的范围、挖掘方法及挖掘模型等。不同的挖掘目的所用到的具体客户信息数据内容各不相同，其所需方法及模型也会有所差异。明确客户信息数据挖掘目的，不仅能更好地保证客户信息数据挖掘目的的实现，更能提高客户信息数据挖掘的效果和效率。如新客户信息数据挖掘的目的主要包括：规范新客户信息数据的处理工作，提高工作效率、工作质量；整理客户信息数据，进行客户细分，完善客户资料；挖掘潜在客户，有效促进销售等。老客户信息数据挖掘的目的主要包括：保持客户信息数据记录的完整性、规范性；提高客户接触信息记录工作的效率；确保对客户服务结果的共享和分析等。

3. 有效描述客户信息数据的特征

客户信息数据特征是客户基本信息、消费行为、消费习惯等的共性体现，是客户细分、归类的依据。准确、有效地描述客户信息数据特征不仅有利于客户的准确归类管理，更直接关系到客户信息数据库建设和管理的效果和效率。客户信息数据特征包括性别、年龄、地域、教育水平等客户自然特征，还包括收入及购买力、已购商品、购买次数、购买渠道等客户消费特征。

4. 科学构建客户信息数据挖掘模型

客户信息数据挖掘是一个客户驱动的过程，它使用计算机浏览大量数据，从而发现有用的规律模式。客户信息数据挖掘模型是通过指定的参数并将其校准为最佳值来选择并应用一种或多种建模技术。通常对于同一个数据挖掘问题有多种技术。有些技术需要特定格式的数据，因此需要迭代数据准备。

三、任务实施

(一) 任务流程

客户信息数据挖掘业务流程如图 2-4-16 所示。

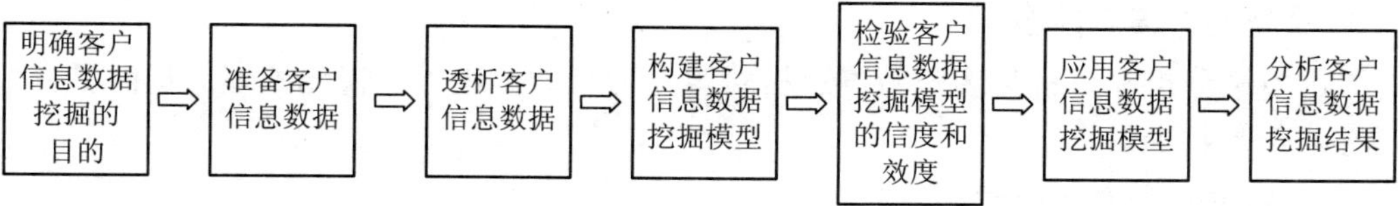

图 2-4-16　客户信息数据挖掘业务流程

客户信息数据挖掘业务流程说明如表 2-4-1 所示。

表 2-4-1 客户信息数据挖掘业务流程说明

工作序号	工作任务	操作指导	备 注
1	明确客户信息数据挖掘的目的	理解和提出问题；确定客户信息数据挖掘的依据和标准	根据企业实际需要确定客户数据挖掘目的
2	准备客户信息数据	从客户信息数据库中抽取与问题相关的数据备用	准备的客户信息数据尽可能多且全
3	透析客户信息数据	通过多维分析和可视化展现探索客户信息数据的特征，对数据进行筛选或根据现有变量重新组合生成新的变量来更有效地透析数据特征	多角度全方位透析
4	构建客户信息数据挖掘模型	构建客户信息数据挖掘模型，简称建模。常用的建模方法有神经元网络模型、决策树模型和回归模型	权重不是一成不变的
5	检验客户信息数据挖掘模型信度和效度	把检验数据代入已经建立的客户信息数据挖掘模型中，观察模型响应，通过比较模型响应和真实数据评估模型的准确程度	只有经检验的客户信息数据挖掘模型才能服务于企业
6	应用客户信息数据挖掘模型	将之前准备好的备用客户信息数据代入验证好的客户信息数据挖掘模型中	在应用中不断完善
7	分析客户信息数据挖掘结果	从客户信息数据挖掘模型中导出客户信息数据挖掘结果，并根据结果撰写客户信息数据挖掘报告，供有关各方决策参考使用	由专业人士完成

(二) 任务操作

1. 明确客户信息数据挖掘目的

进行客户信息数据挖掘前，企业应先明确客户信息数据挖掘的目的，即为什么要进行此次数据挖掘。客户信息数据挖掘的目的包括市场推广、精准营销、客户维系、需求预测、风险管理及产品研发。

2. 准备客户信息数据

从企业统一的客户信息数据库中调取相应的客户信息数据以作备用。

3. 透析客户信息数据

通过多维分析和可视化客户数据透析对客户信息数据进行可视化处理，从而更有效地描述客户信息特征。

4. 构建客户信息数据挖掘模型

根据客户信息数据挖掘目的和客户信息数据透析结果构建客户信息数据挖掘模型，以便找出和发现隐藏在客户信息数据背后的客户信息数据的本质，进而找出客户需求及其发展趋势。

5. 检验客户信息数据挖掘模型的信度和效度

在最终确定客户信息数据挖掘模型之前，必须彻底评估模型并检查创建模型所执行的步骤，以确保模型正确执行，从而实现客户信息数据挖掘的目标。检验客户信息数据挖掘模式的关键目标是确定是否存在一些尚未考虑的重要问题。为了确保客户信息数据挖掘模型的可靠性和有效性，提高客户信息数据挖掘的效果和效率，在模型正式用于大规模的客户信息数据挖掘之前，往往需要在一定范围内试用，并在试用中不断发现问题进而解决问题，只有经检验被认为可靠且有效的客户信息数据挖掘模型才能被正式应用。

6. 应用客户信息数据挖掘模型

按照预定方案，将前期收集、整理好的客户信息数据库里的数据作为数据源导入经过检验有效的客户信息数据挖掘模型中，并运行这个模型。通过客户信息数据挖掘模型对客户信息数据进行数据清洗、数据可视化等操作，从而找出隐藏在客户信息数据背后的规律及问题，以便找到吸引和留住客户的突破点和关键点，进而为后继制订客户服务对策、改进客户服务、研发客户服务新产品等提供参考和依据。

7. 分析客户信息数据挖掘结果

分析客户信息数据挖掘结果并撰写客户信息数据挖掘分析报告。客户信息数据挖掘模型的设计者及操作人员就客户信息数据挖掘模型的运行结果，从专业的角度对其进行分析，并根据分析结果撰写相应的分析报告，以供相关方参考使用。分析报告通常包括前言(交待客户信息数据挖掘的目的、客户信息数据挖掘所使用数据的来源、范围等)、正文(交待客户信息数据挖掘所使用的模型、客户信息数据挖掘的内容、操作经过、结果等)、结尾(交待客户信息数据挖掘的结论及相关注意事项等)。

四、任务评价

客户信息数据挖掘任务评价表见表 2-4-2。

表 2-4-2　客户信息数据挖掘任务评价表

任 务 清 单	完成情况
查阅客户信息数据挖掘方法	
分析企业客户信息数据挖掘业务流程	
整理企业客户信息数据挖掘所需资料	
分析企业客户信息数据挖掘操作步骤	
分析企业客户信息数据挖掘分析报告的结构和内容	
查阅客户信息数据挖掘案例	

知识拓展

透过现象看本质——大数据客户信息数据挖掘

任务五　运用客户信息数据——客户画像

企业可以利用大数据挖掘技术，从各类数据库中收集客户信息，并从预设目标着手，运用大数据计算、数据可视化等各类数据分析方法对收集的客户信息数据进行分析，然后为每个客户贴上客户人口统计学、兴趣偏好、消费行为等标签，形成客户画像。利用客户画像可深度了解客户需求，以便更加有效地为客户提供其所需要的服务，提升客户的体验度和满意度，进而吸引和留住客户。

一、任务情境

(一) 任务场景

某外贸公司采用传统电话销售方式推广业务。在业务推广过程中，客户的电话不太容易拨通，即使客户接通了电话，也经常因客户不方便接听或与客户话不投机等导致推销失败。为了完成任务，客户服务人员只好加班加点地给客户打电话，但效果仍然不佳。客户服务人员感到压力很大，于是纷纷提出离职，尤其是最近三个月新入职客户服务人员的离职率极高。这使得领导无法忍受，要求看客户画像，以分析问题出现的原因。

(二) 任务布置

经公司研究决定，由客户服务部负责为公司客户构建客户画像。

(1) 制作客户标签。

(2) 建立客户标签体系。

(3) 生成客户画像。

(4) 应用与完善客户画像。

二、任务准备

客户标签

(一) 知识准备

知识点：客户标签　客户标签体系的分类方法　客户标签优先级　客户画像

1. 客户标签

客户标签指的是对某一类特定客户群体或客户群体的某项特征进行的抽象分类和概括，其值(标签值)具备可分类性。客户标签细分图见图 2-5-1。客户标签包括客户的人口属性、心理和个性属性、偏好属性等，可分为静态标签和动态标签。客户的标签信息包含静态数据信息和动态数据信息。

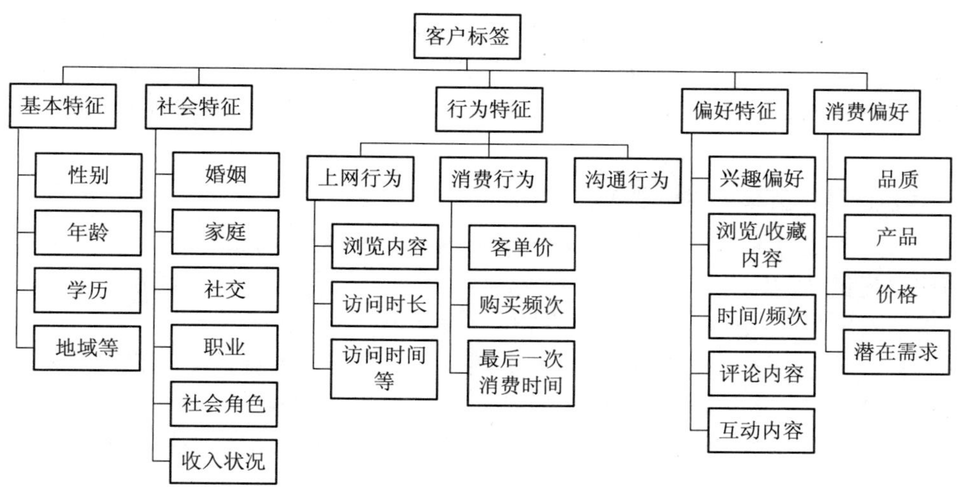

图 2-5-1　客户标签细分图

静态标签是指在一定的时间范围内具有相对稳定性的客户信息数据。它是建立客户画像的基础，是最基本的客户信息数据，如性别、学历、婚姻、职业、地域等。客户的静态标签主要包括人口属性、心理现象等方面的数据。人口属性是客户最基础的信息要素，它构成了客户画像的基本框架。心理现象包括心理和个性两大类别，如价值观和购买需求。对于企业来说，研究客户的心理现象，可以找出客户注册、使用、购买产品或服务的深层动机；可以了解客户对产品或服务的需求，认清目标客户带有怎样的价值观标签，属于什么样的群体。

动态标签是指在一定的时间范围内动态变化的信息。动态标签包括客户偏好特征和行为特征，如客户的产品偏好、购买行为、浏览次数等。动态标签所反映的信息包括客户购买过的产品、浏览过的页面、点赞过的微博消息和发布过的积极或消极的评论等，这些都将成为客户画像中偏好特征和行为特征的主要依据。动态标签在不同的时间、不同的场景会有所不同。企业通过捕捉客户的这些数据，可以对客户进行深浅程度归类，区分活跃客户与不活跃客户。企业只有结合静态标签和动态标签，给客户贴上不同的标签，才能建立完整立体的客户画像。

实践中，建立客户画像时，常常把客户标签分为人口属性、兴趣爱好属性和地理属性三大类，如图 2-5-2 所示。人口属性类标签比较稳定，一旦建立，很长一段时间基本不用

图 2-5-2　三类客户属性标签

更新，标签体系也比较固定。兴趣爱好属性类标签随时间变化很快，有很强的时效性，标签体系也不固定。地理属性类标签的时效性跨度很大，如活动轨迹标签需要做到实时更新，而常住地标签一般可以几个月不用更新，其挖掘的方法和人口属性、兴趣爱好属性的也大有不同。

2. 客户画像标签体系的分类方法

构建客户标签分类体系，通过选取不同数据维度对客户标签进行划分，不仅能为客户画像的构建提供结构化分析思路，还能较有效地避免产生无用数据干扰分析过程，从而为业务需求的实现与企业战略目标的实现提供有效支撑。

从客户画像标签体系构建的可操作性角度讲，客户标签宏观指标层的分类最能代表客户画像标签体系设计者对相关业务需求实现的分析思路。实践中，关于客户画像标签体系宏观指标层常用的分类方法有按客户标签主题内容划分、按客户标签加工手段划分和按客户标签属性状态划分三种。

1) 按客户标签主题内容划分

按客户标签主题内容划分，就是采用化零为整、逐层深入的方式将客户特征进行归并，使用直观、描述性思维分解客户属性，归纳标签主题。按客户标签主题内容对客户标签进行划分是描述出抽象商业全貌最易获得的标签分类方法。根据标签内容反映的主题信息，客户标签主题可以划分为客户轮廓、产品或服务持有、客户交互和客户管理。

客户轮廓是刻画客户对象自身特征，并结合企业属性与特定分析需求进行总结归纳。常见的标签有性别、年龄、教育情况、工作情况、兴趣爱好、资产情况等，如图 2-5-3 所示。

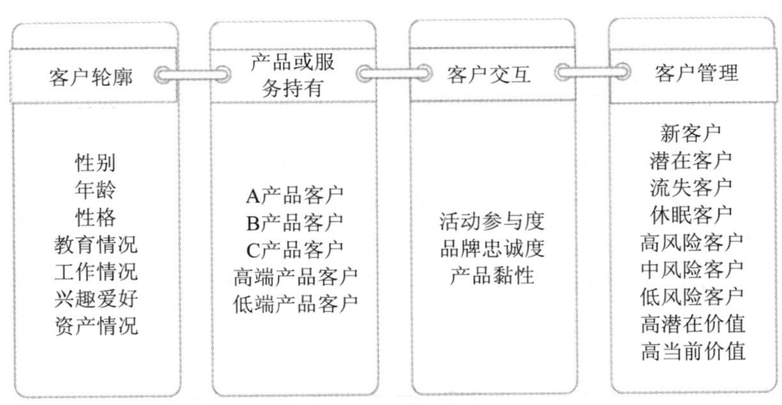

图 2-5-3　按客户标签主题内容划分

产品或服务持有需要对产品或服务的服务属性进行准确描述。通过对关键产品或服务及重点业务阶段的识别，获得客户认知、优化产品或服务的成本收益。常见的标签有产品的持有特征、产品规模特征和产品偏好特征等。

客户交互识别客户与产品或服务接触过程中体现出的行为特征，行为分析结果将帮助企业洞察客户心理、了解客户行为动向，进而推出有利的商业策略。客户交互标签具有较强的多样性，比较常见的有活动参与度、品牌忠诚度、产品黏性等。客户交互标签主要用于解决客户关系管理过程中所涉及的一系列问题，包括客户现状的深入分析、客户群体的准确划分、面向特定客群或指定产品服务开展的商业行为、对客户反馈结果进行评估等。客户交互标签能更深入地展示对客户行为、客户与企业之间的关系的思考，可以丰富客户画像的维度。

常见的客户管理标签有客户生命周期管理(新客户、潜力客户、流失客户、休眠客户等)、客户风险管理(高风险客户、中风险客户、低风险客户)、客户综合价值管理(高潜在价值、高当前价值)等。

2) 按客户标签加工手段划分

客户画像标签的数据来源包括企业内部或外部数据和对企业内部或外部数据的加工与再加工。来源于企业内部或外部的数据可直接用于标签内容的描述；源自对企业内部或外部数据进行加工与再加工所得数据的客户标签，根据其加工手段，可划分为客观事实类标签、统计分析类标签、评价预测类标签，如图 2-5-4 所示。

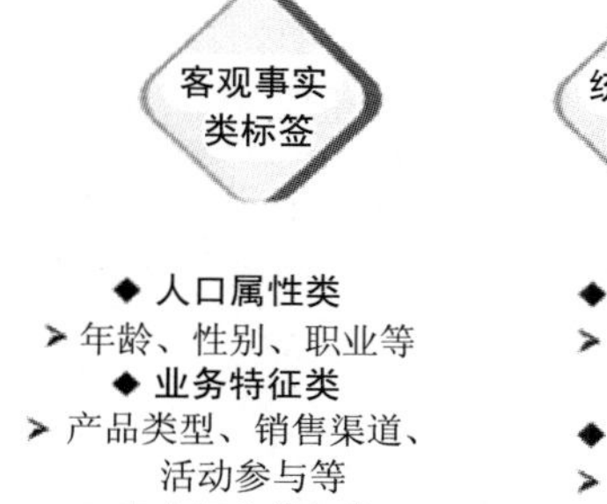

图 2-5-4　按客户标签加工手段划分

客观事实类标签来源于客观存在的事实数据，具体包括客户与企业交互产生的内部业务数据和企业源于其他数据源的客户外部数据。常见的客观事实类标签有人口属性标签，如年龄、性别、职业等；业务特征类标签，如产品类型、销售渠道、活动参与等；客户行为特征类标签，如产品购买特征、浏览时长、浏览历史、搜索关键词等互联网行为数据。

统计分析类标签是根据基础数据进行分析统计等处理后的数据，将横向的数据维度和纵向的时间维度进行有机结合，从而多维度描述客户与业务交互效果。常见的统计分析类标签有客户交互特征类标签，如购买渠道、购买时间等；客户个性态度类标签，如小心谨慎型、犹豫不决型等。

评价预测类标签是通过客户行为推测的数据，借助有监督或无监督的数据建模与挖掘分析方法，周期流动式训练优化数据模型，实现及时、准确的划分，预测客户所属群体特征。评价预测类标签包括通过分析挖掘、衍生计算及结合内外部数据、大众心理学特点探查的客户特征数据。评价预测类标签用于客户群体划分、行为预测与价值分析等。常见的评价预测类标签有客户交易行为特征，如客户流失风险特征、潜在客户提升概率、休眠客户转化率等；营销活动响应特征，如客户响应概率、客户黏性等。

3) 按客户标签属性状态划分

根据客户标签属性随时间推移的变动状态，可将客户标签划分为静态标签和动态标签。实践中，借助对静态标签定性化等手段，为客户群体划分提供初步分析路径。动态标签可监控标签数据的变化情况，借助设置监控点等方式，识别客户对关键产品与交易的反馈与行为变动特征，从而保持客户画像的新鲜度，进而支持客户画像应用的有效性。

按客户标签主题内容划分、按客户标签加工手段划分和按客户标签属性状态划分三种方式并不是完全独立的，而是有交叉重合的。在制作客户标签时往往会基于某个具体的应用场景或目的，通过某种加工手段，获得某个信息主题的动态或静态标签。从整个企业角度看，客户标签的整合和共享往往更有利于发挥客户标签价值，降低客户标签成本。理想的客户标签体系应该是客观、独立和全面的。客观是指不受标签应用场景、应用目的的影响；独立指的是标签相互不依赖、不重合；全面指的是客户标签能够覆盖企业全部业务需求。然而，实践中，受费用、业务范围等多种因素的影响，客户标签系统很难做到绝对的客观、独立和全面。面对实践操作过程中的困难，企业可采用螺旋式的、业务和数据双驱动的建设方法，逐步完成企业客户画像标签体系的建设。

3. 客户标签优先级

企业业务需求不同，构建的客户标签优先级也不尽相同。实践中，企业常常根据客户标签优先级构建的难易程度及各类标签间的依存关系来决定自己的客户标签优先级的排序。各类客户标签的优先级如图 2-5-5 所示。

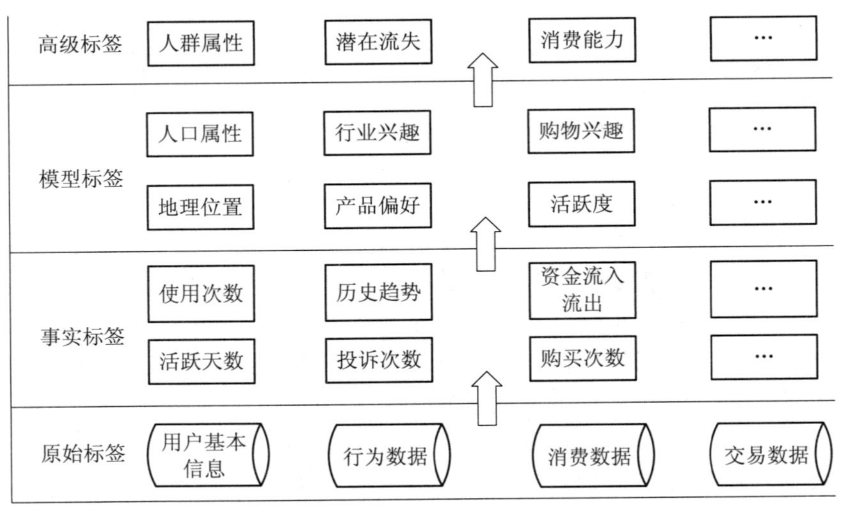

图 2-5-5 各类客户标签的优先级

(1) 原始标签。原始标签基于原始数据，可以从数据库中直接获取(如注册信息)，或通过简单的统计得到。这类标签构建难度低、实际含义明确，且部分标签可用作后续标签挖掘的基础特征(如产品或服务购买次数可用作客户购物偏好的输入特征数据)。

(2) 事实标签。事实标签的构造过程是对数据加深理解的过程。对数据进行统计的同时，不仅完成了数据的处理与加工，还对数据的分布有了一定的了解，为高级标签的构造做好了准备。

(3) 模型标签。模型标签是标签体系的核心，也是客户画像工作中工作量最大的部分，大多数客户标签的核心都是模型标签。模型标签的构造大多需要用到机器学习和自然语言处理技术。

(4) 高级标签。高级标签是基于事实标签和模型标签进行统计建模得出的，它的构造多与实际的业务指标紧密联系。只有完成基础标签的构建，才能够构建高级标签。高级标签的模型可以是简单的数据统计模型，也可以是复杂的机器学习模型。

4. 客户画像

客户画像

客户画像即将典型客户信息数据标签化，是指利用客户特征、业务场景和客户行为等客户标签构建一个标签化的客户模型。简而言之，客户画像是根据客户的目标、行为、观点等海量信息数据，抽取出典型特征并赋予人口统计学要素、场景等描述，最后形成一个完整客户原型的过程。构建客户画像的核心工作就是给客户贴“标签”，每一个标签通常是人为规定的特征标识，用高度精炼的特征描述一类人，如年龄、性别、兴趣、偏好等。不同标签通过结构化的数据体系整合，可以组合出不同的客户画像。

1) 客户画像的构建维度

客户画像作为以客户需求为导向的客户行为的描述，自然是具有情境性的，但是客户画像作为以客户的目标行为观点为区分依据的客户类型，更具有持续性、趋势性和创造性。因此，构建客户画像通常可从自然条件维度、价值取向维护、行为习惯维度和认知特征维度四方面着手。在这四个维度中，自然条件维度与价值取向维度共同作用于认知特征维度和行为习惯维度，其中，自然条件维度是基础，价值取向维度提供了长期作用力，而认知特征维度和行为习惯维度则是现在进行时的外在表现。因此，如果单从自然条件维度和行为习惯维度来构建客户画像，所呈现出来的结果往往会是片面的。一个成功的产品或服务需要考虑到客户的自我价值的实现与生活、工作、学习方式的改变，而不仅仅是解决了一个功能或需求上的问题。

(1) 自然条件维度。自然条件维度包含人口统计学信息、物质条件信息与社会环境信息。人口统计学信息包括用于描述客户基本特征的信息，主要用于帮助相关各方明确客户是谁，如何触及客户。人口统计学信息是相对静态的、明确的信息，包括姓名、年龄、电话号码、邮箱、家庭住址等。物质条件信息包括客户对生活资料如住所、车辆及消费类大件产品的拥有情况等。物质条件信息常常是根据产品或服务进行有倾向性的选取获得的。社会环境信息包括社会发展现状与趋势、国家政策等，以及具体的客户的社交对象、社交频次与形式、社交圈及生活的社区等。

(2) 价值取向维度。价值取向维度包括客户个体对自身、群体及社会所能产生的价值的期望。价值取向是客户的特征属性，影响着客户的行为方式、手段及目的的选择。价值取向维度对客户画像的最大意义就在于找出影响客户的动机源，为客户的决策和行为提供有方向性的矢量作用力。价值取向维度表达了客户的深层次需求，表达了客户对自我的期望。产品或服务的设计者需要将客户的价值诉求转化成品牌战略，以便在帮客户找到期望的同时致力于帮助客户实现期望。客户或许不能直接从产品或服务的某次使用情景或具体的交互行为中体会到这一点，但客户一旦发现产品或服务有助于其实现自我期望、人生目标或社会价值，自然就会成为某产品或服务的忠实客户。在客户画像中，价值取向主要体现在客户个体价值实现和客户社会价值实现两部分。个体价值实现包括自我尊重、信心、成就、力量等，属于自然增强的范围。社会价值实现包括社会尊重、社会地位、社会影响力等，属于自我超越的范围。

(3) 行为习惯维度。行为习惯是构建客户角色模型的骨架。行为习惯维度包括生活习惯和产品或服务行为习惯。生活习惯可以用来观察产品或服务的具体使用情境，包括健康意识、社交习惯、出行方式、消费习惯、运动习惯、学习能力等。行为习惯构建出客户各种不同的使用情境，从而反映出客户在不同情景下的需求差异。产品或服务行为习惯能比较直接地观察到客户偏好和使用习惯，主要包括客户的产品偏好、使用习惯、使用行为等。

(4) 认知特征维度。认知特征维度包括感知和反思两个方面。认知作用于行为，对行为的感知和反思又进一步影响认知。感知包括感觉、知觉、记忆、性格，显示了客户的感知倾向、信息获得方式、决策方式、生活风格特征。感知对应客户使用产品或服务时对使用感的期望，或具体交互行为的实现方式。它主要聚焦客户的五感尤其是视听感、交互感与产品的物理设计。客户画像的感知倾向有利于更好地理解客户在视听、情感等层面的需求。反思是客户对自身经历或接收到的信息的思维与处理过程，反思影响人的审美倾向、偏好、价值观等，具备深层与持久的驱动力，影响客户的决策。反思维度受价值取向维度的影响很大，价值取向很大程度上会影响客户对事物或事件的思考与观点。

2) 客户画像流程与方法

客户画像的核心工作就是给客户贴标签。标签即客户标签，通常是人为规定的高度精炼的特征标识，如年龄、性别、住址、职业等。这些标签集合可抽象出一个客户的全貌。如图 2-5-6 所示是某个客户的标签集合，每个标签分别描述了该客户的一个维度，各个维度之间相互联系，共同构成对客户的一个整体描述，即客户画像。

客户画像通常分为目标分析、体系构建、画像建立三步，如图 2-5-7 所示。

图 2-5-6　客户标签集合

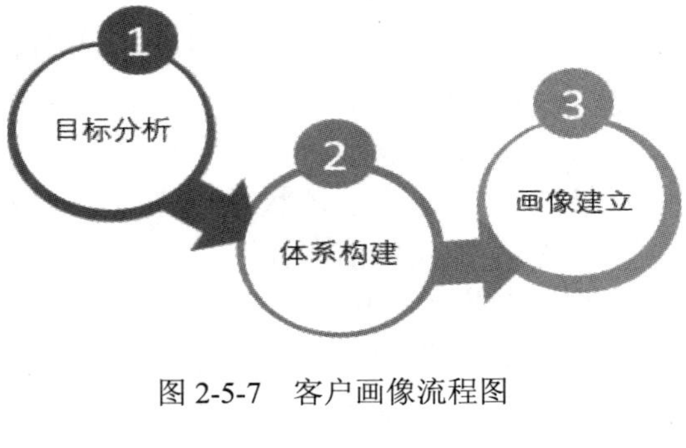

1 目标分析
2 体系构建
3 画像建立

图 2-5-7　客户画像流程图

3) 构建客户画像的常用技术

构建客户画像的常用技术包括信息检索、自然语言处理(NLP)、大数据实时计算、机器学习、统计学、大数据存储等，如图 2-5-8 所示。

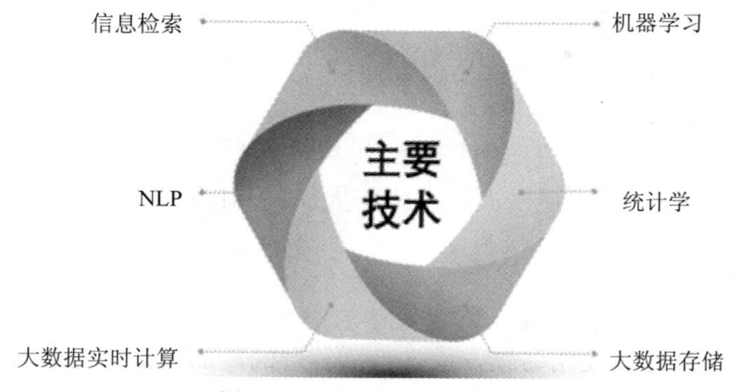

图 2-5-8　客户画像的构建技术

4) 客户画像的作用

通过客户画像，企业能够明确回答客户是谁，客户需要(或喜欢)什么，哪些渠道可以接触到客户，哪些是企业的关键客户等问题，从而更好地为客户服务，提高客户服务的效果和效率。具体而言，客户画像具有以下作用：

(1) 可以使产品的服务对象更加明确。实践中，如果期望一个产品或服务的目标客户能涵盖所有人，即男女老幼、白领蓝领、专家小白……往往会很难实现。这是因为每一个产品或服务都是为特定目标群的共同标准而服务的，当目标群的基数越大，这个标准就越低。换言之，如果某产品或服务是适合任何一个人的，那么其实它是为最低的标准服务的，这样的产品或服务要么毫无特色，要么过于简陋。成功的产品或服务就是要做到专注、极致，能解决某个核心问题。如豆瓣，专注文艺事业十多年，只为文艺青年服务，用户黏性非常高，文艺青年在这里能找到知音，找到归宿。所以，给特定群体提供专注的服务，远比给广泛人群提供低标准的服务更接近成功。

(2) 可以在一定程度上避免产品或服务设计人员草率地代表客户。代替客户发声是在产品或服务设计中常出现的现象，产品或服务设计人员常常不自觉地认为客户的期望跟他们是一致的，并且还总打着“为客户服务”的旗号。其结果往往却是产品或服务设计者精心设计的服务，客户并不买账，甚至觉得很糟糕。实践中，正确使用客户画像，精心找准产品或服务的立足点和发力方向，切实从客户角度出发，剖析客户核心诉求，筛除产品或服务设计团队自以为是的“伪需求”，是客户画像的关键。

(3) 精准营销。客户画像常常能帮助企业以最为浅显和贴近生活的话语将客户的属性、行为与期待联系起来，从产品和市场的角度建立客户角色，从而能够更加准确地代表产品的主要受众和目标群体。客户画像主要是对行为数据进行研究，从而精准定位，实现精准营销。以某跨境电商平台为例，可开展以下工作：收集客户行为数据，如活跃人数、页面浏览量、访问时长、浏览路径等；收集客户偏好数据，如登录方式、浏览内容、互动内容、品牌偏好等；收集客户交易数据，如客单价、回头率、流失率、转化率和促活率等。收集这些指标性数据，方便对客户进行有针对性、目的性的运营。

(4) 提高决策效率。在产品或服务设计流程中，各个环节的参与者非常多，分歧总是不可避免的，这无疑影响着项目的进度。而客户画像来自对目标客户的研究，当所有参与产品或服务的人都基于一致的客户进行讨论和决策，则较容易将各方保持在同一个大方向上，从而提高决策的效率。另外，大数据时代，客户画像技术常常是通过大数据来对客户进行分析的，因此具备了即时性和数据维度的多样性等特征，这使得企业及其相关人员能够及时发现客户需求的变化，进而适时进行有针对性的战略和策略调整。

5. 相关法律法规

本任务涉及的相关法律法规有《中华人民共和国个人信息保护法》《中华人民共和国数据安全法》《中华人民共和国民法典》《中华人民共和国广告法》等。

(二) 操作准备

(1) 了解并掌握一定的数据收集、处理技术与方法。
(2) 懂得构建客户标签体系。
(3) 掌握客户画像的流程和方法。

(三) 任务要领

1. 获得足够丰富的客户信息数据

客户画像是根据客户的社会属性、生活习惯和消费行为等信息而抽象出的标签化的客户模型，是从客户的目标、行为、观点等海量数据中抽取出典型特征并赋予人口统计学要素、场景等描述，最后形成一个完整人物原型的过程。

2. 找准客户的共同特征

把所有客户信息数据进行筛选整合以找到相同类型客户的共同特征，并提取一些必要的差异化需求，对相同类型客户进行较为真实的还原。只有不断重复的共性特征才能沉淀到客户画像的内容。

3. 掌握客户画像的关键要素

客户画像的八要素如下：

(1) P(Primary)基本性，即客户角色是否基于客户的真实情景；

(2) E(Empathy)同理性，即客户角色是否能引起共鸣；

(3) R(Realistic)真实性，即客户角色是否真实存在；

(4) S(Singular)独特性，即每个客户是否是独特的；

(5) O(Objectives)目标性，即客户角色是否包含与产品相关的层次目标，是否包含关键词来描述该目标；

(6) N(Number)数量性，即客户角色的数量是否足够少，以便设计团队能记住每个客户角色的姓名，以及其中的一个主要客户角色；

(7) A(Applicable)应用性，即设计团队是否能使用客户角色作为一种实用工具来设计决策，方向的把握和筛选是否可选；

(8) L(Long)长久性，即客户标签是否与产品(或服务)长久契合，而非临时性。

4. 选准客户画像方法

客户画像具有场景因素，不同企业对于客户画像有着不同的理解和需求。每个行业都有一套适合自己行业的客户画像方法，客户画像的需求信息不同，客户标签信息不同，对画像结果要求也不同。因此，我们要本着精益求精的中华工匠精神，与时俱进、实事求是，根据企业的需要对客户画像信息进行动态的维护及完善。

三、任务实施

（一）任务流程

客户画像构建业务流程如图 2-5-9 所示。

明确客户画像目标 ⇨ 收集和整理客户信息数据 ⇨ 标签化客户信息数据 ⇨ 构建客户画像 ⇨ 应用和完善客户画像

图 2-5-9　客户画像构建业务流程

客户画像构建业务流程说明如表 2-5-1 所示。

表 2-5-1　客户画像构建业务流程说明

工作序号	工作任务	操作指导	注意事项	备　注
1	明确客户画像目标	明确客户画像的目标；构建客户画像体系	目标不同，客户画像也不同	
2	收集和整理客户信息数据	收集足够的客户数据；客户数据结构化清洗	多途径、多渠道收集；数据收集手段合法合规	
3	标签化客户信息数据	客户分类；数据建模	不同的目的分类依据不同，采取定性与定量相结合的研究方法，给标签加权重	权重不是一成不变的，可以在后期不断优化
4	构建客户画像	检查所得到的客户画像是否达到了预期目标；给客户贴标签	客户画像具有场景性；不断评估客户画像是否达到预期目标	浅层客户画像 中层客户画像 深层客户画像
5	应用和完善客户画像	通过可视化平台对客户标签进行查看和检索；撰写客户分析报告	在实践中不断调整	

（二）任务操作

1. 明确客户画像目标

企业业务具体情况不同，其构建客户画像所要达到的目标也不尽相同，如了解客户需求、进行精准营销、提高服务质量、提升客户体验等。客户画像的目标不同，构建的客户画像也会有所区别。根据客户画像的目标，可以构建出客户的画像体系：客观事实类标签、统计分析类标签、评价预测类标签。

2. 收集和整理客户信息数据

客户画像所需数据按来源可以划分为内部数据和外部数据。借用大数据相关技术，对企业内部文本、音频等非结构化数据进行转换和处理，并与传统结构化数据相融合，对客户进行深入探索和认知。外部数据种类丰富，需要企业明确业务需求，寻找与之相匹配的数据，将其与企业内部数据相融合，最大程度地挖掘数据的应用价值。因此，外部数据可更全面地弥补企业对客户的认知。

3. 标签化客户信息数据

找到合适的数据源并完成收集和整理后，就可以对客户信息数据进行分析、建模并生成相应的标签。通常情况下，实际数据和构建客户标签体系所需要的数据之间会存在一定的差距，主要有三种情况：一部分数据满足客户标签数据需求；一部分数据因为质量、内容等原因不能提取出所要的客户标签；一部分数据可以提取出所要客户标签体系之外的标签，以及缺少提取客户标签所需的一部分数据。对于提取标签所缺少或无法提取出所需标签的数据，则需要由人员线下跟进补充和完善，或通过外部数据进行补充。对于可提取出标签体系之外的标签的数据，可以添加到标签体系中，用于分析并挖掘客户的其他需求。值得注意的是，在数据分析过程中，一定要根据多种数据综合分析才能进行准确的标签化。

4. 构建客户画像

利用客户信息数据给客户画像，以精准定位客户，是挖掘客户信息数据价值的关键。构建客户画像分三步：

(1) 制作客户标签。根据前期分析整理的客户信息数据及企业的实际需要，采用定性的方法对客户人群进行因子和聚类分析，形成客户标签，如区域分布、客户来源、收入水平、支付习惯、兴趣爱好等。

(2) 数据建模。在定性的基础上，采用定量的方法，确定每一个客户标签的权重，最后通过数学公式计算出总的标签权重，从而形成完整的标签化的客户模型。

(3) 客户画像。给每个用户贴上标签以及确定该标签的权重，即可形成客户画像。标签表征了内容，如客户对产品(或服务)的兴趣、偏好、需求等；权重表征了指数，如客户对产品(或服务)的兴趣、偏好指数，也可能表征客户的需求度。权重不是一成不变的，每个客户的阶段性变化及整个客户市场的变化都可能对权重的大小产生影响，这个可以在后期不断优化。客户画像分为浅层次画像、中层次画像和深层次画像。企业对浅层次画像的客户无法据此作出差别化营销，只能根据基本标签进行全面的产品或服务推广，并根据客户相应情况进一步优化客户画像，以实现精准营销。对中层次画像的客户，企业可以进行较有针对性的产品或服务营销，并向线下人员发出相应名单以进一步分析跟进。对深层次画像的客户，不仅可以进行有针对性的营销，还可以结合客户需求推荐个性化的产品或服务，以提高客户的响应率和成功率。

5. 应用和完善客户画像

客户画像在构建和评估之后，就可以在业务中应用。一般需要一个可视化平台，对客户标签进行查看和检索。对于客户画像的可视化，一般使用饼图、柱状图等形象地展示标签的覆盖人数、覆盖比例等指标，如图 2-5-10 所示。

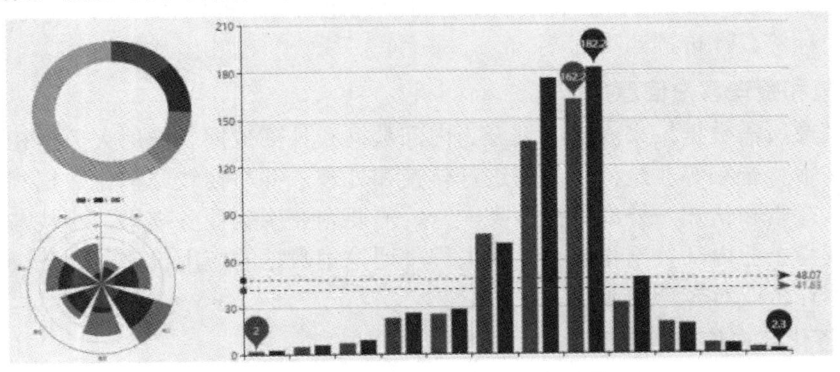

图 2-5-10　某客户画像的可视化界面

另外，对于构建的客户画像，还可以使用不同维度的客户标签，进行高级的组合分析，以撰写高质量的分析报告。

四、任务评价

客户信息数据收集任务评价表如 2-5-2 所示。

表 2-5-2　客户信息数据收集任务评价表

任 务 清 单	完成情况
查阅客户信息数据挖掘与收集相关的法律法规	
查阅客户信息数据挖掘与收集方法	
明确客户画像的构建流程	
熟悉客户画像的数据建模	
构建客户画像	
正确应用客户画像	

知识拓展

客户画像的评估

复习与思考

1. 什么是客户信息数据？客户信息数据管理包含哪些内容？
2. 客户信息数据收集有哪些方法？各有什么优缺点？
3. 什么是客户画像？如何对企业客户进行画像？
4. 什么是大数据客户信息数据挖掘？如何进行大数据客户信息数据挖掘？

课后练习

3 项目三 呼入型客户服务与管理

知识目标

(1) 理解呼入型客户服务与管理的概念及类型；
(2) 掌握呼入型客户服务与管理的步骤、流程和处理技巧；
(3) 掌握呼入型客户服务与管理的语言交流方法；
(4) 掌握 3F 法则、客户怨诉的定义；
(5) 掌握客户怨诉的处理技巧；
(6) 理解数智呼入型客户服务与管理的含义；
(7) 掌握数智呼入型客户服务与管理的操作流程和技巧。

技能目标

(1) 能够运用呼入型客户服务的语言交流方法与技巧进行沟通；
(2) 能够熟练运用 3F 法则处理客户问题；
(3) 能够运用呼入型客户服务技巧，掌握与客户沟通时的主动权；
(4) 能够正确有效处理客户投诉；
(5) 能够有效利用大数据、人工智能等技术提高呼入型客户服务与管理的效果和效率。

素养目标

(1) 培养同理心，懂得换位思考，坚定文化自信，传承中华优秀传统文化；
(2) 能够坚持诚实守信，履行道德准则和行为规范；
(3) 培养较好的职业亲和力和应变能力，具有较强的抗压能力和团队意识；
(4) 具有创新精神和创新意识，培养精益求精的工匠精神。

思政园地：文明、友善，有效处理客户投诉

呼入型服务工作是客户服务与管理人员尤其是客户服务人员的工作职责之一。这类工作主要是针对客户的需要提供信息、解决问题。在呼入型业务处理中，客户服务人员所处的地位比较被动，要求其具有较强的心理承受能力和共情匹配能力，且其反应能力和心理角色转换能力尤其重要。

任务一 规范呼入型客户服务与管理流程和服务技巧

呼入型客户服务覆盖领域广泛。规范各类呼入型客户服务流程和服务技巧，不仅是提升客户服务效果和效率的需要，也是提升客户体验感和满意度的需要，更是体现客户服务人员的职业形象、塑造企业品牌的需要。

一、任务情境

(一) 任务场景

深圳某外贸服务公司已成立一年多，随着公司业务规模的不断扩大，公司员工越来越多。为了树立公司形象，提升公司口碑，经董事会研究决定，加强公司的规范管理，并决定从客户服务着手，规范公司呼入型客户服务业务流程和服务技巧。根据董事会的决议，公司总经理找来客户部经理王强，说明了公司董事会的意见并要求王强组织落实。

(二) 任务布置

客户部经理王强安排客户服务部刘梅具体负责制定公司呼入型客户服务流程和服务技巧操作规范，并组织相关人员进行培训学习。

(1) 明确呼入型客户服务与管理的范围与流程。

(2) 制定呼入型客户服务与管理的操作规范。

(3) 组织和实施相关培训。

二、任务准备

(一) 知识准备

知识点：呼入型客户服务 同理心

1. 呼入型客户服务

呼入型客户服务与管理是指客户服务人员根据客户的需要为客户提供信息、解决问题的被动型客户服务。呼入型客户服务的内容通常包括受理业务咨询、订购受理、故障受理、受理客户求助、账务查询、货物跟踪、投诉热线等。

2. 同理心

同理心又叫作换位思考，是指进入并了解他人的内心世界，并将这种了解传达给他人的一种技术和能力。俗话说："己所不欲，勿施于人"，客户服务人员应具有同理心，在客户服务过程中能站在客户的立场，将心比心。这样才能够体会客户的情绪和想法、理解客户的立场和感受，从而调节自己的情绪，体谅和尊重客户，并站在客户的角度思考和处理问题。

同理心在客户服务中的应用体现在以下三个方面：

(1) 将心比心。客户服务人员能够将客户看成自己，设身处地去感受和体谅客户，并以此作为处理工作中人际关系、沟通解决问题的基础。

(2) 感觉敏感。客户服务人员应具备较高的体察自我和他人的情绪、感受的能力，能够通过表情、语气和肢体等非言语信息，准确判断和体谅他人的情绪与情感状态。

(3) 感同身受。与客户沟通时，一方面，客户服务人员要认真倾听客户心声，同客户感同身受，从而让客户愿意把自己的真实想法、真实需求均毫无保留地说出来；另一方面，客户服务人员要站在客户的角度，用客户能够听得懂、听得进去的方式细心、耐心地为客户介绍、解释，从而让客户想听、愿意听。

(二) 操作准备

(1) 了解呼入型客户服务的种类、职责和特点。

(2) 了解呼入型客户服务的大致流程。

(3) 具有同理心，为人处事时，能够将心比心，能够理解他人的情绪和想法，能够设身处地地为他人着想，从而调节和控制自己的情绪，以便求同存异，消除误会。

(4) 能根据呼入型客户服务中客户的问题，应用呼入型客户服务技巧作出初步的有效应对。

(三) 任务要领

1. 准确判断呼入型客户服务业务类型并理清其流程

从形式上看，呼入型客户服务包括网络呼入型客户服务(微信咨询、平台网络客户咨询等)、电话呼入型客户服务(咨询电话、求助电话等)及线下呼入型客户服务(上门考察、线下门店服务等)。不管哪种形式的呼入型客户服务，大致都可分为咨询、订购、投诉等类型。实践中，不同类型的呼入型客户服务所涉及的问题不同，所采用的业务处理流程也不尽相同。

2. 做好"三个匹配"

匹配即配合或搭配。在客户服务过程中，客户服务人员常常会从语言上配合客户，用客户听得懂且听着亲切的语言来跟客户进行沟通；同时从声音上配合客户，用客户听得进去、听着舒服的声音回应客户；从感受上配合客户，选择能让客户感觉到客户服务人员能理解他，并愿意为他解决问题的方式。通过语言匹配、声音匹配和感受匹配(简称"三个匹配")的方式让客户信赖自己，从而营造良好的沟通氛围。

3. 掌握交流沟通的主动权

现代社会，时间就是金钱。客户服务人员既要为客户解决问题，让客户满意，又要有效地控制交流沟通时间。为了提高工作效率，客户服务人员在与客户交流沟通的过程中要有效掌握主动权，让客户随着客户服务人员的节拍走。

三、任务实施

(一) 任务流程

呼入型客户服务与管理业务流程如图 3-1-1 所示。

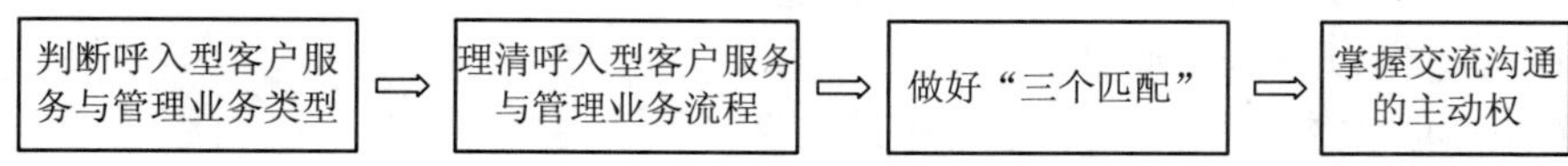

图 3-1-1　呼入型客户服务与管理业务流程

呼入型客户服务与管理业务流程说明如表 3-1-1 所示。

表 3-1-1　呼入型客户服务与管理业务流程说明

工作序号	工作任务	操作指导	注意事项	备　注
1	判断呼入型客户服务与管理业务类型	热情、礼貌，尊重客户，引导客户说出自己的问题与需求	切勿先入为主，多用开放式的提问方式	
2	理清呼入型客户服务与管理业务流程	根据呼入客户的呼入类型，调出相应的业务处理流程规范，按流程指引逐步引导客户，从而解决客户的问题	严格按照公司的相应业务流程规范进行相应的操作	咨询类业务处理流程、预订类业务处理流程、投诉类业务处理流程等
3	做好“三个匹配”	语言匹配，声音匹配，感受匹配	用客户听得懂的语言和客户愿意听，听得进去的声音，同客户感同身受，从而拉近与客户的距离	同理心
4	掌握交流沟通的主动权	同步和引导，总结和重复，采取行动	尊重和理解客户，巧妙运用倾听、提问、复述等沟通技巧，引导客户跟着自己的节拍走，切勿粗暴打断客户，避免让客户产生反感情绪	倾听、提问、复述

(二) 任务操作

1. 判断呼入型客户服务与管理业务类型

呼入型客户服务与管理的类型不同，其处理流程也不尽相同。因此，客户服务人员应热情、礼貌而周到地引导客户说出自己的问题和需求，从而判断其所需要的业务类型，进而根据其类型的差异设计不同的工作步骤。

面对呼入，客户服务人员应掌握好发问的技巧，多问有利于延续对话的问题，诱导客户更多地表达。客户服务人员要从“三个匹配”(语言匹配、声音匹配和感受匹配)着手，从自身的角度建立与客户的同理心，用客户愿意听和能听得进去的声调和语气跟客户沟通，不要让客户感觉是在审问，或对他表示怀疑等。整个过程注意不要过多地使用缩略语、专用语，要做到了解对方是否熟悉公司的内部情况及是否对专业术语加以必要的解释。

判断呼入型客户服务业务类型时，客户服务人员切忌先入为主，过早地下结论。注意多用开放式的提问方式，多问调查性的问题；注意根据客户信息数据不断提问，以找出客户的喜好和需要。如果客户呼入所涉及的问题不在客户服务人员的工作范围内，客户服务人员处理时应遵循以下三个原则：

(1) 要耐心听完客户的叙述，不可中途打断客户。

(2) 应清楚地告知客户业务不在自己工作范围内的原因，并表示歉意，同时给客户一个解决问题的建议或主动协助其解决。

(3) 如果客户提出无理要求，应耐心解释，寻求客户的谅解。

在呼入型客户服务中，客户服务人员所面对客户的问题都是即时的，客户服务人员往往没有自己准备的时间，而且呼入型客户服务一般采用问答的方式展开，因此，对客户服务人员的心理承受能力和心理调适能力要求较高。

2. 理清呼入型客户服务与管理业务流程

一般来说，呼入型客户服务视不同的类型分别有不同的流程。

1) 咨询类业务处理流程

咨询类业务处理流程如图 3-1-2 所示。

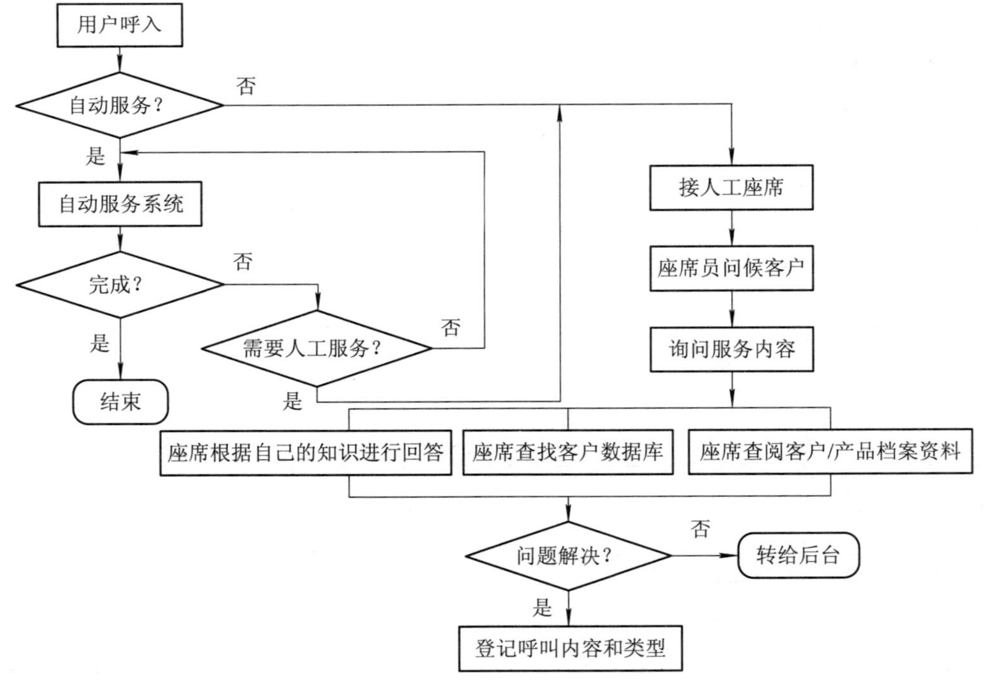

图 3-1-2　咨询类业务处理流程

2) 投诉类业务处理流程

投诉类业务处理流程如图 3-1-3 所示。

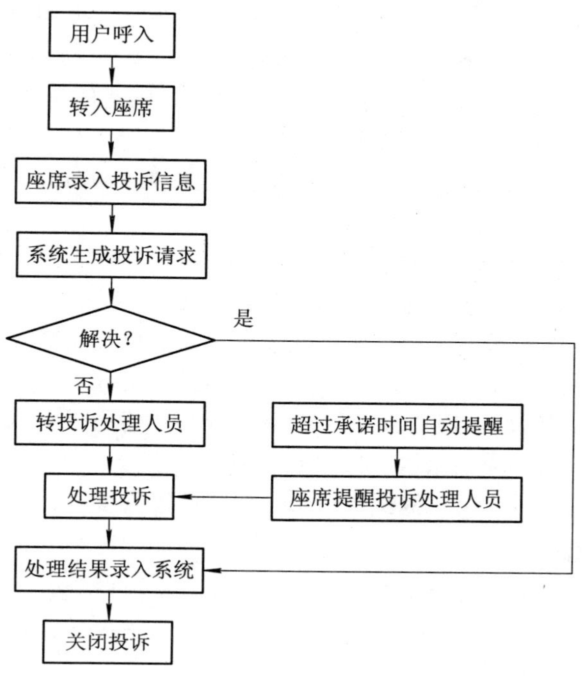

图 3-1-3　投诉类业务处理流程

3) 订购类业务处理流程

订购类业务处理流程如图 3-1-4 所示。

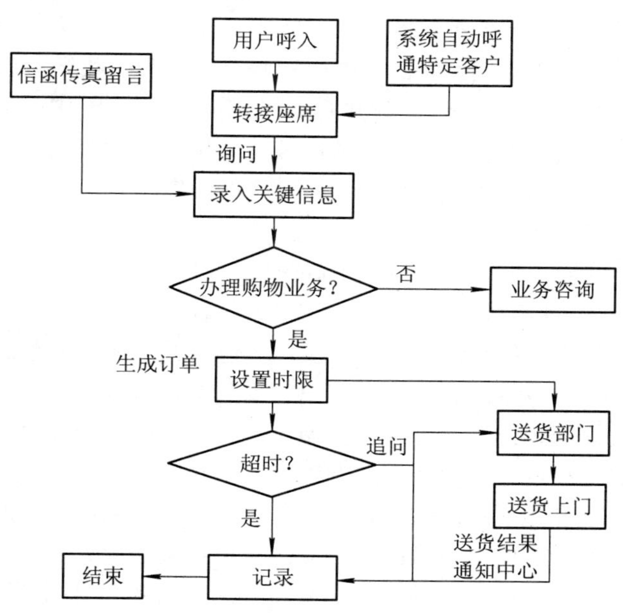

图 3-1-4　订购类业务处理流程

4) 其他呼入类客户服务处理流程

(1) 与服务内容无关呼入的处理流程。客户服务人员收到与自己的岗位职责、工作任务无关的呼入时，在确认其与服务内容无关前应尽量明确呼入人的呼入目的。如果客户服务人员无法判断该呼入目的或不理解呼入人的要求，则应将呼入转给组长。如果根据呼入客户信息数据判断其呼入确实与自己的服务内容无关，则应明确告知对方自己的服务内容，并询问其是否还有其他需要，如无其他需要则应礼貌示意对方，再将呼入挂断。如果呼入人无视客户服务人员的告知，则应将呼入人的性别、呼入方式、呼入时间等记录下来，客户服务人员可在第二次告知后，礼貌地挂断呼入。

(2) 骚扰类呼入的处理流程。客户服务人员遇到骚扰类呼入时，应先委婉警告对方如继续骚扰将挂断呼入，如果对方无视警告，客户服务人员则应将呼入人的性别、呼入方式、呼入时间等记录下来，客户服务人员在第二次委婉警告后再挂断呼入。

(3) 恐吓类呼入的处理流程。客户服务人员收到恐吓类呼入时，首先应保持冷静，然后记录所有的细节，如呼入人的性别、呼入时间、交谈内容等及任何与客户有关的信息。同时，立即通知组长，组长应根据情况决定是否需要向上级汇报，并视情况决定是否需要向公安机关报告。与此同时，组长提醒所有员工保持高度警惕。

3. 做好“三个匹配”

“三个匹配”

接到呼入时，客户服务人员应注意从语言、声音、感受上与客户进行匹配。通过匹配营造良好的沟通氛围，以拉近与客户的距离，提升客户的体验感。

(1) 语言匹配。语言匹配就是要让客户听得放心。一般而言，语言匹配即感官匹配，包括视觉、听觉、味觉、嗅觉及触觉的匹配。

例如，客户：“我的账号、密码都对，但平台登不进去。”

平台账号管理员一：“方便把您的账号、密码发给我吗？我帮您看看是怎么回事。”

平台账号管理员二：“方便把您的账号、密码发给我吗？我试着登一下。”

上面的例子中，平台账号管理员二的回答就利用了语言匹配中的触觉匹配，当客户要求要“登”录平台时，我们匹配给客户的就应该是做出相应的登录平台的动作，因此第二种回答往往比第一种更容易被客户接受。当然，当客户要求我们“看”时，我们匹配给客户的应该是相应的看的动作。

例如，客户：“我看不懂，帮我看一下好吗？”

这时客户服务人员可以回答：“好的，我帮您看看……”

(2) 声音匹配。声音匹配是让客户听得舒心，是拉近与客户的距离的最直接的方法。客户服务人员声音优美，表达准确，会使客户感受到客户服务人员是真心为自己考虑的。声音匹配包括音量、语调、语速、语气、强调及停顿的匹配。应注意与客户进行声音匹配不是模仿和跟随，而是经过恰当的选择后的呼应。客户服务人员的音量不能用“跟随”来处理，只能用正常音量来匹配对方的高音量或低音量。遇到情绪比较激动的客户时，客户服务人员不能用跟客户一样的音量激昂地回应。语调可表明个人的态度和情绪，重点要表达的是“言外之意”，在应用中应遵循爱则调柔、惧则调抖、憎则调硬、急则调促、非则调缓、冷则调淡、喜则调高、怒则调重的原则。至于语速，在客户服务过程中，客户服务人员的应答语速应适中，不能太快，也不能太慢，一般语速要与客户的基本保持一致，也可根据内容适当调整语速。总之，要坚持以让客户听起来轻松、舒服为原则。在与客户交流的过程中，要坚持抑扬顿挫，语言交流中需要特殊强调的部分应重读，以便清楚表达真实想法。另外，对于客户服务人员而言，声音甜美、面带微笑可以促进交流。概而言之，客户服务人员在为客户服务的过程中，在听完客户的第一句话后就应该从声音中判断出客户的性格，并努力用令客户感到更舒服的说话方式去配合客户。

(3) 感受匹配。在呼入型客户服务中，呼入客户往往是带着情绪的，他们往往希望能够找个可以理解自己的人来听自己的心声。因此，客户服务人员需要让客户感觉到客户服务人员是理解他的，这就是感受匹配。在服务过程中，客户服务人员要认同客户的感受，从而拉近与客户的距离，但是不能轻易认同客户的观点，客户服务人员应从岗位职责的角度，坚持原则不轻易作出妥协。

语言匹配、声音匹配和感受匹配简称“三个匹配”。要将“三个匹配”有效落实到与客户交流沟通的实践之中，就要求相关人员有同理心。同理心是能够体会他人的情绪和想法，理解他人的立场和感受，并站在他人的角度思考和处理问题，同时可以把这种了解和感受传达给他人的一种能力和技术。只有具有同理心，客户服务人员才能设身处地、将心比心地用客户听得懂、听得舒服、听得放心的语言与客户进行有效的交流与沟通，以便尽量了解并重视客户的想法，从而更容易找到解决方案。

4. 有效掌握交流沟通的主动权

有效掌握对话主动权

工作效率是科学和合理利用资源的集中体现，是企业及其工作人员立足和发展之本。有效掌握对话主动权，让客户随着客户服务人员的节拍走，既是为客户解决问题、让客户满意的需要，更是有效控制对话时间、提高客户服务工作效率的需要。实践中，企业及其相关客户服务人员应从客户的需要出发，本着有效为客户解决问题的原则，设身处地想客户所想，急客户所急。

有效掌握交流沟通的主动权，既是客户服务人员以客户为中心，为客户解决问题，让客户满意的根本和保障，而且还是提高客户服务人员工作效率的关键。有效掌握对话的主动权可分三步走，即同步和引导—总结和重复—采取行动。

(1) 同步和引导。同步即与客户的情感同步。引导即引导客户将自己的需求或问题表达出来。实践中，引导和同步指的是当客户呼入时，客户服务人员先要了解客户的问题，通过“三个匹配”融入客户的情境之中。例如，客户服务人员一接起电话就问好、介绍自己，并通过提问的方式主动了解客户需要，就是同步和引导的很好例证。

(2) 总结和重复。总结和重复是有效的服务技巧，可以帮助客户服务人员弄清信息，节省时间，将话题集中在问题的解决上，始终控制谈话和交流的主题，加深和谐的程度，让客户知道客户服务人员是专心在为自己服务的。

(3) 采取行动。客户呼入的目的是希望客户服务人员能帮他解决问题，因此，迅速采取行动，快速有效地解决客户问题才是最关键的。采取行动时，客户服务人员既要表示出愿意帮助客户的态度，更要有同理心和责任心，要把客户的问题当成自己的问题，从而让客户感觉到你是真诚地为他着想的。并且，要将话题集中在问题的解决上，要以协商的口吻跟客户协商问题解决方案。解决方案确定后就要尽可能地采取初步行动，让客户知道客户服务人员正在及时地为其解决问题。对话结束时，客户服务人员除了要重复关键信息以确保客户没有误解，还要讲一些结束语及通过封闭式问题了解客户满意度。正如要给客户一个良好的第一印象一样，客户服务人员应争取给客户一个良好的最终印象。

四、任务评价

呼入型客户服务流程和服务技巧任务评价表如表 3-1-2 所示。

表 3-1-2　呼入型客户服务流程和服务技巧任务评价表

任 务 清 单	完成情况
查阅呼入型客户服务案例	
分析呼入型客户服务业务流程	
收集和整理呼入型客户服务技能材料	
分析如何实现“三个匹配”	
分析如何有效掌握交流沟通的主动权	
尝试实践做好“三个匹配”并记录下来，形成相应的案例材料	
尝试实践掌握交流沟通的主动权并记录下来，形成相应的案例材料	

知识拓展

同理心的培养与实施

任务二　实施呼入型客户服务与管理①

客户的性格类型多种多样，有的难以相处，有的却很随和，有的风趣幽默，有的蛮不讲理……对待形形色色的客户，客户服务人员需要讲究与客户沟通的策略。

一、任务情境

(一) 任务场景

刘佳丽应聘到广州某外贸服务公司客户服务部的客户服务专员岗位工作，经过简单的岗前培训，刘佳丽作为呼入型客户服务专员上岗了。一星期下来，刘佳丽非常害怕听到自己座位席上的电话铃声。因为这一星期以来，刘佳丽接到了形形色色的电话，有的客户很难沟通，有的客户言谈古怪，有的客户喜欢挖苦别人，有的客户一点儿通融的余地都没有，

① 本任务融合了 1+X 社交电商职业技能等级证书知识。

还有客户仅仅是想消磨一下时间……刘佳丽很是烦恼。

(二) 任务布置

客户服务部主管决定就如何做好呼入型客户服务跟刘佳丽好好谈谈。

(1) 确定谈话的内容。

(2) 开展谈话与沟通，传授相关技能、技巧。

(3) 指导刘佳丽做好呼入型客户服务。

二、任务准备

(一) 知识准备

知识点：呼入业务 3F 法则 呼入型客户服务语言交流注意事项 难缠客户的应对策略

1. 呼入业务 3F 法则

3F 法则

3F 即 Fell、Felt 及 Found 三个词首字母的缩写，3F 法则就是利用心理学中客户的从众心理，通过对比当前客户的感受同其他客户的感受，并应用利益导向的方法取得客户理解的一种客户沟通技巧。

1) 3F 法则的含义

(1) Fell(感觉)，即我理解你为什么会有这样的感受。从自身角度出发建立与客户的同理心，从而让客户感觉到客户服务人员是站在他的角度思考的，而不是一开始就找借口，进而拉近与客户的距离。

(2) Felt(感受)，即其他客户也曾经有过同样的感受。从他人的角度出发建立与客户的感同身受，从而让客户感觉到自己是被认可的，而不是孤立客户，进而提升客户的体验感和归属感。

(3) Found(发现)，即经过说明后，客户发现这种做法是为了保护他们的自身利益。客户服务人员结合客户的实际情况，站在客户的角度，想客户所想，急客户所急，与客户产生共情，从而让客户觉得客户服务人员跟自己是同一类人，进而获得客户的信赖和认同。

2) 3F 法则的沟通原则

俗话说“众口难调”，客户有不满是无法避免的。从某种程度上说，客户一旦有不满，他们自然会认为自己是对的。虽然客户的某些想法或看法是片面的，甚至是无理取闹的，但此时如果与客户据理力争，或者较劲，不肯退让，对于客户服务人员而言，即使是赢了，客户本次不满造成的负面影响不仅不会消除，反而会加剧。因此，客户服务人员使用 3F 法则时，要遵循“先处理情绪，再处理事情”的原则。

先处理情绪即先处理客户的不满情绪。客户服务人员通过认同客户的感受的做法，让客户感受到他们是被理解的、被认同的，从而拉近与客户之间的距离，以疏解他们的不满，进而赢得客户的谅解。

再处理事情即疏导好客户的不满情绪后，客户服务人员再借助客户听得进去的解释，让客户释怀，从而有效化解客户的异议和不满。

3) 3F 法则的应用

(1) 认真倾听。应用 3F 法则面对客户尤其是不满客户时，切忌受客户情绪的影响，让客户牵着鼻子走。客户服务人员应认真倾听客户的倾诉，分析客户不满的原因，并从自身及他人的角度着手，与客户建立同理心，从而打消客户的疑虑，消除不满。

(2) 承认客户的立场。“客户永远是对的”，客户的任何不满肯定都是有理由的，承认客户的立场，对客户来说不仅是满足其受尊重的需要，更是满足其被理解、被接受的需要。否则，即使是暂时说服客户接受了自己的想法，也赢不来客户的认同。

(3) 具有同理心。从承认客户的不满着手，换位思考，从而让客户感受到自己是被理解的，是受尊重的，进而积极引导客户充分认识自己的不满，提升客户的体验感，赢得客户对自己的信赖。

(4) 站在客户的立场为客户解决问题。站在客户的立场去思考客户的问题，把自己放在与客户同一条战线的位置，为客户分析问题和解决问题，让客户感受到客户服务人员切实是在为他着想的，从而接受客户服务人员所提供的方案。

2. 呼入型客户服务语言交流注意事项

呼入型客户服务语言交流时，应注意如下事项：

(1) 不要让客户等太久，若太晚回应，则一定要先致歉；

(2) 接触客户前，先调整一下自己的情绪和姿态，并停下手头其他工作；

(3) 即刻回应，要先向客户问好致意，然后报出自己的名号；

(4) 少说多听；

(5) 声音不能太大，语气要温和，态度要和蔼；

(6) 不要直接问对方是谁或直截了当地质问客户有什么事情；

(7) 沟通无效或不愿继续沟通时不能无礼挂断电话或直接不回应；

(8) 任何情况下都应及时回复客户，做到有问必答；

(9) 不能轻易打断客户；

(10) 不要长时间不吭声或不作任何反应。

3. 难缠客户的应对策略

1) 难缠客户的心理分析

难缠客户通常存在以下心理：疲劳和沮丧；困惑或遭受打击；不善于说话或对语言的理解能力差；心情不好，因而在客户服务人员身上出气。

2) 难缠客户的应对方法

面对生气的或敌对的客户，客户服务人员首先应保持冷静和耐心，让客户发泄情绪，然后以专业的口吻将自己的权限告知客户，并控制好局势。处理问题时不要批评客户的观点和想法，同时，应尽量提出多项处理意见以供客户选择。

面对强势的或蛮横的客户，客户服务人员应重复客户所说的话并让客户觉得客户服务人员很重要，以便让客户认可客户服务人员的观点。客户服务人员应尽量提出多项处理意见并努力与客户达成共识。

面对彪悍的或控制欲强的客户，客户服务人员应充满自信地解释相关情况，偶尔同意客户所说的话，并表示感谢，同时清楚并友善地向客户说明自己能够做到的以及自己做不到的事情。

面对粗鲁无礼或言语伤人的客户，客户服务人员应不要把客户的话放在心上，可以用严正的态度要求客户停止说粗话，向客户提问以示关心并分散其注意力。

(二) 操作准备

(1) 在沟通过程中要调整好自己的心态，控制好自己的情绪。

(2) 理清各类呼入型客户服务的处理流程。

(3) 能根据客户的实际情况灵活应用 3F 法则。

(4) 能根据客户的实际情况进行有效提问，会使用委婉语及倾听。

(5) 能规范自己的语言表达。

(6) 能够有效应对难缠客户。

(三) 任务要领

对于客户服务人员而言，呼入型业务语言交流要领可概括为十二个字，即微笑、礼貌、态度、询问、音量、动听。

1. 微笑

尽管在客户服务人员与客户的交流沟通尤其是线上交流沟通中，双方无法看到彼此的表情，但线上交流沟通的另一方却能通过对方的声音感受到其面部表情。因此，处理呼入型业务时，客户服务人员要尽量保持微笑，适当的时候还应该笑出声来。通过微笑向客户传达你很乐意跟他沟通，你很喜欢他。

2. 礼貌

礼貌是交流沟通中应坚持的基本原则，在呼入型业务交流沟通中也不例外。客户服务人员在呼入型业务交流沟通中要主动、热情，要自始至终都使用尊重对方的敬语。声调温和而富有表现力，语气温和，语言简洁，口齿清楚，要让客户觉得自己是受到尊重和重视的。

3. 态度

良好的态度显示了客户服务人员良好的职业修养、积极的情感和意向，是让客户产生共鸣的先决条件。在呼入型业务交流沟通中，客户服务人员态度要诚恳、和蔼，以拉近与客户的距离，获得客户的信赖。

4. 询问

呼入型业务交流沟通中，客户服务人员应该适时发问，了解客户的需求。为了既不引起客户的反感，又有助于有效解决客户问题，询问应遵循 SPIN 法则。

SPIN 由情景性(Situation)、探究性(Problem)、暗示性(Implication)、解决性(Need-Payoff)的首字母合成。SPIN 法则指的是在与客户交流沟通的过程中运用实情探底、问题诊断、启发引导和需求认同四大类提问技巧来发掘、明确和引导客户需求与期望，从而不断推进交流沟通的过程，为沟通成功创造基础。

SPIN 法则由四种类型的提问技巧构成，每一种提问都有不同的目的。

(1) 有关现状的提问(Situation Questions)，了解有关客户现状的背景信息。

(2) 有关问题的提问(Problem Questions)，发现和理解客户的问题、困难和不满。

(3) 有关影响的提问(Implication Questions)，发掘问题得不到解决将给客户带来的不利后果。

(4) 有关需求与回报的提问(Need-Payoff Questions)，取得客户对于解决问题后的回报与效益的看法，将讨论推进到行动和承诺阶段。

SPIN 法则从交流沟通提问技巧和交流沟通条理性角度，帮助客户服务人员找到客户现状的背景信息，引导客户说出需求，放大客户需求的迫切程度，同时提示自己所提供策略的价值或意义。使用 SPIN 法则，客户服务人员能够全程掌握交流沟通中客户细微的心理变化。

5. 音量

音量是指人耳对所听到的声音强弱的主观感受。高的音量可以显示客户服务人员的热情、自信、果断，但运用不当也可能让客户感觉到客户服务人员不耐烦、愤怒等；低的音量让客户觉得客户服务人员比较疲倦、情绪不佳。因此适当地控制音量，不仅能让客户服务人员显得比较亲切，还能给客户情绪上的鼓舞。

6. 动听

动听指的是听起来使人感动或很感兴趣，即让人感到悦耳，听得进去，听得舒服。呼入型业务交流沟通中尤其是线上语音交流沟通中，声音是客户服务人员与客户之间的唯一桥梁。因此，声音动听与否往往能给客户留下深刻的第一印象。

想让声音变得动听，不妨从以下几方面着手：

(1) 避免大声说话。避免大声吼叫或提高音量，尤其在嘈杂的环境中，使用麦克风可避免大声说话的弊端。

(2) 使用软起声说话。每句话的第一个字轻松地发声，让气流与声音同时出来。

(3) 尽量用丹田之气来支持发音。需要大声说话时，尽量用丹田之气来支持发音，也就是利用膈肌收缩的力量来呼出气体。

(4) 使用适当的语速说话。一句话的字数尽量不超过 10 个，句子和句子中间需要停顿和呼吸。

(5) 使用适当的音调说话，避免音调太低。

(6) 注意休息，避免长时间说话。

(7) 多喝开水保持喉咙湿润，以补充声带因长期使用而散失的水分。

(8) 避免吃刺激性食物，睡前勿吃过饱，以免胃酸逆流造成喉内声带发炎。

(9) 注意情绪的稳定性。要有充足的睡眠、适当的运动，以保持良好的声带弹性。

(10) 感冒时尽量减少发出声音。有声音障碍时，让声带休息是最好的方法，不可使用嘶哑的声音说话。若症状持续两周以上，应尽早就医。

三、任务实施

呼入型业务语言交流技巧

(一) 任务流程

呼入型客户服务语言交流业务流程如图 3-2-1 所示。

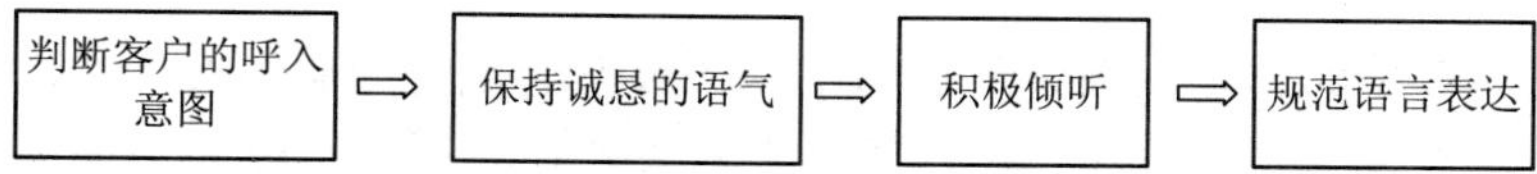

图 3-2-1　呼入型客户服务语言交流业务流程

呼入型客户服务语言交流业务流程说明如表 3-2-1 所示。

表 3-2-1　呼入型客户服务语言交流业务流程说明

工作序号	工作任务	操作指导	注意事项	备　注
1	判断客户的呼入意图	掌握好询问的技巧，诱导客户更多地表达	切忌先入为主，少用是非题或选择题，不要问不应涉及的问题	让客户信赖
2	保持诚恳的语气	使用委婉语与客户沟通，用诚恳的语气，让客户了解你是真的想帮他，只是你无法满足他的要求	客户提出无理要求，有时并不是蛮横不讲理的，只是希望能通过这种方式引起客户服务人员的重视	学会使用诚恳的语气说“不”
3	积极倾听	保持冷静，积极回应，设身处地，澄清事实，确认事实，以静默等待的方式对待犹豫不决的客户	少说多听；不轻易打断客户；不要长时间不吭声或不作任何反应	弄清客户的真实需求和目的
4	规范语言表达	多用礼貌用语；包容、理解客户；用明确的言语和商量的口吻与客户交流；尽量多提供些解决措施让客户选择，并说明原因	切忌粗暴无礼，避免责备客户，要让客户明确知道你的需要，切勿使用“命令”的口气	客户永远是对的；应具有同理心

(二) 任务操作

1. 判断客户的呼入意图

客户的呼入往往都是有意图和目的的。弄清客户的呼入意图，了解客户的需求，不仅可有效解决客户问题，而且还可提高呼入型客户服务业务处理效果和效率。

呼入客户通常可能会告诉客户服务人员他们想干什么，但不一定会告诉客户服务人员为什么。因此，在呼入型客户服务业务中，成功交流的技巧就在于按照预设流程规范进行操作的同时，注意语言和询问的技巧。

1) 语言技巧

语言技巧包括语调、音量、语气和语速。呼入型客户服务业务中，客户服务人员说话时应做到以下几点：

(1) 语调：声音干脆利落，显得有朝气，且便于控制音量和语气。

(2) 音量：正常情况下，应视客户音量而定，但不应过于大声。

(3) 语气：轻柔、和缓但非嗲声嗲气。

(4) 语速：适中，建议每分钟应保持在120个字左右。

2) 询问技巧

在没有弄清客户的真实需求之前，为了能让双方的交流沟通继续下去，客户服务人员应多问以延续交流，少用是非题、选择题的询问方式，多用调查性的不间断提问法，多提与解决客户问题所需要的信息有关的问题及一些额外能让客户感觉到客户服务人员是真的在为他服务的问题，进而让客户信赖自己。

2. 保持诚恳的语气

俗话说："适合的就是最好的。"客户服务人员在面对客户时，应根据客户的具体情况，将自己的语气调整到最适合客户的状态，这对客户而言就是最好的，也就是最佳的。对于大多数客户而言，热情的、友好的、礼貌的、愉快的、有条不紊的就是合适的，是最佳的。相反，冷漠的、粗鲁的、缺乏耐心的、没有条理的、啰嗦的、傲慢的就是不合适的，是令人不爽的。

当真的只能对客户说"不"时，要用诚恳的语气来表达。以便有诚意打动客户，让客户了解客户服务人员是真的想帮他，只是他真的没办法满足他的要求。

3. 积极倾听

在呼入型客户服务业务中，客户常常是带着情绪而来的。因此，积极倾听，不仅能快速明确客户的需求，而且还能快速抓住客户问题的关键，从而有效解决客户的问题。

(1) 保持冷静：多听，少说，集中精力听客户所说的每一句话。

(2) 积极回应：听的过程中时时给客户积极的反馈。

(3) 设身处地：认同客户的感受，能站在客户的立场上考虑客户的问题。

(4) 澄清事实：听的过程中应充分了解事实的真相，可以通过恰当的提问方式，进一步延续对话。

(5) 确认事实：对于不明白的问题通过反馈让客户加以确认，或以修正的方式重复客户的话语。例如，"您是说×××，对吗？"

(6) 以静默等待的方式对待犹豫不决的客户。

4. 规范语言表达

规范语言表达不仅是客户服务人员职业素质的体现，更是尊重客户，从而快速且有效地解决客户问题的重要途径。

(1) 多用商量的语言代替命令的语言。如用"您能……吗？"代替"你必须……"，以便以更加礼貌的方式快速达成有效沟通。

(2) 避免责备客户。人都有自尊心，当客户听到客户服务人员责备自己时，难免会产生防范心理，从而不利于展开有效沟通。例如，当客户听到客户服务人员说"不对，你搞错了啊"时，客户可能就会觉得我这么大个人，你居然说我错了，真是一点面子也不给。

于是对客户服务人员的抗拒心理油然而生，这样自然就不利于有效沟通。

(3) 言语明确，保证客户清楚地知道需要向客户服务人员提供什么信息。为了快速而有效地帮客户解决问题，客户服务人员与客户交流沟通时言语要明确，保证客户清楚地知道需要向客户服务人员提供什么信息。例如，“请提供您的订单号给我”远比“要是您能提供您的订单号给我就好了”更加明确清楚。

(4) 用委婉的 “您可以……”来代替说“不”。客户服务人员如果委婉地说“不”，往往更能得到客户的谅解。例如，用“您明天可以拿到钱”代替“今天不行，你必须等到明天钱才能到账”，这样既可以让客户知道自己可以做什么，更可以节省时间。否则，当客户听到客户服务人员说“今天不行，你必须等到明天钱才能到账”时，可能还会问“为什么今天不行？什么时候行？”使用“您可以……”则会令客户更容易接受，从而让客户服务人员提高沟通效率。

(5) 说明原因以提高沟通的效率。人们天生就爱刨根问底，客户服务人员提供信息时，客户常常最关心的是“为什么”。因此，客户服务人员应先讲明原因，这样往往能更快地吸引客户的注意，从而节省与客户沟通的时间，提高沟通效率。

四、任务评价

呼入型客户服务语言交流方法任务评价表如表 3-2-2 所示。

表 3-2-2　呼入型客户服务语言交流方法任务评价表

任 务 清 单	完成情况
分析如何掌握客户呼入的意图	
查阅呼入型客户服务语言交流方法	
分析呼入型客户服务语言交流要领	
分析呼入型客户服务语言交流步骤	
查阅呼入型客户服务语言交流注意事项	
查阅呼入型客户服务常用语	
分析如何服务难缠客户	

知识拓展

如何让客户“喜欢”你？

任务三　运用呼入型客户服务与管理——客户怨诉处理

客户怨诉对于每个企业而言是在所难免的。客户怨诉的原因多种多样，表达方式也不尽相同。对于企业而言，客户怨诉并非坏事。正确而有效地处理客户怨诉，不仅可以解决客户的问题，而且还能为企业提供更有价值的信息，为企业创造更多的机会。

一、任务情境

(一) 任务场景

广州某外贸服务有限公司成立于 2015 年，公司注册资本 100 万元。公司主营海运代理、空运代理、“3C 免办”证明办理、退运货物报关、友谊关口岸报关等业务。公司为客户提供了“门到门，港到港”的物流服务，为客户提供转口证、原产地证、报关单证及一般危险品运输。随着市场竞争的日趋激烈，公司管理层意识到客户怨诉处理不仅直接关系到公司美誉度，还能提高客户忠诚度，进而吸引和留住客户，是公司做大做强的关键。

(二) 任务布置

请客户服务部经理负责为员工设计和主办一次客户怨诉处理专题培训。

(1) 明确客户怨诉的原因。

(2) 传授客户怨诉处理技能、技巧。

(3) 指导实施客户怨诉处理。

二、任务准备

(一) 知识准备

认识客户怨诉

知识点：客户怨诉　正确认识客户怨诉

1. 客户怨诉

1) 客户怨诉的概念

客户怨诉包括客户抱怨和客户投诉两个方面的内容。

客户抱怨是指客户对产品(或服务)的不满意和责难。客户的抱怨行为是客户不满意产品(或服务)的具体行为反应。一方面，客户的抱怨意味着经营者提供的产品(或服务)没有达到客户的期望，没有满足客户的需求；另一方面，表示客户仍旧对经营者抱有期待，希望其能改善产品(或服务)。

客户抱怨行为可分为私人行为和公开行为。私人行为包括回避重新购买或再不购买该品牌的产品(或服务)，说该品牌的坏话等；公开行为包括向产品(或服务)的生产者、销售者以及政府机构、第三方机构(如消费者权益保护协会)投诉，要求赔偿。

客户投诉是指客户为满足需要购买、使用产品(或服务)，与经营者之间发生权益争议后，通过电话、信函、面谈、互联网等形式向企业客户服务部门、政府机构或消费者权益保护协会请求调解，要求保护其合法权益的行为。

2) 处理客户怨诉的意义

客户怨诉对于企业而言，与其说是麻烦，倒不如说是企业改进工作、提高客户满意度的好机会。积极处理客户怨诉对企业具有极其重要的意义。

(1) 有助于提高企业美誉度。发生客户怨诉尤其是公开的抱怨行为以后，企业的知名度会大大提高，企业社会影响的广度、深度都会不同程度地扩展。但不同的处理方式，将直接影响企业的形象和美誉度。若积极处理客户怨诉，则企业美誉度往往经过一段时间后不仅能止降甚至还能迅速提升。当然，若企业消极对待客户怨诉，听之任之，甚至予以隐瞒或采取不合作的态度，则企业形象和美誉度随着其知名度的扩大而迅速下降也是必然的。

(2) 有助于提高客户忠诚度。客户的怨诉并不可怕，可怕的是企业不能有效地化解客户的怨诉，从而导致客户最终离去。从客户怨诉的处理结果看，如果客户对经营者就怨诉处理的结果感到满意，则会继续接受经营者的产品(或服务)，从而让经营者因客户忠诚度的提高而获得利益。因此只有正确、妥善地化解客户怨诉，才能保持或提高客户的满意度，维持或增加客户的忠诚度。

(3) 客户怨诉是企业不断改进的基础。客户怨诉是企业认清自己的不足，从而不断改进，进而做大做强的基础。客户怨诉从表面上看是企业的麻烦，但实际上它是企业的“照妖镜”，让企业清楚自己的产品(或服务)存在的隐患，从而有针对性地予以解决。

3) 客户怨诉的行为类型

根据客户怨诉的动机及其表现，客户怨诉行为可分为争辩型、吵闹型、威胁型、补偿型、上诉型、冷却型、发泄型和骚扰型。不同类型的客户怨诉有不同的特点，识别客户的怨诉类型，“对症下药”才能“药到病除”。不同类型客户怨诉处理技巧如表 3-3-1 所示。

表 3-3-1 不同类型客户怨诉处理技巧

类型	行为特点	应对策略
争辩型	据理力争，一定要在道理上赢过对方	避免与其直接争论，重在疏导和迂回
吵闹型	无理取闹，想通过吵闹施压，不达目的誓不罢休	保持耐心，避免争吵，待其冷静
威胁型	不管要求合理与否，直接要求对方满足要求，否则威胁将进行报复	不受其威胁影响，认真处理问题，保证服务态度
补偿型	不纠结问题本身，只求得到补偿	针对问题按规定作出处理，坚持以理服人
上诉型	得不到解决，逐级上告	不受客户影响，让客户感受到你在帮他，而且很卖力
冷却型	不能满足，自我罢休	忍耐，待客户理清问题和心情平静时，解决客户问题
发泄型	情感发泄，责骂讽刺	耐心倾听，不急于说明，表示理解和同情
骚扰型	变换问题，实施骚扰	态度良好，针对客户问题不卑不亢、不恼怒

4) 面对客户怨诉的心理准备

面对客户怨诉，客户服务人员要有充分的心理准备，无论什么类型的抱怨和投诉，都要能泰然处之。面对客户怨诉，可以从以下三个方面着手，做好相应的心理准备。

(1) 充分理解客户。面对客户怨诉，客户服务人员要有耐心了解客户的问题，要站在客户角度考虑问题并表示自己与客户具有同样感受。即使客户在怨诉时情绪失控，客户服务人员也要理解客户的冲动。处理怨诉时，客户服务人员可先跟着客户的感觉走，接着让客户跟着以前的客户的感觉走，最后让客户跟着对的感觉走。

(2) 勇于承担责任。客户有怨诉，其心情自然不悦，如果客户服务人员能主动承担责任，客户的不良情绪自然会消减。当客户怨诉时，不管是谁的责任，客户服务人员应先代表企业接受客户的怨诉，并向客户致歉。同时明确表态，将代表企业积极处理客户的问题。客户服务人员要将处理客户的怨诉视作自身的工作责任，千万不要在客户面前推三阻四。当然，除积极处理客户怨诉外，及时将处理结果反馈给客户也是相当重要的。

(3) 做好充分的处理准备。在处理客户怨诉时，要保持冷静、忍耐，要有耐心、细心；特别要注意控制不良情绪；保持精神愉悦，把处理客户怨诉视为工作挑战，严阵以待。

2. 正确认识客户怨诉

客户怨诉中客户和企业既是对立的又是统一的，客户怨诉对企业而言，不仅仅是麻烦，更是企业不断发现自己的不足，不断取长补短，不断发现客户需求并满足客户需求，从而吸引和留住客户，进而不断获得发展的关键。

(1) 客户怨诉中客户与企业之间具有斗争性。为了满足客户的需求，解决客户的怨诉，企业不仅要增加相应的人力，还要增加相应的物力，这无形之中增加了企业的成本。因此，从这一点上讲，客户与企业是互相对立的，具有斗争性。

(2) 客户怨诉处理体现了客户与企业之间的统一性。企业与客户是相互依存的，一方面，客户是企业的生存之本，离开客户，企业就没有市场，自然也就没有立足之地；另一方面，客户离不开企业，若客户离开企业，其需求无法得到满足或无法得到充分满足。

正如矛盾是普遍存在的一样，客户有怨诉是很正常的。面对客户怨诉，及时有效地解决客户怨诉问题，不仅能较好地满足客户的需求，让客户满意，还能进一步增加客户的体验感和满意度，从而吸引和留住客户。并且，客户怨诉也在一定程度上反映出了企业产品(或服务)的不足以及客户需求发展趋势。企业处理客户怨诉，不仅要不断从客户怨诉中吸取教训、总结经验，更要从客户怨诉中挖掘客户需求发展趋势，从而不断开发出符合客户需求的新产品(或服务)，进而牢牢抓住客户，不断获得发展。

(二) 操作准备

(1) 了解客户怨诉的含义及其处理对企业的意义。
(2) 能根据客户怨诉，找出导致客户怨诉的原因与动机。
(3) 熟悉客户怨诉处理的原则，做好面对客户怨诉的心理准备。
(4) 熟悉客户怨诉处理方法和技巧。
(5) 能根据客户怨诉的实际，有效处理客户怨诉。

(三) 任务要领

1. 找准客户怨诉的原因与动机

1) 客户怨诉的原因

导致客户怨诉的原因多种多样，概括起来讲，大致包括基本原因和具体原因。导致客户怨诉的基本原因主要有两个：一是客户的期望值没有达到；二是客户的基本需求没有被满足。导致客户怨诉的具体原因包括以下四个方面：

(1) 不满意。客户期望没有得到满足、企业给客户的承诺没有兑现、客户的某种要求没有被满足等都有可能让客户不满意，从而导致客户怨诉。

(2) 有压力。因产品或服务质量问题让客户来回折腾、客服态度恶劣或冷漠对待等都将给客户造成压力，进而让客户怨诉。当然，如果客户在接受产品或服务过程中没有被尊重，发生了争论等都会让客户有情绪，进而想通过怨诉发泄一下。

(3) 客户怨诉的具体原因还包括客户的心态、个性及后悔等原因。有些客户觉得自己拥有的权利被剥夺，感觉被为难了，于是想通过怨诉的方式得到更多利益等。至于客户个性原因导致客户怨诉的情况在实践中也时有发生。有些客户因个性偏好，喜欢强词夺理，喜欢抬杠或看人不顺眼等，这些都有可能会导致其怨诉。也有些客户受购买前冲动、购买后理智的矛盾心理的影响，感觉自己被人欺骗、吃亏了，或受不好的评价影响等而事后后悔，进而产生怨诉。

(4) 沟通不良。实践中客户购买产品(或服务)的过程中与客户服务人员沟通不良也是常常导致客户怨诉的具体原因之一。

2) 客户怨诉的动机

正如客户怨诉产生的原因多种多样一样，客户怨诉的动机也是各不相同的。通常，客户怨诉的动机主要有两个：一是期望得到补偿；二是发泄情绪。具体来讲，就是客户期望自己的损失能够得到补偿或期望新的要求和利益得到满足；客户想通过怨诉发泄个人的不满以得到情感补偿或期望通过发泄不满来报复他人。

2. 遵循处理客户怨诉的基本原则

不管哪类客户怨诉，对于客户服务人员来讲，都应该站在客户的角度去寻求解决问题的方法。具体地说，处理客户怨诉应遵循如下原则：

(1) 坚持正确的服务理念。“客户永远是对的”“客户至上”，面对客户怨诉，客户服务人员一定要注意克制自己，避免感情用事，始终牢记自己代表的是公司。

(2) 有章可循。面对客户怨诉，客户服务人员应严格按照企业的相关制度进行有效处理，保证自己的一言一行都是有章有循、有据可查的，即都是合规合法的。

(3) 及时处理。在接到客户怨诉后，企业各部门应通力合作，迅速应对，争取在最短的时间里全面解决问题，给客户一个圆满的答复。切记不要拖延，更不要推卸责任。否则，只会进一步激怒客户，使事情进一步复杂化。

(4) 分清责任。有效处理客户怨诉不仅要分清造成客户怨诉的责任部门和责任人，更要明确处理怨诉的各部门、各类人员的具体责任和权限，以确保及时有效地解决客户的问题。

(5) 留档分析。为了以后能更好地处理客户怨诉，对每一起客户怨诉及其处理都要做详细记录，记录内容包括怨诉内容、处理过程、处理结果、客户满意度等，通过记录吸取教训，总结经验。

3. 掌握处理客户怨诉的方法与技巧

处理客户怨诉

客户怨诉处理方法多种多样，常用的有以下四种。

1) CLEAR 法则

C(Control)，即控制你的情绪。当客户有怨诉时，往往都是带着不良情绪来的。不可避免的是，客户的语言或行为会让客户服务人员感受到被攻击或被恶意对待，从而被惹火或难过。这时，如果客户服务人员冲动，丧失理智，甚至“以暴制暴”，无疑只会让事情更糟。因此，客户服务人员在接到客户怨诉时，应充分理解客户，不要被客户的情绪“感染”而责怪任何人。

L(Listen)，即倾听客户诉说。当接到客户怨诉时，客户服务人员应坚持先处理情感，再处理事情的原则。先安抚客户的情绪，再解决客户的问题。而安抚客户情绪最好的方式就是积极、细心地聆听客户倾诉，做一个好的听众，让客户感受到被理解和被尊重，同时，弄清客户的真正问题，这才有助于问题的解决。

E(Empathy)，即建立与客户共鸣的局面。共鸣即有同理心，能够站在他人的立场，从理解他人的角度去看待和处理问题。对客户的遭遇深表理解，能够感同身受。在处理客户怨诉时，一句温暖、体贴的话语，往往能起到化干戈为玉帛的作用。

A(Apologize)，即对客户的遭遇表示歉意。放低姿态，向客户致歉对于处理客户怨诉来说是非常必要和关键的。即使是客户自己的错，也要为给其带来的麻烦表示歉意。

R(Resolve)，即提出应急和预见性的方案。在处理客户怨诉之前，应该对可能出现的问题进行合理的预判，并准备相应的预见性方案。例如，当客户服务人员接到客户关于无法在公司平台成功提交申请的投诉时，客户服务人员跟客户解释是由于平台更新影响了平台的正常使用；接着客户服务人员又询问了客户提交申请的具体时间，就是对可能出现的问题进行的合理预判。只有这样，客户才会感觉到自己被真诚地对待，才能对企业及其客户服务人员留下好的印象。

2) LSCIA 模型

L(Listen)，即倾听。倾听是解决客户问题的前提，通过倾听弄清问题的本质和事实。切记不要随意打断对方的谈话。在倾听过程中不妨多运用提问的技巧，如当客户说业务办理申请提交不了时，客户服务人员在向客户表示歉意的同时，还要向客户询问清楚提交申请的具体时间。在倾听过程中，不仅要听其有声言语，还要注意其无声言语，同时，要通过总结与复述来确保自己真正了解了客户的问题。

S(Share)，即分担。当我们基本弄清客户怨诉的原因和动机之后，不管是谁的原因和责任，客户服务人员都可以采用分担的方式，如“对您造成不便，我们深表歉意。”从而让客户感觉到自己受到尊重和理解。

C(Clarify)，即澄清。弄清问题及其原因之后，应及时对问题作出界定。如果是企业的问题，则应立即向客户致歉，并以最快的速度给客户解决问题。若是客户自身的问题，也要先向客户致歉，并说明问题的实质，并及时帮助客户解决问题，然后指导客户正确使用产品或服务。最后，以鼓励的话语感谢客户的怨诉。

I(Illustrate)，即阐明。能及时解决问题最好，但有些问题比较复杂或特殊，一般人员无法解决，那就不要向客户作任何承诺，而应诚实地向客户说明情况的特殊性或复杂性，并向客户表示会尽力想办法解决，但需要时间。同时，应约定回复时间。约定回复时间内一定要准时给客户回复，即使仍没有找到有效的解决办法，也要及时向客户反馈进展情况，并再次约定回复时间。

A(Ask)，即要求。在客户怨诉基本解决之后，还要再顺便询问客户是否还有其他要求。

要以诚恳的态度告诉客户，“假如还有其他问题，可随时找我，我非常乐意为您效劳。”

3) 巧妙处理客户的“不是”

有时我们明明知道问题出在客户，是客户的错，但如果直接告诉客户是他自己的错，客户为了面子，不但会“死不认错”，弄不好还会恼羞成怒。客户服务人员巧妙处理客户的“不是”的常用方法有以下五种。

(1) 巧妙暗示。根据问题和场景，巧妙指出客户自身的“问题”。如通过演示给客户看，让客户看清自己操作过程中的问题，明白是自己的“不是”。

(2) 说明规定。不直接明说是客户的责任，只说是企业的客户管理规定，而该规定恰恰是防止客户责任引起的问题。

(3) 告知客户此前没有先例。告诉客户，自己已经处理过类似的事情，但是如果要按照客户的诉求处理是没有先例的。

(4) “症状”分析。设法让客户不断回忆和回想发生“症状”前出现过什么现象，然后帮其分析原因，暗示不可能是产品本身的问题。

(5) 暗示明白。暗示客户你非常明白可能发生的事情，但不能让客户认为你在怀疑他的说辞。

4) 巧用服务补偿

服务补偿即为客户多做一些事情，提供更多的超值服务，以便提供比他人更快、更好、更高效的服务，从而超越客户的期望。服务补偿的具体操作步骤如下：

(1) 诚恳道歉。对于怨诉客户而言，客户服务人员真诚、负责的态度是至关重要的，要贯穿整个服务补偿的各个阶段。仔细倾听，理解客户的怨诉，不找任何借口，不随意打断客户说话，以诚恳的态度处理客户怨诉。

(2) 尽快采取行动。面对怨诉客户，迅速着手解决客户问题。在解决问题的过程中，客户服务人员必须让客户知道客户服务人员正在帮自己解决问题以及问题解决的进展情况。在没有为客户提供服务可选项之前，要避免对客户说“不”。

(3) 承认错误换取客户信任。面对怨诉，必须让客户知道你很自责，并正在努力寻求解决问题的方法，以便通过自己的诚意，赢回客户的信任。

(4) 提供补偿。向客户说明他们对你是非常重要的，你正在试图弥补为他们带来的不便或损失。客户服务人员提供补偿的价值或尺度要与客户损失相等，并争取在客户提出要求以前就主动作出补偿，不仅补偿客户原有的损失，还给客户一些额外的补偿。

(5) 跟踪服务。跟踪服务不仅向客户展示了负责的态度，更体现了对客户的关心、关爱，从而拉近与客户的距离。跟踪服务比较好的办法是面对面地提出问题或打电话，跟踪服务常常是决定客户能否与客户服务人员所在公司再度合作的关键因素。

三、任务实施

(一) 任务流程

客户怨诉处理业务流程如图 3-3-1 所示。

图 3-3-1　客户怨诉处理业务流程

客户怨诉处理业务流程说明如表 3-3-2 所示。

表 3-3-2　客户怨诉处理业务流程说明

工作序号	工作任务	操作指导	注意事项	备　注
1	受理客户怨诉	接听客户怨诉；填写客户怨诉受理登记表；转交相关部门；提出拟办意见	积极、礼貌、同理心	客户服务部门
2	处理客户怨诉	明确怨诉处理部门及其权限；分析怨诉产生的原因；提出怨诉处理方案；实施处理方案；明确责任归属及处理；将处理结果通知客户服务人员；收集客户反馈意见；总结与反馈	及时有效处理；处理方案应征得怨诉客户同意	有关责任部门
3	回访	主动回访客户；告知处理结果；收集客户反馈意见，客户如有异议则跟进处理；填写客户怨诉处理报告	态度良好、诚恳，有同理心，用协商的口吻，反复努力	客户服务部门

(二) 任务操作

面对客户怨诉，客户服务人员的处理流程可分为受理客户怨诉、处理客户怨诉和回访三个阶段，各阶段的具体操作如下。

1. 受理客户怨诉

受理客户怨诉即客户怨诉的接听阶段。通常，受理客户怨诉的基本操作步骤和方法如下：

(1) 微笑与致歉。以微笑对待，客户的怒气自然会得到控制。不管谁的责任，先道歉，这是一剂清凉贴。

(2) 倾听与观察。客户需要你作为倾听对象，要明白客户抱怨的原因，观察抱怨程度和客户个性。

(3) 询问与核实。通过提问，可让客户认为你是关心和理解他的，客户的心情自然会变好。通过提问，还可核实客户真实问题的核心之处。

(4) 关注与理解。向客户表示关心、关切，这是处理抱怨的关键。理解客户的心情和要求，试探客户的目的。

(5) 解释和处理。告诉客户你将尽力帮忙解决。按规定将怨诉所涉及的问题通知相关人员，并将通知结果告诉客户。

(6) 致谢与结束。向客户表示谢意并表示你已尽力，自然而友好地结束客户怨诉的处理。

2. 处理客户怨诉

客户服务人员接到客户怨诉后，将怨诉所涉及的问题转交给相关职能部门，具体操作步骤和方法如下：

(1) 明确怨诉处理部门及其权限。职能部门接到客户服务人员转来的客户怨诉后，先根据自己部门的职责及权限判断客户怨诉所涉及的问题是否成立，是否在自己的职责及权限范围之内。如果客户怨诉所涉及的问题不成立，则采取消除误会及取得客户谅解的措施。如果客户怨诉成立，则要明确客户怨诉的具体处理部门及其权限。

(2) 分析怨诉产生的原因。相关职能部门收到客户怨诉后，分析客户怨诉产生的原因和动机。

(3) 提出怨诉处理方案。相关职能部门针对客户怨诉提出相应的解决方案，并提交主管领导批示。

(4) 实施处理方案。经主管领导同意后，将客户怨诉解决方案交付给相关责任人负责实施。

(5) 明确责任归属及处理。相关人员根据客户怨诉解决方案将相关措施加以落实处理，从而有效解决客户怨诉问题。

(6) 将处理结果通知客户服务人员。负责解决客户怨诉问题的具体执行人将执行结果告知客户服务人员。

(7) 收集客户反馈意见。负责解决客户怨诉问题的具体执行人将执行结果通知客户的同时，向客户确认怨诉问题是否解决。

(8) 总结与反馈。负责解决客户怨诉问题的具体执行人填写客户怨诉处理结果表，说明客户怨诉内容、问题解决过程及结果。

3. 回访

回访又叫怨诉结果追踪与反馈。其具体操作步骤和方法如下：

(1) 态度和致歉。客户服务人员以良好的态度和情绪主动回访客户，并在告知解决方案之前先致以歉意。

(2) 过程与结果。客户服务人员告知客户结果前，先告知过程和自己的努力。同时，在告知结果时，要采用商量和协商的口吻。

(3) 异议与应对。如果客户对结果不满意或有异议，请不要直接反对，先倾听客户的想法，并表示理解。

(4) 协商与劝说。以协商的口吻建议、劝说客户接受解决方案。表示你愿意努力改善，但注意不要给客户希望。

(5) 反复努力。表示会再次努力去帮助客户解决问题。重新给予选择方案或以原方案再次回访和劝说。

(6) 致谢与结束。向客户表示歉意和谢意，自然而友好地结束客户怨诉的回访处理。

(7) 填写客户怨诉处理报告。客户服务人员对每一起客户怨诉及其处理都要详细进行记录，包括怨诉内容、处理过程、处理结果、客户满意度等。通过记录吸取教训，总结经验，为以后更好地处理客户怨诉提供参考依据。

四、任务评价

客户怨诉处理任务评价表如表 3-3-3 所示。

表 3-3-3　客户怨诉处理任务评价表

任务清单	完成情况
查阅企业客户怨诉处理规章制度	
分析客户怨诉的原因和动机	
分析客户怨诉处理业务流程	
分析客户怨诉处理基本原则	
分析客户怨诉处理方法与技巧	
查阅客户怨诉处理报告	

知识拓展

无法解决客户难题的“妙术”

任务四　创新呼入型客户服务——全渠道统一数智客户服务

大数据时代，互联网、人工智能等技术不仅让呼入型客户服务摆脱时空限制，而且还进一步拓宽了呼入型客户服务的呼入方式，在节省企业成本的同时，极大地提升了呼入型客户服务业务处理的效果和效率。

一、任务情境

(一) 任务场景

某保险公司历史悠久，拥有近 200 家分支机构，服务网络覆盖全球各地，为客户提供全球“通保通赔服务”。然而，随着业务规模的扩大，一些问题也随之而生，主要表现在：

(1) 难以为客户提供稳定的服务。一线客户服务人员众多，企业无法针对业务系统的升级提供覆盖全国各地、各部门的有效培训。客户服务人员性格不同，能力不同，服务水平也不同；况且，就算是同一客户服务人员，其工作状态不同时，针对同一项服务的服务水平也会有所不同。

(2) 客户服务人员离职率增加。随着公司业务的不断扩大，呼入电话日益增多。呼入电话较多时，客户服务人员工作量大且容易出错，工作压力也随之增大，从而导致客户服务人员离职率增加。

(3) 缺乏辅助赋能客户服务。客户服务人员重复劳动多，在日常呼入客户服务中，需要对客户提供的语音、文字、图片等信息进行人工识别，并手动进行数据录入、图片上传等操作，工作步骤烦琐且重复性高。

为了满足快速发展的业务需求，提高公司客户服务人员的工作效率，稳定公司客户服务质量，公司决定搭建全渠道统一数智客服平台，以引入数智客户服务。

(二) 任务布置

请某科技公司为该保险公司开发设计一个全渠道接入、全媒体沟通、人机协同、全场景服务、全面数智化的客户服务系统。

(1) 弄清公司的客户服务需求。

(2) 搭建全渠道统一数智客户服务平台。

(3) 测试全渠道统一数智客户服务平台。

(4) 培训公司员工操作全渠道统一数智客户服务平台。

二、任务准备

(一) 知识准备

知识点：数智客户服务　全渠道统一数智客户服务与管理

1. 数智客户服务

狭义上，数智客户服务指的是在人工智能、大数据、云计算等技术赋能下，通过客户服务机器人协助人工进行会话、质检、业务处理，从而降低人力成本、提高响应效率的客户服务形式。而广义上，随着各类技术的深入应用，数智客户服务的外延被进一步拓宽，不仅仅指企业提供的客户服务，还包括了客服系统的管理及优化。

数智客户服务的核心在于企业与客户的交互。通过文字、图片、语音等媒介，构建企业与客户的交互桥梁，从而达到售前咨询、售中答疑、售后关怀等多重目的。

数智客户服务是创新和使用客户知识，帮助企业提高优化客户关系的决策能力和整体运营能力的概念、方法、过程以及软件的集合。它是在大规模知识处理基础上发展起来的，面向行业应用，集大规模知识处理技术、自然语言理解技术、知识管理技术、自动问答系统、推理技术等于一体，具有行业通用性，不仅为企业提供了细粒度知识管理技术，还为企业与海量用户之间的沟通建立了一种基于自然语言的快捷有效的技术手段，同时还能够为企业提供精细化管理所需的统计分析信息。相比传统的人工客服，数智客服在接入渠道、响应效率、数据管理等多方面具有突出优势，但其核心功能仍在于辅助，而非替代人工。

2. 全渠道统一数智客户服务与管理

全渠道统一数智客户服务与管理就是借助集网站在线客服系统、微信、App、短信、Web、微信小程序、手机移动端等功能于一体的客户服务系统，实现多渠道对话接入，具有统一对话窗口、统一客服管理界面的数智客户服务与管理。

与传统时代的客户服务、PC时代的客户服务相比，全渠道统一数智客户服务是数智云客户服务，是聚合化、数智化、数字化的客户服务。全渠道统一数智客户服务支持全渠道接入、统一策略响应、统一对话窗口响应、统一聊天内容管理，其主要功能如表 3-4-1 所示。

表 3-4-1 全渠道统一数智客户服务与管理的主要功能

主要功能	描 述
多渠道接入	客服可以在一个后台接待通过所有渠道包括桌面网站、移动网站、App、个人微信号、微信公众号、微信小程序等来访的客户
多种接待方式	企业可以根据自身的业务场景来决定采用人工客服还是机器人客服的方式进行接待，还可以配置为人工客服优先接待或机器人客服优先接待
客户服务分组	企业可根据自身的业务需要配置不同的客户服务分组，并配置具备相关技能的客服人员，更有针对性地解决客户提出的问题
富媒体沟通	除纯文字外，客户服务人员还可以通过表情、图片、富文本、超链接等多种方式回答问题，这让客户和客户服务人员之间的沟通不再单一
会话自动应答	可对一些特定的场景(例如客户服务人员不在线、超时无响应等)进行一些自动应答的设置
自动弹窗邀请	客户浏览网站的过程中，系统可自动弹窗邀请客户加入咨询。对于有咨询意向的客户而言，减少了其发起咨询的操作，大幅提升客户体验
客户服务人员主动邀请会话	客户服务人员可以选择对正在排队或正在浏览网站的客户发起主动会话邀请，主动拉近与客户的距离，并进一步促进订单的转化
客户信息关联	以客户为中心，互动时产生的所有对话及工单都会被记录，帮助企业进行完整互动效果评估
聊天信息同步	客户服务人员和客户建立新的会话后，可看到客户曾经和其他客户服务人员或机器人的聊天记录，可帮助客户服务人员更好地定位用户问题，减少信息断层
客户身份画像	客户服务人员在接待客户时可看到客户的基础信息，包括昵称、联系方式、订单记录等，更有自定义画像字段，丰富并完善企业客服 CRM 系统
客户来源	可根据客户来源渠道、搜索词、访问页面等多个维度查询客户的相关来源信息，更好地帮助企业分析线索的投放情况
客户浏览痕迹	客户服务人员在接待客户时可查看客户在各个页面的访问轨迹，从而更好地了解客户的真实需求，减少沟通成本的同时促进订单转化率提升
客户访问分析	管理者可通过会话和客户两个维度查询各个渠道的客户来访数据，并可以选择不同参数来定义查询报表和导出报表
客户服务工作量分析	企业管理人员不仅可以直接查看并统计分析客户服务的整体工作情况，而且还可以针对性地查看具体单个客户服务人员的接待情况
会话记录	企业管理人员可以通过不同条件自定义查询人工客服或机器人客服的接待情况，查看完整的会话记录。据此，企业可以更好地进行服务质量监控
客户满意度评价	客户不仅可以在会话结束后对人工客服的工作进行满意度评价，而且还可以在评价时选择相应的评价标签

传统时代、PC 时代、数智云时代的客户服务与管理比较如表 3-4-2 所示。

表 3-4-2　传统时代、PC 时代、数智云时代的客户服务与管理比较

类　型	工　　具	特　　点
传统时代客户服务与管理	电话、邮件等传统客户服务与管理工具	工具低效，没有过程管理，沟通成本高，沟通流程复杂，跨渠道沟通困难，客户数据少，客户数据分散
PC 时代客户服务与管理	单独使用的各类客户服务与管理软件，如呼叫中心、在线客服、邮件/工单和微信等	软件之间无法有效沟通，客户数据分散且重复，无法统一管理，一次性购买成本高，维护成本高，客户数据丢失风险大
数智云时代客户服务与管理	整合化、数智化、数字化的客户服务与管理系统	全渠道入口集成，统一客户服务工作平台；客户数据统一管理，让数据成为竞争优势；更加智能，具有移动互联网属性；可以与企业其他管理系统集成；无须一次性购买，使用成本低；无须花费时间和费用维护系统；自动使用最新功能，无数据丢失风险

(二) 操作准备

(1) 了解数智客户服务的定义；

(2) 理解全渠道统一数智客户服务的定义、特点和功能；

(3) 能够根据需要，充分利用全渠道统一数智客户服务系统为客户提供服务。

(三) 任务要领

1. 全渠道数智接入

客户服务是企业与客户沟通的一个重要渠道。无论是咨询、预订下单，还是售后投诉，好的客户服务可以为企业带来更多的商机，可以维系客户关系，树立良好的品牌形象。随着互联网、人工智能、大数据技术的不断发展，数智客户服务也在不断更新。与早期的仅限于网页客服、手机客服等数智客服不同，如今数智客户服务已成为企业客户服务必不可少的功能。全渠道统一客户服务系统更是对网站、App、微信、微博等渠道进行统一管理，客户无须切换系统即可进行沟通。这不仅极大地提升了客户的感知度和体验度，而且还极大地提高了客户服务的工作效率。

2. 客户服务数智化

随着人工智能技术的不断发展，由数智机器人为客户提供服务已成为客户服务的发展趋势。数智机器人为客户服务打破了传统客户无法满足大量客户需求的瓶颈，并且数智客服机器人具有强大的语义识别和机器学习模型，可以更准确地识别和理解客户信息，思考和推敲客户问题的解决方案，从而不仅提升了客户体验度和满意度，而且还有效降低了企业的客户服务的成本。并且，数智机器人客户服务通过建立数智化的客户服务流程，可以提高对客户需求的响应速度和准确率，同时，良好的人机交互体验，更是让客户对公司产生更深刻的了解和信任，并形成品牌忠诚度，进而推动公司业务的发展。

3. 为客户咨询提供全天候支持

数智机器人客户服务可以随时保持在线，而不需要额外的费用。对于企业来说，在非高峰时段，可以在很大程度上用数智机器人客户服务取代人工客户服务，从而降低人力成本。在呼入量巨大的高峰期，数智机器人客户服务可以承担一部分人工客户服务的工作，提高客户服务的效率。数智机器人可以 7 × 24 小时在线，协助人工客户服务对客户进行指导，简化了客户操作程序，减少了客户流失，有助于提高客户服务效率。

4. 数据监测和分析

在客户服务中，优化客户服务流程、提升客户体验至关重要，而这一切自然离不开客户服务数据监控和分析。数智机器人客户服务通过多维度的数据分析和监控，全面提升客户服务的效率和质量。例如，通过在线客户服务数据的实时监控，及时发现客户服务问题，采取优化服务接待流程、调整服务规模等措施，提升客户体验感和客户服务的工作效率。同时，通过对服务互动数据的收集和分析，可以更好地了解客户的需求和行为，从而更好地满足客户的需求，提升客户的满意度。

三、任务实施

(一) 任务流程

数智呼入型客户服务业务流程如图 3-4-1 所示。

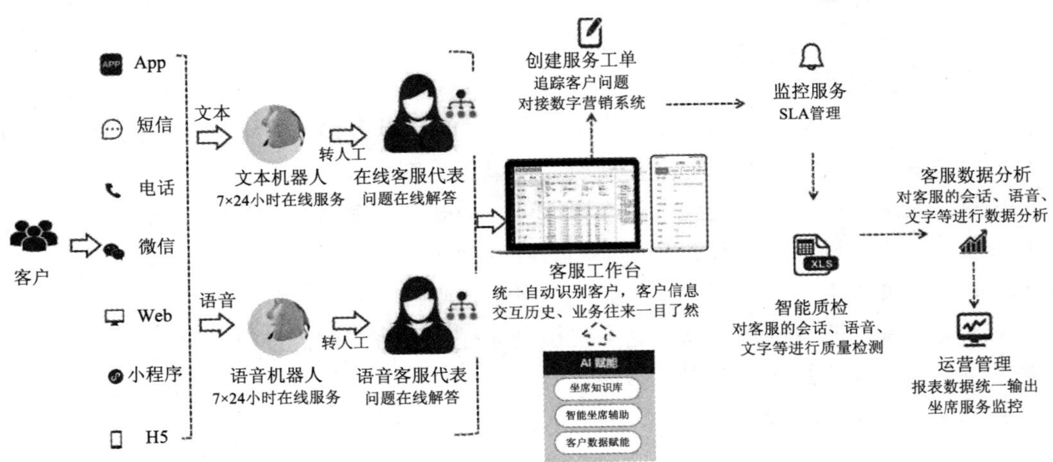

图 3-4-1　数智呼入型客户服务业务流程

数智呼入型客户服务业务流程说明如表 3-4-3 所示。

表 3-4-3 数智呼入型客户服务业务流程说明

工作序号	工作任务	操作指导	注意事项	备 注
1	全渠道呼入	富媒体呼入(客户通过微信、微博、App、网页等自主以语音、文字、图片等方式呼入)	呼入渠道齐全，呼入方式多种多样，操作简单、方便、易上手	渠道越齐全、操作越简单、越容易上手，越受客户青睐
2	互动沟通	数智客户服务机器人服务，人工客户服务人员服务	7 × 24 小时服务，有效沟通	文本机器人；语音机器人
3	全场景数智客户服务与管理	创建服务工单；监控服务；智能质检；客服数据分析；运营管理	人机协同，互联互通	AI 赋能

(二) 任务操作

1. 全渠道呼入

多渠道呼入是指企业为客户提供丰富的呼入触点，创建多元的呼入场景，构建 App、短信、电话、微信、Web、小程序、H5 等多种呼入方式，在覆盖目标人群的基础上，丰富呼入的渠道，提升呼入的效率。

实现全渠道呼入分两步：第一步是强化互联网、人工智能、大数据等技术的支撑作用，建立桌面网站、移动网站、App、个人微信号、微信公众号、微信小程序、微博等呼入触点；第二步是建立全渠道在线客户服务系统，客户服务人员可以在一个后台接待所有渠道来访的客户。

全渠道呼入是当前企业客户服务与管理的趋势，这是因为传统的客户服务与管理面临三个问题：

(1) 客户流失严重。客户尤其是潜在客户无法在短时间内找到呼入通道，无法以便捷的方式完成呼入。

(2) 竞争力弱。首先，在传统的客户服务与管理模式下，当呼入电话太多时，人工难以完成。其次，当人工客户服务人员下班或出外勤时，人工客户服务人员难以提供随时随地的接听服务。另外，人工客户服务人员离职率高，培训难。因此，无法充分满足客户多样化、个性化的呼入需求。

(3) 客户掌控力弱。若想掌控客户，则需要对客户需求精准预判，但传统渠道相互割裂，不能进行数据共享，难以形成快速高效的响应机制。因此，传统的客户服务与管理无法强力掌握客户，从而无法实现高效服务与管理。

全渠道呼入通过互联网、人工智能、大数据等技术，解决了以上三个问题。通过构建富媒体呼入，打通了客户呼入的通道，极大地方便了客户呼入。通过数智客户服务机器人，实现了全天候、全方式客户服务，极大地延长了客户服务的时间，从而能更加及时地响应客户的需求。通过打通线上线下数据，形成数据中心，掌控客户消费行为数据和交易习惯，强力掌握客户，实现高效客户呼入服务与管理。

2. 互动沟通

客户呼入时可通过语音、图片或文字等形式自由描述问题，数智客户服务通过文本机器人或语音机器人识别语音、图片或文字等并理解客户意图，通过 OA 问答与语音合成等与客户进行数智沟通。当文本机器人或语音机器人识别到无法解答客户的问题时，则会自动转人工。转接时，文本机器人或语音机器人会自动识别，自动导航分组，不再需要多层按键等操作，这极大地提升了接入率。

当客户与人工客户服务人员通话或在线互动沟通时，数智客户服务助手机器人利用自动语音识别技术(ASR 技术)和自然语言处理技术(NLP 技术)，自动识别客户要咨询的问题，然后从知识库调用答案展示给人工客户服务人员，供其参考。如此一来，人工客户服务人员便可快速回复客户，即使是新入职的人工客户服务人员也很容易像专家一样服务客户。另外，数智客户服务助手机器人还会实时识别客户的情绪波动，提醒人工客户服务人员做好安抚。

3. 全场景数智客户服务与管理

随着互联网的发展，线上线下渠道已经打通，全渠道客服系统已应运而生。如今全场景数智客户服务与管理系统已成为企业必不可少的工具之一，它可以为企业提供多种服务，让客户获得更好的服务体验。

全场景数智客户服务与管理系统构成如图 3-4-2 所示。

全场景数智客户服务与管理系统								
呼叫中心	开放平台	BI报表	移动客服	工单系统	现场服务	远程协助服务	智能客服	在线客服
• 互联网时代的电话服务	• 携手各类运用，建立服务大生态	• 助力企业客户服务数字化转型	• 移动互联网时代，服务随时随地	• 灵活适配各行各业的积木式工单	• 让服务管理延伸到客户现场	• 已普及的中国IT服务必备工具	• AI时代的客户服务	• 全渠道接入，快速连接客户

图 3-4-2 全场景数智客户服务与管理系统构成

全场景数智客户服务与管理数智化程度高，功能齐全其核心功能及实现如图 3-4-3 所示。

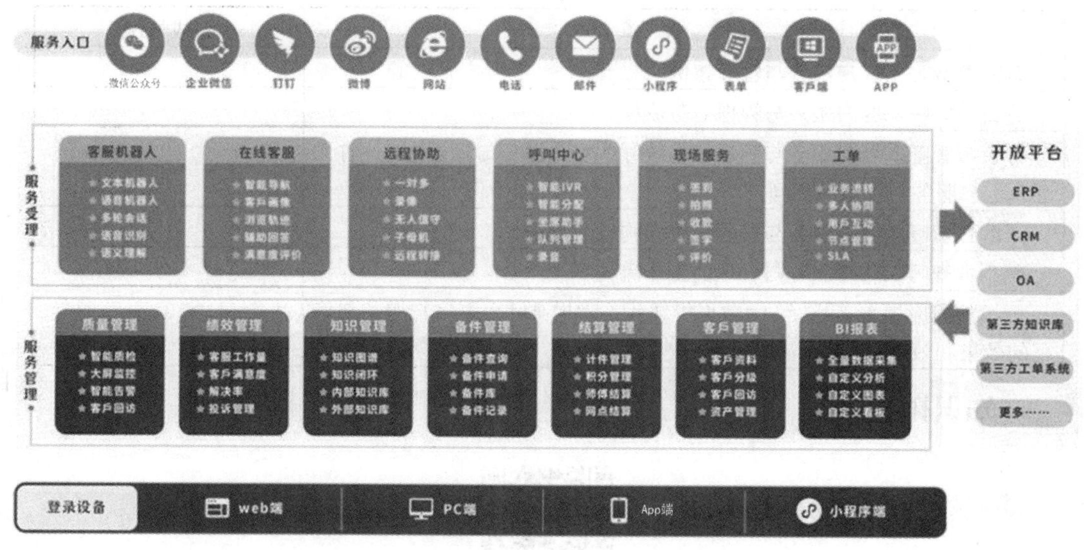

图 3-4-3　全场景数智客户服务与管理核心功能及实现

全场景数智客户服务与管理系统工作流程如图 3-4-4 所示。

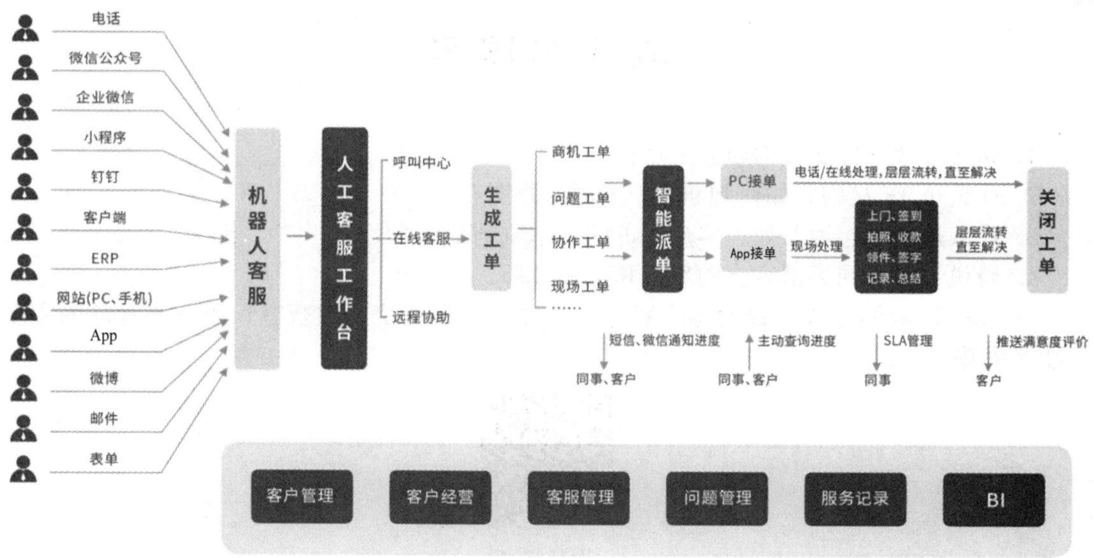

图 3-4-4　全场景数智客户服务与管理系统工作流程

四、任务评价

数智呼入型客户服务与管理任务评价如表 3-4-4 所示。

表 3-4-4 数智呼入型客户服务与管理任务评价表

任 务 清 单	完成情况
查阅数智呼入客户服务与管理案例	
分析数智呼入客户服务与管理业务流程	
分析数智呼入客户服务与管理和传统呼入客户服务与管理、PC 时代呼入客户服务与管理的不同	
了解数智呼入客户服务与管理系统的构成、功能	
熟悉数智呼入客户服务与管理的工作流程	
分析如何应用人工智能、大数据等现代技术提高呼入型客户服务与管理的效果和效率	

知识拓展

全渠道数智客户服务在线系统

复习与思考

1. 如何有效掌握交流沟通的主动权？
2. 什么是 3F 法则？如何判断客户的呼入意图？
3. 什么是客户怨诉？处理客户怨诉的基本原则是什么？
4. 请说一说不同类型客户的怨诉和处理技巧。
5. 什么是全渠道统一数智客户服务与管理？全渠道统一数智客户服务与管理的主要功能有哪些？

课后练习

项目四 呼出型客户服务与管理

知识目标

(1) 理解呼出型客户服务与管理的概念及类型；
(2) 掌握呼出型客户服务与管理的步骤；
(3) 掌握呼出型客户服务的语言交流方法；
(4) 熟悉呼出型客户服务的流程和处理技巧；
(5) 理解数智呼出型客户服务与管理的特征。

技能目标

(1) 能够熟练运用呼出型客户服务中的有效开场方法，营造和谐的沟通氛围；
(2) 能够熟练运用 FABE 法则介绍产品或服务；
(3) 能够运用呼出型业务的语言交流方法和技巧与客户进行有效交流和沟通；
(4) 能够有效处理客户异议；
(5) 能够有效设计和实施直播活动；
(6) 能够有效运用大数据、人工智能等现代技术提高呼出型客户服务与管理的效果和效率。

素养目标

(1) 能够坚持诚实守信，履行道德准则和行为规范；
(2) 培养乐观向上的积极心态和应变能力；
(3) 培养职业责任感和大局观；
(4) 培养和提升数智素养，能够适当运用大数据、人工智能等现代技术不断提升工作、生活、学习的效果和效率。

思政园地：尊重、友善，巧妙化解客户异议

呼出型客户服务与管理是客户服务与管理岗位工作人员的重要职责之一。在呼出型客户服务与管理业务处理中，客户服务人员不仅要具有很强的主动性，还要具备较高的沟通表达能力，以主动“走进”客户，拉近与客户的距离，并迅速攻占客户心理。

任务一　认识呼出型客户服务与管理①

呼出型客户服务是一个有标准运行程序的工作过程。对于客户服务人员而言，充分做好呼出前的准备，是呼出型客户服务成功的关键。

一、任务情境

(一) 任务场景

面对日趋激烈的竞争市场，东莞某外贸服务有限公司决定主动出击，寻找更多更优质的客户资源。为此，该公司从高校新招录了一批应届毕业生。这批新招录的应届毕业生入职后，先在公司进行相关业务技能培训，随后将通过外拨电话(微信、邮件等)来处理服务、销售、数据采集、信息调查、业务回访等事务。

(二) 任务布置

请市场部和客户部对这批新招录的应届毕业生进行电话(微信、邮件等)销售技巧、业务回访等呼出型客户服务与管理技能的培训。

(1) 认识呼出型客户服务与管理。

(2) 理解呼出型客户服务与管理的特点。

(3) 掌握呼出型客户服务与管理的技能技巧。

(4) 开展呼出型客户服务与管理实践练习。

二、任务准备

(一) 知识准备

知识点：呼出型客户服务与管理　话术

1. 呼出型客户服务与管理

呼出型客户服务与管理是指企业服务人员主动联系客户，主动向客户介绍公司的各类产品或服务，或主动邀请客户进行客户需求、客户满意度等调查及主动提供各种服务的主动式服务。

1) 呼出型客户服务与管理的种类

呼出型客户服务与管理通常分为访问调查、营销、售后服务三类，如表 4-1-1 所示。

---

① 本任务融合了 1+X 社交电商职业技能等级证书考试知识。

表 4-1-1　呼出型客户服务与管理种类

类　型	服务方式
访问调查	市场调查、广告投放、会议邀请等
营销	线索开发、商机经营、订单跟踪等
售后服务	客户维系、数据更新、满意度调查等

2) 呼出型客户服务与管理的业务范围

呼出型客户服务与管理主要通过外拨电话(微信、邮件等)来处理服务、营销、数据采集、信息调查、业务回访等事务。

3) 呼出型客户服务与管理的特点

(1) 主动为客户服务。与呼入型客户服务与管理不同，呼出型客户服务与管理是指客户服务人员根据公司的需要，主动联系客户，并主动向客户推介公司产品(或服务)、回访等的服务活动。

(2) 提前做好准备。客户服务人员为客户提供服务前应做好相应的准备。对于客户服务人员而言，呼出型客户服务与管理是“有备而战”的。在呼出之前，客户服务人员可根据所掌握的客户信息资料提前了解客户的喜好、需求等，并结合客户的具体情况设计相应的话术、准备好相关资料等。

(3) 客户服务人员需要具有较强的感染力。在供过于求的市场环境下，呼出被拒对于呼出型客户服务人员而言是常有之事。为了提高呼出型客户服务与管理的效果和效率，客户服务人员往往需要在极短的时间内成功引起客户的兴趣，使客户愿意进行更进一步的沟通。因此，具有较强的感染力就成了呼出型客户服务人员成功吸引客户的关键。

2. 话术

话术即说话的艺术。话术是客户服务专业性的体现，也是客户服务规范化的基本保证。一般来讲，话术是相对固定的。也就是说，话术不能由客户服务人员随意改动，要沿着基本的脚本思路逐步实施。但是，话术只是基础，需要随着客户的不同情况随时调整。例如，话术在使用一段时间后，效果显示与现状有差距，这时就需要根据实际情况进行调整。话术是客户服务人员的工具，直接影响客户的感受，在很大程度上决定着沟通的成败。

1) 话术脚本设计的技巧

话术脚本设计(简称话术设计)会影响业务的满意度水平，好的话术脚本设计更有利于销售机会的把握，因此，话术脚本设计是业务发展的重要组成部分。设计话术脚本时，应尽量全面考虑可能遇到的情况，根据企业的总体目标逐一分析每种情况是否可以为企业带来更多的收益，并以此来设计话术。

话术脚本设计的技巧如下：

(1) 好的话术脚本来源于一线客户服务人员最直接的客户感受。好的话术脚本常常是先由一线客户服务人员在班组内汇总讨论，讨论完毕后统一汇总到专家组讨论，最后管理人员在会议上进行讨论决定的。

(2) 好的话术脚本设计一定是以客户为中心的。客户需求是多种多样的，其文化程度、年龄、性别、地域等也不尽相同，因此，其理解能力、接受能力等也是有差异的，话术脚本设计时应该把这些因素都考虑进去。好的话术脚本设计一定是从客户的角度出发，以客户为中心，是人性化的，是确保能让客户产生愉悦心情的设计。

(3) 让话术脚本真正成为客户服务人员的语言。话术脚本实际上是客户服务标准的具体体现，只有让话术脚本成为客户服务人员的语言，客户听起来才能感到亲切、自然。

(4) 好的话术脚本需要在使用过程中进行持续不断的评估和改进。通常，话术脚本设计完成之后，在实际使用过程中总会有一些不合适的地方，因此，在使用时，要及时听取一线客户服务人员的意见和建议。同时，管理人员在监听过程中，要注意话术脚本在使用过程中暴露出的不足，并及时反馈给相关人员进行改正。另外，话术脚本本身也是有其适用性和有效性的，再好的话术脚本也不可能满足所有客户的需要。不同的客户需要不同的沟通方式，而固定的话术脚本不能满足客户个性化沟通需求，因此，话术脚本需要在使用过程中进行持续不断的评估和改进。

2) 话术脚本撰写的注意事项

(1) 从客户的角度出发。只有从客户的角度出发，才能够撰写出真正让客户认同的话术脚本。

(2) 多用正面的词语。在话术脚本中应该尽可能避免使用否定语言，如“不”“没有”等，要让客户感觉到自己是被认同的。并且，客户服务人员在回答客户问题时也应尽量避免使用“没有”等否定词语。

(3) 使用更具有说服力的词语。通常，人们对数字都是非常敏感的，因此，在话术脚本中巧妙地添加一些数字或与数字有关的词，能够让客户的印象更加深刻且让客户服务人员的推荐更具说服力，如“平台连续 3 年获得外贸服务行业优秀服务平台称号”。

(4) 主动亮明身份和表明目的。在交流沟通开始时主动表明身份，并告诉客户自己是为何而来，这样既能打消客户的顾虑，也能提高交流沟通的效率。具体做法是，先礼貌问候、自报家门，然后清晰说出自己的全名、所在企业名称、做什么工作、能为客户提供怎样的服务。

(5) 口语化。通常，话术脚本是用于日常交流沟通的，为增加客户的亲切感和体验感，应根据口语表达、日常交流的习惯来编写话术脚本的内容。

(6) 对话式、互动式。话术脚本是用于与客户双向交流沟通的，因此，应设计成对话式、互动式，给客户预留反应的时间与机会，并根据客户的不同反应决定下一步沟通的内容。

(二) 操作准备

(1) 了解呼出型客户服务与管理的种类、业务范围和特点；
(2) 了解呼出型客户服务与管理的流程；
(3) 能根据呼出型客户服务与管理的类型，做好呼出前的准备工作。

(三) 任务要领

1. 明确不同类型呼出型客户服务与管理所需的技能

呼出型客户服务与管理是多种多样的，其种类不同，所需的技能也不尽相同，主要有访问调查、营销和售后服务三种。访问调查是客户服务人员基于企业的客户数据库，按照一定的条件筛选出某些合适的对象，在选定的时段采用合适的方式对其消费需求、产品使用情况等进行定向调查。营销是由客户服务人员通过主动呼叫，向目标客户进行产品和服务的促销及推介。在呼出过程中，客户服务人员需要采取有效的营销方法和沟通技巧向客户推介产品和服务，争取成功销售。销售完成后，还要提交销售报告等材料，以供公司考核市场活动结果。售后服务包括客户回访、产品升级优惠推介、客户资料确认等业务，客户服务人员呼出的目的是维护客户关系。

2. 明确不同类型呼出型客户服务与管理的适用范围

呼出型客户服务与管理的类型不同，其适用范围也不尽相同。访问调查常用于服务型公司开展的针对某一项业务的专业调查、产品使用情况调查、市场需求调查、经销商及代理商的服务回访等。营销更适合于对客户来说能够立刻知晓其特性的产品，所适用的行业主要有培训类项目推销、保险类产品推荐、业务销售、产品销售、服务增值业务推销、互联网应用服务销售等。售后服务则常用于网络公司、数据库销售、物流配送、保险、服务商等。

3. 做好呼出前的准备

不同类型的呼出型客户服务与管理不仅适用范围不同，呼出目的也是不同的。做好呼出前的心情准备、话术准备、物资资料准备等不仅是提高呼出效果和效率的需要，更是确保实现呼出目的的需要。不管哪种类型的呼出，客户服务人员在呼出前都需要调整好自己的情绪和心理，确保自己做好了充分的心情准备，能够以微笑示人，以热情、愉悦的态度待人。话术是客户服务人员专业性的体现，是客户服务质量的根本和保证。话术是固定的，同时又是随着客户的具体情况而不断调整变化的。呼出前，客户服务人员应根据自己所选定的呼出目的，预先设想与客户交流沟通中可能会出现的情况，并做好相应的话术准备。呼出前除做好话术准备外，准备好必要的纸、笔及相关的资料(如产品资料、项目资料、客户的相关信息资料等)对于呼出的顺利实施也是相当重要的。

三、任务实施

(一) 任务流程

呼出型客户服务与管理业务流程如图 4-1-1 所示。

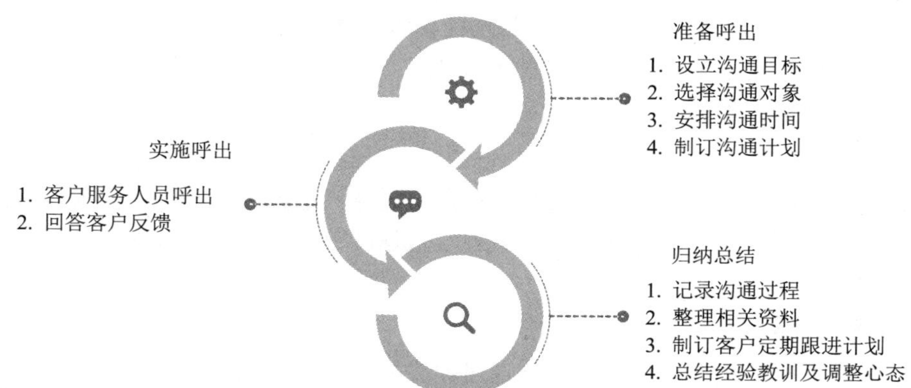

图 4-1-1　呼出型客户服务与管理业务流程

呼出型客户服务与管理业务流程说明如表 4-1-2 所示。

表 4-1-2　呼出型客户服务与管理业务流程说明

工作序号	工作任务	操作指导	注意事项	备　注
1	准备呼出	设立恰当的沟通目标；选择合适的沟通对象；安排合适的沟通时间；制订具体的沟通计划	沟通目标应难度适中；在既定范围内进行精准服务，节约成本；不打扰客户正常的生活、工作，不让时间成为沟通的障碍	准备越充分，成功的可能性越大
2	实施呼出	交流时语言应简明扼要；专注介绍产品，尽可能准确地把握客户需求	忌打断客户、补充客户、纠正客户、质疑客户	根据客户的具体情况灵活应对
3	归纳总结	记录沟通过程；整理相关资料；制订客户定期跟进计划；总结经验教训及调整心态	及时、如实做好记录，及时跟进	调整心态

(二) 任务操作

1. 准备呼出

如何做好呼出前的准备

1) 设立沟通目标

设立明确的沟通目标是呼出型客户服务与管理的核心问题。沟通目标设立得恰当与否，直接关系到沟通活动的效果，乃至整个交流沟通活动的成败。通常沟通目标不止一个，客户服务人员应先对这些目标进行划分，确定哪些是主要目标，哪些是次要目标。对于主要目标，要重点解决，先沟通；对于次要目标，可以将其放在主要目标后，或穿插在主要目标实现过程中完成。

对于呼出型客户服务与管理而言，常见的主要目标有：了解客户需求，确定目标客户；预定下次通话或拜访时间(就某些特定问题进行沟通)；确定客户购买时间和项目；确认客户何时作出最后决定；让客户同意购买产品或接受服务的提案；等等。常见的次要目标有：获得客户相关资料；定下未来再和客户联络的时间；引起客户兴趣；得到负责人信息或介绍其他客户信息数据；等等。

2) 选择沟通对象

设立好沟通目标之后，客户服务人员应根据沟通目标选择合适的沟通对象，做到有的放矢。筛选沟通对象，缩小每个独立呼出服务与管理的范围，可使业务代表在既定的范围内进行精准服务。

3) 安排沟通时间

沟通对象选好后，还要根据不同的沟通对象安排合适的沟通时间。尽量选择沟通对象空闲的时间，不打扰对方正常的生活、工作，不要让时间成为沟通的障碍。

4) 制订沟通计划

呼出型客户服务与管理中，客户服务人员是主动出击的，通常处于劣势。沟通前应制订具体的沟通计划。沟通计划包括沟通过程中会出现的问题、沟通的先后顺序及沟通中的注意事项。客户服务人员要先预测沟通中可能遇到的情况和异议，并准备好相应的处理方案；要真正深入了解客户的需求，明确产品(或服务)和客户需求的契合点。如果要向客户推荐新业务服务，客户服务人员应先介绍业务功能和客户利益，以引起客户的兴趣；然后告诉客户如何办理业务。在呼出前还要预先考虑办理业务时客户可能会提的问题，并准备好相应的解决方案。如果沟通对象是老客户，还要准备好老客户的基本资料，了解以前沟通的状况及其反应；同时，准备好纸、笔和必要的资料，以备随时查看。

2. 实施呼出

1) 客户服务人员呼出

客户服务人员根据选定的沟通对象，按照沟通计划，逐一呼出。呼出接通后，为了拉近与客户的距离，要根据客户的特点选择不同的开场白。开场白要简短、清晰、明了，语速先慢后快，以寻求帮助的形式切入为佳。

2) 回答客户反馈

回答客户反馈的过程就是与沟通对象正式沟通的过程，在这一过程中，交流语言应简明扼要，时间一般控制在3～5分钟，以免占用客户太多时间而引起客户的反感。回答过程中，应专注介绍产品，尽可能准确地把握客户需求。切记四大禁忌：忌打断客户、忌补充客户、忌纠正客户和忌质疑客户。交流中，客户服务人员应先通过语言引导客户找到愿意花时间与自己交谈的理由，然后再根据实际情况及时调整沟通时间。在交流沟通中，客户服务人员用词要讲究，不能太随意。专业、专注、积极、主动是呼出型客户服务与管理的基本要求。

3. 归纳总结

呼出交流沟通结束后，客户服务人员还要记录沟通过程、整理相关资料、制订客户定期跟进计划、总结经验教训及调整心态。通过对沟通过程的记录，客户服务人员可以整理出有效的客户资源，进而制订出客户定期跟进计划并与客户保持无间断的联络，等待适当的时机再次跟进呼出。客户服务人员还要总结经验教训，以便取长补短，不断进步。另外，每一次呼出之后都要进行心态调整，心态决定一切。

四、任务评价

呼出型客户服务与管理流程和服务技巧任务评价如表4-1-3所示。

表4-1-3　呼出型客户服务与管理流程和服务技巧任务评价表

任务清单	完成情况
查阅呼出型客户服务与管理案例	
分析呼出型客户服务与管理业务流程	
分析话术脚本设计技巧及注意事项	
查阅呼出成功案例	
查阅并分析呼出失败案例	
分析如何做好呼出前的准备	

知识拓展

话术常用脚本撰写

任务二 实施呼出型客户服务与管理①

合格的客户服务人员不仅要用词恰当、语言表达得体，还要注意话语的逻辑性、语句的清晰性和客户需求把握的准确性。呼出型客户服务人员在面对各种各样的潜在客户时，仅掌握共性的表达方式和技巧是不够的，还要懂得有针对性的表达方式和技巧。

一、任务情境

(一) 任务场景

为了进一步提升公司的客户服务质量，珠海某外贸服务有限公司决定主动出击，寻找更多更优质的客户资源。为此，公司决定对新入职客户服务人员就呼出型客户服务与管理技能进行培训。

(二) 任务布置

经过前期开展认识及理解呼出型业务以及掌握呼出型客户服务与管理技巧的培训后，现请市场部和客户部对这批新入职的客户服务人员进行电话(微信、邮件等)销售技巧、客户信息数据采集、业务回访等呼出型客户服务语言交流方法的培训。

(1) 明确培训的目的，确定培训的内容，准备相关的培训材料。

(2) 学习相关技能技巧。

(3) 训练和提升相关技能技巧。

二、任务准备

(一) 知识准备

有效开场

知识点：开场 FABE 法则

1. 开场

开场又叫开场白，指的是在电话沟通开始的 30 秒到 1 分钟的时间

① 本任务融合了 1+X 社交电商职业技能等级证书内容以及金砖国家职业技能大赛互联网营销、省职业技能大赛互联网直播等赛项相关知识。

内，客户服务人员和潜在目标客户所要讲的话，差不多就是前五句话。从理论上来说，开场通常由问候语、自我介绍、介绍本次呼出的目的等几个部分组成。

实践中，客户服务人员应站在客户的立场来设计开场，要通过开场白让客户了解你是谁、你为什么要给他打电话。应用时，客户服务人员要根据客户的实际需求灵活应对，不能完全照搬套用，以免触发客户的条件反射，进而使客户产生抗拒心理。

衡量开场是否有效的标准就是要看其能否激起客户的兴趣，让客户愿意听你谈下去。常用的有效开场方法有以下六种：

(1) 陈述产品的最终价值。陈述产品的最终价值就是开场时，客户服务人员用最直白的语言，让客户明白产品能给他带来什么样的价值，从而让客户觉得和客户服务人员沟通是值得的。

(2) 给出刺激性的问题。给出刺激性的问题就是一开始就通过“严重的问题”等字眼刺激客户，让客户产生兴趣。

(3) 让客户感到惊讶。与刺激客户相比，让客户感到惊讶会更加有效，这是因为刺激客户会让客户产生痛苦，而让客户感到惊讶会将客户的思维惯性打断。客户的思维惯性一旦被打断，基于人的本能，客户就会产生问题，如这种说法有何依据，为什么会有这种说法等。这样客户的兴趣就产生了，与客户对话的机会也就来了。

(4) 激发客户的好奇心。除上面几种方法外，激发客户的好奇心也是非常有用的一种方法。如果客户服务人员懂得怎样通过交流让客户对产品(或服务)产生好奇，自然就有机会与客户继续交流。

(5) 给客户真诚赞美。无论是在工作还是在生活、学习之中，人们的内心都渴望获得别人的理解和赞美。如果客户服务人员能够找到赞美客户的话题，谈论让客户感到自豪的事情，交流自然就能进行下去。

(6) 欲擒故纵。在呼出型客户服务中，遇上难缠的客户是在所难免的，不管客户服务人员怎么讲，这种客户一味找各种借口，拒绝交流。当遇到这种情况时，与其被客户不耐烦地拒绝，不如顺水推舟，欲擒故纵。

2. FABE 法则

FABE 法则

FABE 法则是由美国奥克拉荷马大学企业管理博士、台湾中兴大学商学院院长郭昆漠总结出来的。所谓 FABE 法则，是指客户服务人员在向客户介绍产品或服务时，详细介绍自己所提供的产品或服务如何满足客户的需求，如何给客户带来利益的技巧。

(1) F(Feature)指属性或功能，即自己的产品或服务有哪些功能。

(2) A(Advantage)指优点或优势，即自己的产品或服务与竞争对手相比有哪些优势。

(3) B(Benefit)指客户利益与价值，即自己的产品或服务带给客户的利益。

(4) E(Evidence)指证明、证据，即证明自己的产品或服务能给客户带来利益的证据。

FABE 法则的关键是针对不同客户的购买动机，把最符合客户需求的产品或服务利益向客户推介。FABE 法则的标准句式是：“因为(属性、功能)……，从而有(优点、优势)……，对您而言(利益、价值)……，您看(证明、证据)……”具体说明如下：

(1) 介绍 Feature(属性、功能)的句式是“因为……”。介绍产品特点可从产品的款式、技术参数及配置等着手；或者是从产品可以被看到、尝到、摸到和闻到等有形的、可以感受得到的特点着手，或者从回答“产品是什么”着手。

(2) 介绍 Advantage(优点、优势)的句式是“从而有……”。介绍优点可从解释产品特点是如何被利用的着手，或者从回答“产品能做到什么”等着手。

(3) 介绍 Benefit(利益、价值)的句式是“对您而言……”。介绍利益可从告诉客户产品或服务将如何满足他们的需求着手；或者从回答“产品或服务能给客户带来什么好处”着手。

(4) 介绍 Evidence(证明、证据)的句式是“您看……”。给出证明、证据就是要向客户证实你所讲的好处，或者回答“怎么证明你对客户讲的好处是实实在在的，是可见、可信的”。实践中，证明、证据包括硬性证据和软性证据。硬性证据包括权威机构的认证、各类证书、技术证据、功能证据、数据证据等；软性证据包括信誉证据(商誉)、服务证据(保修证)、演示证据(现场演示)、情感证据等。

若要充分发挥 FABE 法则的作用，则应恰当使用好“一个中心，两个基本法”。“一个中心”是指以客户的利益为中心，并提供足够的证据。“两个基本法”是指观察法和分析法。实践中，要灵活运用观察法和分析法，必须坚持 3 + 3 + 3 原则——三个提问(开放式与封闭式相结合)、三个注意和三个掷地有声的关键点(应在何处挖掘)。

三个提问如下：

(1) “请问您购买该产品主要用来做什么?”

(2) “请问您还有什么具体要求?”

(3) “请问您大体预算投资多少?”

三个注意如下：

(1) 把握时间观念(时间成本)；

(2) 投其所好(喜好什么)；

(3) 给客户一份意外的惊喜(赠品、一次性澄清所有好处)。

三个掷地有声的关键点(应在何处挖掘)如下：

(1) 了解自己产品或服务的卖点，然后运用 FABE 法则并针对客户的需求，进行简洁、专业的产品介绍。

(2) 了解客户的需求，即在介绍产品或服务的时候，要清楚客户关心的是什么、客户心中有什么样的问题。

(3) 坚持以客户利益为中心，从客户需求出发，提供足够的证据，灵活运用观察法和分析法。通常客户对产品或服务的需求主要包括以下三个方面：产品或服务的功能效用，这是最核心的需求；产品或服务的支持功能；产品或服务公司承诺提供给客户的相应服务。

(二) 操作准备

(1) 了解什么是开场，掌握有效开场的常用方法。

(2) 理解 FABE 法则的内涵。

(3) 能根据客户的实际需求灵活应用 FABE 法则向客户介绍产品(或服务)。

(三) 任务要领

1. 呼出的要领

与呼入型客户服务的接听一样，呼出型客户服务的要领也可用十二个字概括，即微笑、礼貌、态度、专心、音量、动听。

(1) 微笑。微笑意味着自己很乐意跟客户沟通。呼出时，客户服务人员要尽量保持微笑，适当的时候还应笑出声来。

(2) 礼貌。呼出时，客户服务人员除了自始至终要使用敬语，还要注意呼出时间，以免影响客户。沟通过程中，客户服务人员要保持态度和蔼，声调温和，富有表现力，语气适中，语言简洁，口齿清晰。

(3) 态度。在呼出型客户服务中，良好的态度不仅显示了客户服务人员良好的职业素养，还展示了对客户的尊重，是创造和谐的沟通氛围、引起客户产生共鸣的先决条件。

(4) 专心。客户服务人员在呼出时，除了通过保持体力充沛来保持专注，还可以通过以下方式来提高注意力：

① 坐在有靠背的椅子上，让自己感到舒服。

② 只保留工作需要的东西在手边。

③ 保证舒适的环境。

④ 按照生物钟规律来活动。如果下午三点是自己精力最充沛、思维最活跃的时候，那就将重要的呼出任务安排在这个时候来完成。

⑤ 了解并服从注意力保持期。注意力保持期不仅因人而异，就是同一人的注意力保持期在一天中的每个时间段也不完全一致。

(5) 音量。呼出时，客户服务人员应根据客户的具体情况调整自己的音量，以给客户一个舒适而贴心的感觉，从而让客户愿意与自己沟通。

(6) 动听。呼出型客户服务中，尤其是在电话呼出中，客户只能通过电话听筒听到客户服务人员的声音。因此，声音动听与否会影响客户对客户服务人员的第一印象，动听的声音能提升客户的体验度，进而让客户乐意与客户服务人员进行沟通。

2. 介绍产品的要领

FABE 法则关注的是客户的“买点”。客户服务人员在介绍产品(或服务)时应注意以下几点：

(1) 做个出色的演员。客户服务人员要善于表达自己的感情，善于宣传自己的产品(或服务)，要比竞争对手更能够取悦客户。

(2) 考虑客户记忆能力。统计数据表明，人最多只能同时吸收六个概念，即客户记忆的最大存储容量是六个概念。因此，客户服务人员在说明产品(或服务)特点的时候，要注意控制概念的数量。

(3) 避免激进。客户服务人员对待客户要积极、热情，但也要注意避免过度表现。喋喋不休的讲话和机械式回答一样容易引起客户的反感，多嘴、激动、爱抢话等表现均会严重影响与客户的情感交流。

(4) 正确处理交流时发生的意外。在交流过程中，双方出现意外常常是难免的，当客户服务人员出现错误时应立即修正并道歉；当客户出现错误时，客户服务人员要表现得宽容大度，并尽可能地帮客户挽回颜面。

3. 传达利益信息的要领

利用 FABE 法则时，为了进一步强化产品形象，客户服务人员需要向客户传达产品能带给客户的利益，以进一步引导客户，达到预期业务效果。向客户传达利益时，应注意做好以下几点：

(1) 站在客户的角度讲述利益。可以获得什么样的利益永远是客户最关心的事。因此，传达利益时，要结合客户的实际需求，强调产品(或服务)能给客户带来什么利益，从而获得客户的认可。

(2) 再次重复客户已知的利益。尽量多说产品给客户带来的利益，包括客户已经知道的利益。重复客户已经知道的利益，一来可以强化客户对于该项利益的印象，二来可以避免因为没有说出来而让客户产生怀疑。

(3) 说客户听得懂的语言。在介绍产品(或服务)时，尽量不要用行话、专业术语来与客户交流，要从客户的角度出发，用客户能够理解的语言去描述产品(或服务)，这样才能保证让客户真正了解产品(或服务)。

(4) 用肯定的、有把握的语气跟客户沟通。客户服务人员在与客户沟通时，首先要相信自己，跟客户沟通时语气要肯定、有把握，以获得客户的信赖。

(5) 创造和谐轻松的交流氛围。一个和谐轻松的交流氛围，不仅能拉近双方的距离，而且更易于切入正题，进而找到共同语言，从而成功地引导客户接受产品(或服务)。

三、任务实施

(一) 任务流程

呼出型客户服务语言交流业务流程如图 4-2-1 所示。

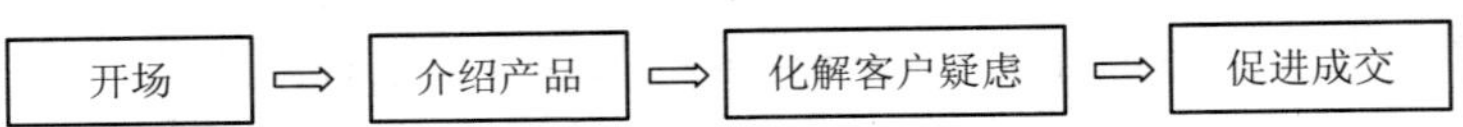

图 4-2-1　呼出型客户服务语言交流业务流程

呼出型客户服务语言交流业务流程说明如表 4-2-1 所示。

表 4-2-1　呼出型客户服务语言交流业务流程说明

工作序号	工作任务	操作指导	注意事项	备注
1	开场	问候，自我介绍，介绍本次呼出的目的	主动、热情、有礼貌，根据客户实际灵活选用恰当的开场方法	做好充分准备
2	介绍产品	先说明“特点”，再解释“优点”，最后阐述“利益”并总结特点	抓住客户的“买点”	介绍重点因客户而异
3	化解客户疑虑	有针对性地影响客户	站在客户的立场	客户永远是对的
4	促进成交	把握提出成交的最佳时机，促进成交	冲破客户成交时的心理防线	及时把握成交机会

(二) 任务操作

1. 开场

俗话说：万事开头难。好的开场不仅能营造和谐的沟通氛围，还能激发客户的兴趣。开场有法，但无定法，需要客户服务人员根据客户的实际情况灵活运用。

(1) 改进语调。美好声音的塑造从改进语调的抑扬变化开始，客户服务人员可从以下四方面着手：说话时面带微笑；必要时可重读某些词语；调整呼吸(如深深地、长时间地、缓慢地呼吸)；说话的语气要适当夸张。

(2) 控制音量。一个人说话的音量往往反映出一个人的德行和品行，客户服务人员应根据客户的实际在音量上与客户相匹配，以争取给客户留下好印象。

(3) 调整语气。良好的语气可以帮助客户服务人员与客户产生良好的默契。调整语气主要要求客户服务人员的语气和语速要与客户相匹配，以扫清与客户间的情感障碍。

2. 介绍产品

当人们对某种东西或状况感到不满或产生抱怨时，就意味着有了让人觉得烦恼的问题。当他们试图解决这些问题时，需求就产生了。介绍产品就要从客户真实的需求出发，即从客户现状与客户期望之间的差距出发，让客户认识到这个差距的存在，并让客户对现状产生不满和抱怨。这种不满和抱怨会让客户感到痛苦，为了消除这种痛苦，客户就会产生解决问题的欲望。介绍产品通常按照以下步骤：

(1) 介绍宣传，促进了解。这一阶段应让客户充分了解产品(或服务)、企业声誉、企业历史及客户服务人员的专业度、职业形象等。重点向客户介绍产品(或服务)的功能、特点和价值等并向客户强调产品(或服务)的差别化优势，即突出自己的产品(或服务)与众不同的地方。

(2) 挖掘需求，满足需求。在挖掘需求阶段需要把握好三个关键点：一是深层次地了解客户需求；二是根据客户需求针对性地提出解决方案；三是尽可能多地体现产品能带给客户的利益和价值。

(3) 建立互信，取得信任。这一阶段的关键是：推介的产品(或服务)要符合客户的利益；推介的产品(或服务)要符合相关人员的人际价值；要想办法成为客户的合作伙伴。

(4) 超越期望，赢得客户满意。客户满意是客户作出最后决定的关键。客户服务人员在与客户打交道的过程中，要不断听取客户意见并积极反馈，解决客户问题以获得客户认可和取得客户信任，争取在每个环节都超出客户期望。

3. 化解客户疑虑

面对客户服务人员的推介，客户心中有疑虑是非常正常的。为了化解客户疑虑，客户服务人员需要结合客户的实际需求，对客户进行有针对性的影响。大量实践表明，在针对性地影响客户的过程中，最能打动客户的常常是产品(或服务)给客户带来的利益。

(1) 了解客户需求和客户个性特点。不同的客户，其需求不同，个性各异，这决定了其对利益的追逐点和期望值也会不一样。因此，把握客户需求和个性特点，并将其需求和偏好与产品(或服务)结合起来。

(2) 引发客户需求的最大利益问题。客户的利益常常包含多个层面和层次，但真正促使客户作出购买决定的是其最核心和最关键的利益点。因此，客户服务人员需要通过提问将客户的最大利益点挖掘出来。挖掘客户最大利益点的方法是创造性地运用 6W2H 原则。6W2H 指的是 What (什么)、Why(为什么)、How(如何)、When(何时)、Who(谁)、Where(在哪里)、Which(哪一个)、How much(多少、多久)，具体含义如下：

- What(什么)即客户正在做或期望做的事情是什么。
- Why(为什么)即客户这样做的原因和动机。
- How(如何)即客户如何去做某件事情。
- When(何时)即客户做某件事情的具体时间。
- Who(谁)即与这件事情产生关联的人。
- Where(在哪里)即具体的地点或场所。
- Which(哪一个)即让客户作出某种选择。
- How much(多少、多久)即与时间、费用、交货期等方面的有关计划或具体定义。

(3) 描述客户所能获得的最大利益。实践表明，成功打动客户的关键，不仅在于找到客户的最大利益点，还在于能将客户所能获得的最大利益准确地描述给客户，让客户理解。

(4) 引导客户对利益获得产生美妙联想。引导客户对利益获得产生美妙联想，可以提高客户的感知度和体验度，满足客户受尊重及自我实现等需要。

(5) 诱导客户提出一些问题和相应异议。为冲破客户的犹豫和等待等心理，客户服务人员需主动通过提问的方式，诱导客户提出一些问题和相应的异议，以便客户服务人员进一步让客户充分相信产品(或服务)带给他的是利益而非麻烦。

(6) 询问客户真实原因并实施针对性排除。“客户拒绝肯定是有原因的”，当客户对产品(或服务)有异议时，客户服务人员一定要通过提问找到客户拒绝的真正原因，并予以针对性排除。

(7) 给出恰当证明和有利的证据。如果要打消客户最后的疑虑，就应该在适当的时候给出恰当证明和有利的证据。

(8) 适当抛出引诱条件并给予鼓励。如果在给出证明和证据后客户仍然犹豫不决，就需要在关键时刻适当抛出引诱条件并给予鼓励。

4. 促进成交

说到底，客户服务人员呼出的最终目的就是要与客户成交，即把准客户、潜在客户、过去客户发展成为客户、现实的客户、现在的客户。为了促成与客户之间的交易，客户服务人员必须做好以下几项工作：

(1) 把握向客户提出成交的最佳时机。实践中，促进成交的好时机有：

① 客户心情非常好时。当客户心情非常好时，客户服务人员适时地提出成交要求，成交的概率会很大。

② 介绍完产品(或服务)后。当客户服务人员介绍完产品(或服务)后，就要抓住时机，询问客户的意见及需要产品的数量、型号或颜色等。

③ 化解客户异议后。客户有异议非常正常，当客户提出异议时，客户服务人员要向客户耐心解释，并不时询问客户的意见。当客户表示无异议后，客户服务人员就要抓住这一

有利时机，请求成交。

(2) 发现客户有意成交的真实信号。在多数情况下，客户都不会主动表达成交意愿。但如果客户有了成交意愿，通常会不自觉地通过语言或行为流露出来。客户服务人员如果能够及时识别和确认，则能顺利成交。客户发出的成交信号是多种多样的，一般可以通过以下三种方法去识别：

① 从语言信号识别。当客户询问产品(或服务)的功能细节、产品(或服务)的价格或优惠办法、售后服务内容或方式及付款方式等内容时，客户服务人员可以认为客户是在发出成交信号，至少表明客户开始对产品(或服务)感兴趣了。

② 从动作信号识别。一旦客户完成了对产品(或服务)的认识过程，就会释放出一些动作信号，如答应试试、对客户服务人员的态度明显好转等。

③ 从客户的表情信号识别。例如，客户由深沉变得随和、由冷漠变得亲切等，这些都说明客户对产品(或服务)感兴趣。

(3) 把握成交机会，冲破客户成交时的心理防线。客户在成交前，即使认可了产品的特点、优势和利益点，并且也有需求和能力，但出于某种心理，往往会产生等待和犹豫的心理。这时，客户服务人员应该不失时机地冲破客户最后的心理防线。

① 冲破客户的等待心理。通常，冲破客户等待心理的策略有四种。一是说点心里话。告诉客户现在真的是最佳时机，如果失去了这个机会真的很可惜。二是不妨继续抛出一点先前已退让的条件。跟客户强调，我们都已经做出很大的让步了，我们是非常有诚意的，希望客户不要再等待了。三是不妨泼点冷水或施加点压力。告诉客户如果现在不成交，以后就没这个优惠条件了。四是好人、坏人都做做。明里告诉客户自己是在为客户考虑，希望客户不要错过良机；暗里给客户施加压力，如告诉客户我们这儿存货不多，过了今天就不一定有货了。

② 冲破客户的犹豫心理。冲破客户的犹豫心理可通过以下四种途径来实现：一是给点时限压力；二是巧用客户的人际关系；三是耐心等待，保持冷静；四是适当催促。

四、任务评价

呼出型客户服务语言交流方法任务评价表如表 4-2-2 所示。

表 4-2-2　呼出型客户服务语言交流方法任务评价表

任 务 清 单	完成情况
分析如何有效开场	
查阅有效开场的方法	
分析呼出型客户服务语言交流要领	
分析呼出型客户服务语言交流步骤	
查阅呼出型客户服务语言交流注意事项	
查阅呼出型客户服务常用语	
分析如何促进成交	

知识拓展

促进成交的常见方式和技巧

任务三 运用呼出型客户服务与管理——直播营销[①]

直播营销作为互联网时代的一种新型呼出型客户服务与管理已被各界广为接受。直播营销有法可循，但无定法。企业及其客户服务人员应“以客户为中心”，科学而合理地设计、实施直播营销活动，走出符合自身需要的具有自身特色的直播营销之路。

一、任务情境

(一) 任务场景

深圳某外贸服务有限公司成立于 2013 年，公司注册资本 100 万元。公司主营货物报关、进出口退税代办等业务。自 2020 年以来，直播营销日趋普遍，公司管理层意识到直播营销正逐渐成为各行各业呼出型客户服务的重要方式之一。

(二) 任务布置

为适应市场发展趋势，请客户服务部门设计和开展直播营销活动。

(1) 制订直播营销活动计划。

(2) 设计直播营销活动。

(3) 实施直播营销活动。

二、任务准备

什么是直播营销

(一) 知识准备

知识点：直播营销

直播营销作为一种营销手段，是指在现场随着事件的发生、发展而同时制作和播出节目的营销方式。该营销方式以直播平台为载体，其目的是提升企业品牌的知名度和影响力或增长销量。

---

① 本任务融合了 1+X 社交电商职业技能等级证书内容以及金砖国家职业技能大赛互联网营销、省职业技能大赛互联网直播等赛项相关知识。

1．直播营销兴起的原因

(1) 移动网络提速和数智设备的普及。近年来，随着移动网络速度的提升以及流量资费的降低，视频直播画面比以往更加流畅。更为重要的是，数智手机的普及，使人们可以摆脱无线网络和电脑而直接利用数智手机进行视频拍摄和上传，这使得直播营销能够有更多的场景，从而让企业有了全新的营销机会，可以随时随地、更加立体地展示企业的文化，发出企业的声音。

(2) 企业需要更立体的营销平台。近年来，随着互联网、人工智能技术的不断发展，很多企业、政府机构已经在微博、微信开通账号，并将其作为企业品牌营销和文化传播的标配。直播营销为企业营销提供了一个更加立体生动的展示平台，从而较好地弥补了以图文为主的微信、微博等平台的不足。

(3) 网友看视频、制作视频的习惯养成。互联网+时代，在平台上看视频早已成为大家的一个共同习惯，这让越来越多的人愿意在直播营销平台上花费时间创造内容和浏览内容。

2．直播营销的优势

(1) 传播快。从某种意义上讲，直播营销就是一场事件营销。除了本身的广告效应，直播内容的新闻效应往往更加明显，引爆性也更强。直播营销针对一个事件或者一个话题，可以更轻松地进行传播和引起关注。

(2) 具有精准客户群。与传统营销中客户分散性接触不同，直播营销受播出时间的限制，客户若要观看直播视频，则需要在一个特定的时间进入播放页面，这让企业能够真正识别和抓住这些具有忠诚度的精准客户群。

(3) 实时互动。跟传统电视营销视频相比，直播营销的一大优势就是能够满足客户更为多元的需求。直播营销方式下客户不仅仅是单向地观看视频，还能通过发弹幕、献花、打赏等方式与主播互动，甚至主播还能根据客户意愿改变直播进程，从而实现与客户的实时互动。

(4) 情感共鸣。直播营销能让一批具有相同志趣的人聚集在一起，聚焦在共同的爱好上，这使得其情绪相互感染，达成情感气氛上的高光时刻。这种情感气氛有利于企业与客户之间进行深入沟通，进而引起客户情感上的共鸣，从而不断吸引和留住客户。

3．直播营销的模式

(1) 品牌 + 直播 + 明星。这种模式会请明星做主播，通过明星效应来吸引客户眼球，产生轰动效应。这种模式具有较强的引流能力，广受品牌直播营销青睐。

(2) 品牌 + 发布会 + 直播。企业 CEO 亲自上阵，以线上发布会的形式进行直播营销，现在已经是国内企业直播营销的一种普遍趋势。线上发布会不仅可以节省场地费、搭建费，而且其覆盖的客户广，客户参与度高。当然，与前一种直播营销模式相比，这种直播营销模式要求出任主播的企业 CEO 有较强的临场应变能力，不仅要能说，还要具有较强的幽默感，否则很难取得预期的效果。

(3) 品牌 + 直播 + 企业日常。社交时代，营销强调说人话、拟人化。普通客户分享自己的生活点滴，品牌分享自己正在做的事，正成为与公众建立更密切关系的社交方式，而且帷幕背后往往隐藏着精彩。但如何从琐碎枯燥中挖掘出具有吸引力的素材、故事，则是对公关、营销人员的一大考验。

(4) 品牌 + 直播 + 深互动。虽然业界对直播营销还处于探索阶段，但直播营销的最大优势在于它能带给客户更直接、更亲近的使用体验，甚至可以做到零距离互动，这是目前其他平台所无法实现的。并且，在与客户互动上，前面三种直播营销的互动模式还仅仅停留在打赏、送花、评论等表面上；但在第四种模式下，观看直播的所有客户均能通过聊天输入上下左右键来控制视频中人物的下一步行动等，这将直播的互动作用表现得淋漓尽致。

4．直播营销的方法

直播营销的方法多种多样。根据自身产品或服务的特点，结合自身条件，选择合适的直播营销方法，是获得客户的关键。常用的直播营销方法有以下七种：

(1) 直播 + 电商。这种方法在各种网络店铺中非常流行。网络店铺通过直播的方式介绍店内的产品、教授知识或分享经验，以此吸引客户的关注，进而增加店铺的浏览量。

(2) 直播 + 发布会。这种方法多用于品牌产品的新品发布，通过直播新品发布会吸引客户注意力，经电商平台转化为购买力。

(3) 直播 + 深互动。通过直播平台招募感兴趣的客户参与进来进行互动，不仅满足了客户的好奇心，还极大地推广了产品，让客户更加了解产品。这种方法适合于体验感较强的产品(或服务)，如饮食、按摩、美容产品(或服务)等。

(4) 直播 + 内容营销。这种方法下，直播内容是直播吸引关注度的重要因素，“内容为王”，好的内容是关键。好的内容即内容本身比较新奇、有趣，足够引起观看者的兴趣，如野外探险活动、农产品销售等。

(5) 直播 + 广告植入。这种方法适合那些产品(或服务)的客户群体与观看直播的观众高度吻合的直播情境，常常能收到较满意的效果。如在某足球比赛直播过程中，植入饮料广告或足球服装广告等。

(6) 直播 + 个人 IP。这种方法适合以个人为单位的网红，他们通过此方法利用自身积累的粉丝在直播平台吸引更多的粉丝。

(7) 直播 + 品牌 + 明星。这种方法是指品牌产品联合其代言人在特定时刻进行直播，吸引粉丝观看，联合电商平台进行售买。使用这种方法时，无论是品牌产品还是明星都需要较大的投入，因此其适合知名度较高的企业或实用性较强的产品(或服务)。

(二) 操作准备

(1) 了解直播营销的定义、兴起的原因及优势。

(2) 理解直播营销的模式。

(3) 掌握直播营销的方法。

(4) 能够根据实际情况设计直播营销活动。

(5) 能够根据实际情况组织实施直播营销活动。

(三) 任务要领

1. 明确直播营销的目的

明确直播营销的目的就是要知道通过这场直播需要完成的销售目标、现场期望达到的观众数量等信息。目的明确，行动才有方向，评价才有参考与依据。

2. 选择合适的直播形式和平台

实践中直播形式、直播平台多种多样，不同的直播形式、直播平台有着不同的特点和适用场合。根据直播营销的目的、产品及公司的实际情况，选择适合自己的直播形式和平台，是直播营销成功的关键之一。

3. 精心布置直播场景

根据直播主题精心布置直播场景，不仅可形成直播亮点，还可提升直播效率。布置直播场景包括物理场景的布置和人员的布置。物理场景的布置主要包括直播场所的背景布置、产品摆放等；人员的布置即直播营销人员的分组，包括道具组、渠道组、内容组、摄制组等，明确各个项目组的负责人、成员及各自的职责等，以保证整个直播营销活动顺利而有效地开展。

4. 把准时间节点

时间节点包括直播的整体时间节点和项目组的时间节点。直播的整体时间节点包括开始时间、结束时间、前期筹备时间、发酵时间等。把准整体时间节点有利于所有参与者对直播有整体的印象。项目组的时间节点是指道具组、渠道组、内容组、摄制组等的任务截止时间。把准项目组的时间节点可以较有效地防止出现因个别项目组在个别环节上延期而导致整个直播营销的延迟。

5. 有针对性地进行大力宣传

在直播营销中，直播平台在线人数是有限的。为了达到更好的营销效果，在直播活动开始前，根据准客户触达的方式，通过准客户喜欢的形式，以准客户所能承受的最大宣传频率，有针对性地大力进行前期宣传，也具有十分重要的意义。

三、任务实施

(一) 任务流程

直播营销业务工作流程如图 4-3-1 所示。

准备直播营销活动 ⇨ 设计直播营销活动 ⇨ 实施直播营销活动

图 4-3-1 直播营销业务工作流程

直播营销业务工作流程说明如表 4-3-1 所示。

表 4-3-1 直播营销业务工作流程说明

工作序号	工作任务	操作指导	注意事项	对接部门
1	准备直播营销活动	进行精准的市场调研；分析项目自身优缺点；定位市场受众；选择直播平台	充分调研，深刻了解客户需要；找到合适的受众；充分发挥自身的优势	客户市场调研部门
2	设计直播营销活动	分析常见的客户心理；合理控制直播时间；选择恰当的直播场景；设计有效的卖货方式	以客户为中心，立足自身实际，保持自身特色	市场营销策划部门
3	实施直播营销活动	掌握直播带货方法；理解并掌握直播技巧；掌握直播评论区互动技巧	以客户为中心，营造健康、有趣、良性互动的直播氛围	客户服务部门和市场营销部门

(二) 任务操作

1. 准备直播营销活动

(1) 进行精确的市场调研。直播前应进行精确的市场调研，以深刻了解客户需要什么，我们能够提供什么，同时尽量避免同质化的竞争，从而做出真正让客户喜欢的营销方案。

(2) 分析项目自身优缺点。对于营销直播，通常只要经费充足，人脉资源丰富，就可以有效地实施任何想法。但大多数公司和企业往往没有充足的资金和人脉储备，因此，就需要充分发挥自身的优势，以便扬长避短，不断进步。

(3) 定位市场受众。能够产生结果才是一个有价值的营销。实践中，只有找到合适的受众，明确受众是谁，他们能够接受什么，即做好市场受众定位，直播营销才能受到客户的喜爱。

(4) 选择直播平台。直播平台种类多样，不同的平台有不同的特点，选择合适的直播平台对于直播营销来说也是非常关键的。

2. 设计直播营销活动

设计直播活动

1) 分析常见的客户心理

直播活动的设计和实施必须始终“以客户为中心”，只有牢牢抓住客户的心理，做到有的放矢，才能取得超乎寻常的效果。实践中，常见的客户心理有以下几种：

(1) 短缺心理。“限时秒杀”“仅有 500 件”“孤品限定”“备注××获得优惠”“倒数上架”等限定促销，就是捕捉了消费者的短缺心理，使消费者对直播间的产品或让利产生短缺感。

(2) 从众心理。直播中主播往往会告诉消费者是“自用款”“亲测款”“试用过的”，以增加真实性和说服力，获取客户的信任，激发其从众心理并影响其购买决策。同时在直播过程中，主播会不断地提醒客户有多少人下单了，还剩多少等，这也是充分利用了客户的从众心理，以刺激客户冲动性购买。

(3) 对照心理。通过原价和现价的对比以及同款不同品牌产品(或服务)的对比等方式，给客户的购买提供一定的参考，这既满足了客户受尊重的需要，又强化了客户的参与感和自我实现的需要，让客户买得放心。

(4) 贪利心理。直播中采取的各种促销工具和让利手段就是要激发客户的贪利之心，认为自己得到了便宜。这在一定程度上提升了客户的感知度和体验度，进而提升了客户的满意度。

2) 合理控制直播时间

在直播过程中，根据直播间同时在线的人数、产品的点击转化率以及客户对活动的支持程度，主播可选择进行重点演绎，灵活而合理地控制直播时间，以提高直播的效果和效率。例如，对于呼声较高的某个产品(或服务)，可安排主播在最后一小时的时候进行返场演绎；对于销售数据高的产品(或服务)，适当延长产品(或服务)介绍时间、购买时间等。

3) 选择恰当的直播场景

直播的主要形式是固定的，但商家可以通过在不同的场景进行直播来达到不同的效果。商家常用的直播场景有以下四种：

(1) 门店直播。很多对自家门店装修有自信的实体店商家喜欢用门店直播，除了能卖货，还能直接向观看者展示自家门店，让观看者对门店环境产生兴趣，从而引流到线下门店消费。同时，门店的存在也能加深消费者的信任。

(2) 仓库直播。仓库直播能够向消费者展现商家产品供应链的实力，同时仓库干净舒适的环境也能给观众带来很好的感官体验，可提升对产品的好感。

(3) 原产地直播。原产地直播更适合农产品或者生鲜类产品。通过直面原产地，能够让观看者更加有感触，同时使他们相信食品的健康性，相信来源有保障，最终促成交易。

(4) 直播间直播。主题直播打造也是一种不错的方式，根据直播内容去搭建相匹配的直播间，可以让观众更有代入感。当然，如果想搭建比较好的场景，成本也会比前几种高一些，适合规模稍微大一些的直播。

4) 设计有效的卖货方式

不仅在不同场景中进行直播可以收到不同的直播效果，而且不同的卖货方式也会带来不一样的直播效果。商家常用的卖货方式有以下三种：

(1) 砍价式直播。砍价式直播主要是和产品商家打配合的一种形式，即通过向消费者展现各个产品的特征以及优缺点，征询消费者意愿，现场和产品商家砍价，最后以成交价卖给消费者。这种方式比较有趣味性。当然，这种卖货方式对主播和出镜的商家人员的口才要求会高一些。

(2) 秒杀式直播。秒杀式直播是主播用得比较多的方式，通过秒杀的形式给消费者营造一种紧张的气氛，通过持续降低产品总数以及利用一些话术刺激消费者产生消费行为，提高产品销量。

(3) 网红效应直播。网红效应对于直播来说还是有很大作用的，尤其是在平台引流时。素人的影响和网红比起来微乎其微，但若是在私域流量直播，网红效应就显得没那么重要了。因为在私域流量下，针对的都是产品自身的粉丝，本身的客户定位就很精准，网红效应的必要性就大大降低了，而且如果网红对产品不够了解，直播效果可能还不如产品方的员工自己直播。

3. 实施直播营销活动

实施直播活动

1) 掌握直播带货五步销售法

直播带货作为电子商务营销模式是有规律可循的。具体来说，可从以下五步着手：

(1) 提出问题。随着人们生活水平的不断提高，大部分需求并没有那么“紧迫”和“明确”，不少客户甚至根本就没有“紧迫”或是非常明确的需求。因此，提出客户痛点及需求，能让客户明确自己的需求，更能激起客户满足自己需求的意识。

(2) 放大问题。把客户遇到的问题放大，可进一步突出客户需求的必要性和“紧迫”性，进而强化客户满足自己需求的欲望。放大问题要全面和最大化，但不要夸大其词，而应点到为止。

(3) 引入产品。激起客户的需求欲后，满足客户需求、为客户解决问题自然就成了客户所想。因此，以解决客户问题为出发点，引入产品也就顺理成章了。

(4) 提升高度。向客户详细介绍产品或服务，并通过行业、产业、品牌、原料、过程、后勤等其他视角增加产品或服务本身的附加值，从而让客户对产品或服务产生一个仰视的心理态度，以提升产品或服务形象。这样不仅可以进一步消除客户的疑虑，而且还可以进一步坚定客户的购买欲。

(5) 降低门槛。讨价还价不仅体现了对客户的尊重，更提升了客户的体验感，拉近了与客户的距离。因此，向客户讲解特别是兴奋地讲解优惠信息、渠道优势、独家稀有、紧缺性等，可降低客户最后的购买心理防线。这对于直播带货而言也是非常关键的。很多主播到最后都会很激动，会兴奋地告诉大家优惠信息，并吆喝着：“买它，买它！”

2) 理解并掌握直播技巧

直播营销要想获得满意的效果，主播不仅要根据企业及产品(或服务)的实际选用恰当的模式、方法，还要掌握一定的技巧。

(1) 货比三家。为了营造有利的抢购氛围，主播必须足够了解产品(或服务)，并通过对比同品类不同品牌的产品(或服务)，凸显自身产品(或服务)的优势，如商品独特的外观设计、超强的功能、过硬的质量保证等。另外，通过配合各种直播时间限制优惠活动，如秒杀、优惠券等，可以减少客户犹豫或选择的时间，营造出即将抢购一空的气氛，从而刺激客户下单购买。

(2) 趣味实验演示。直播中除了真人演示，主播还可以通过趣味实验间接展示产品(或服务)的核心卖点和属性。这样不仅可以增强客户对产品的信任度，还可以带动直播间的气氛，从而让直播变得有趣、活跃。

(3) 善于沟通交流。主播只有善于表达，精于表达，会讲故事，会作类比，才能让讲解变得更加具有感染力，客户才不会有一种被推销感。特别值得注意的是，主播与客户之间进行沟通交流时要保持主线，不能偏离产品的核心卖点，只有这样才能保证交流的互动价值，并且客户也愿意接受。

3) 掌握直播评论区互动技巧

掌握直播评论区互动技巧不仅影响着客户的购买热情，而且关系到客户是否能够留存转化。进行好直播评论区互动，应掌握以下四个技巧：

(1) 要及时回答客户提出的产品问题，如果来不及，应截图保存稍后再回答。

(2) 回答客户问题时要有耐心，应与提问者站在同一高度，以拉近与客户的距离，满足客户的受尊重感。

(3) 选择性过滤。对于主播而言，客户或许有千千万万，且素质参差不齐。因此，对于一些骚扰问题，主播可以选择性过滤，不予理会。

(4) 稍后私聊或战略性回避。主播不可能是无所不知、无所不晓的。面对回答不了的问题时，主播可以选择稍后私聊或战略性回避问题。

四、任务评价

直播营销业务管理任务评价表如表 4-3-2 所示。

表 4-3-2　直播营销业务管理任务评价表

任 务 清 单	完成情况
查阅直播营销相关案例	
查阅直播营销相关管理规定	
分析直播营销流程	
分析直播活动的设计要点	
分析直播活动的实施步骤	
分析直播营销的发展趋势	

知识拓展

直播场景搭建与布置

任务四　创新呼出型客户服务——数智外呼

随着互联网、人工智能等科学技术的不断发展，面对人工成本的不断上升和竞争日趋激烈的市场，数智外呼作为一种新兴的商业服务模式，其技术与模式已被广泛应用于企业客户服务、营销等领域。数智外呼因极大地节省了企业呼出型客户服务的成本和极大地提高了呼出型客户服务的效果和效率而备受企业青睐。

一、任务情境

(一) 任务场景

某外贸服务平台有5000万名会员，但以短信或电话等通知这些会员平台活动或给这些会员推送产品或服务信息时，电话接通率、短信打开率都较低，不仅流量费用高，客户服务成本攀升，而且难以实现精准推送、精准营销，此外客户品牌忠诚度低，营销无法得到量化。为此，平台经理召集平台高层管理人员商议引进数智呼出型客户服务与管理系统。

(二) 任务布置

为实现数智呼出型客户服务与管理，平台请来某知名数智客户服务与管理专家为平台开发和设计一款数智呼出型客户服务与管理系统。

(1) 明确公司数智呼出型客户服务与管理的需求。

(2) 界定数智呼出型客户服务与管理的应用场景。

(3) 开发和设计数智客户服务与管理系统。

(4) 测试和调整数智客户服务与管理系统。

(5) 培训员工使用数智客户服务与管理系统。

二、任务准备

(一) 知识准备

知识点：数智呼出型客户服务与管理

1. 数智呼出型客户服务与管理的概念

数智呼出型客户服务与管理，简称数智外呼，是一种能够自主完成复杂呼出型任务的系统，通过预设的呼叫流程和自动化的语音交互，实现多种场景下的呼出型需求。数智呼出型客户与管理通过语音识别(ASR)、文本转录音(TTS)和自然语言理解(NLP)模型等技术，在不同的场景下自动合成企业所需的业务话术，自动外拨客户电话，通过数智交互完成与客户的互动，从而对客户进行服务和管理。

数智呼出型客户服务与管理系统作为企业的数智外呼系统，既可用于销售和营销领域，又可用于公益事业的宣传和服务等。在销售和营销领域，数智呼出型客户服务与管理系统的工作方式主要包括电话营销和呼叫中心两种。在电话营销中，通过数智呼出型客户服务与管理系统发送语音信息、图文信息或视频信息，进行信息传递，宣传产品和服务。呼叫中心是通过数智呼出型客户服务与管理系统实现对客户的接触，进行售后服务、客户关系维护等。

2. 数智呼出型客户服务与管理的功能

数智呼出型客户服务与管理的技术原理是通过计算机程序自动化地进行呼出型客户服务尤其是电话营销服务和呼出型客户服务与管理。

1) 数智呼出型客户服务的主要功能

数智呼出型客户服务在呼出型服务尤其是电话营销服务中，其主要功能包括自动外呼、语音识别、大数据分析、数智推荐等。

(1) 自动外呼。自动外呼功能包括自动拨号、自动接听和自动挂断，节省了人工外呼的大量时间，降低了人力和时间成本。

(2) 语音识别。数智呼出型客户服务与管理配备了高质量的语音识别技术，不仅可以听取客户声音并将其转化为文字，实现自动化的客户信息录入，还可以有效识别客户的需求，并自动回复客户提出的问题。

(3) 大数据分析。数智呼出型客户服务与管理可以通过大数据分析技术，综合客户的历史数据和行为模式，分析客户的需求和兴趣点，为客户提供个性化的服务建议。

(4) 数智推荐。数智呼出型客户服务与管理能够根据客户的需求和行为模式，自动推送相关的产品信息或营销策略，实现数智化、个性化的营销服务。例如，数智呼出型客户服务与管理能够自动跟踪客户的情况，并及时回访。

2) 数智呼出型客户服务与管理的主要功能

数智呼出型客户服务与管理的主要功能包括呼叫管理、语音交互、业务处理、数据分析等多个方面。

(1) 呼叫管理。呼叫管理功能涵盖了呼叫调度、呼叫记录、呼叫监控等，能够实现对呼出型业务的全面管理和实时监测。

(2) 语音交互。语音交互功能可以根据不同场景下的需求，灵活定制语音提示、内容选择等，从而提高客户接听率和保障沟通效果。

(3) 业务处理。业务处理功能将外呼流程和关键指标设置为业务规则，从而实现自动识别和处理拨打对象的功能，更加高效地完成各种呼出任务。

(4) 数据分析。数据分析功能能够对外呼过程中产生的数据进行收集、整合、分析和反馈，为后续决策提供可靠的依据。

3．数智呼出型客户服务与管理的优势

相比传统呼出型客户服务与管理，数智呼出型客户服务与管理具有以下优势：

(1) 高效。数智呼出型客户服务与管理可以呼叫大量潜在的客户，实现高效的呼出服务与管理。

(2) 成本低。数智呼出型客户服务与管理采用自动化技术，降低了人力和时间成本。

(3) 定向性强。数智呼出型客户服务与管理根据客户信息和消费习惯进行客户分类，实现了精细化服务与管理。

(4) 交互性好。数智呼出型客户服务与管理通过语音、图片、文字等多种形式交互，可以更好地与客户对接，提高客户满意度。

4．数智呼出型客户服务与管理的应用场景

数智呼出型客户服务与管理可以应用于企业客户资源管理、市场推广和客户关系维护等领域，可以有效地帮助企业提高客户资源利用率，提高市场推广效果，增强客户关系维护能力。

1) 企业客户资源管理

企业通过数智呼出型客户服务与管理对客户资源进行管理，可以有效地提高客户满意度，降低客户流失率，增加客户黏性。数智呼出型客户服务与管理不仅可以成为企业与客户沟通产品或服务的情感桥梁，还能以“会员节”、生日活动等为契机，主动跟客户进行互动，搭建品牌与客户的情感体系，实现客户体验和业绩增长的双赢。数智呼出型客户服务与管理以“数据 + 数智”为重点，凭借海量客户数据积累和前沿的AI技术实力，准确地识别客户的真实意图，把握客户的话术偏好，判断客户的高概率接通时段，倾听客户心声，进而使客户对品牌产生更高的忠诚度和信赖感。

2) 市场推广和客户关系维护

数智呼出型客户服务与管理一方面可实现大量外呼的规模优势，扩大样本量，分析客户数据；另一方面，还可通过问卷调研的形式售后回访客户，记录客户的产品需求、购买决策点、未来期待等，不仅能提升客户服务体验，还能帮助企业获取客户真实的互动信息。借助大数据技术，数智呼出型客户服务与管理对企业客户数据进行分类和客户分级，并根据客户分级，对客户进行精准推送，从而有效地对企业市场推广活动进行综合利用，进而更数智、更高效、更到位，让企业品牌在营销效率和效果、成本和体验之间找到一个平衡点，帮助企业品牌在日益复杂和充满竞争的市场中取胜。

5. 相关法律法规及有关规定

本任务涉及的相关法律法规有《中华人民共和国个人信息保护法》《中华人民共和国网络安全法》《中华人民共和国数据安全法》《常见类型移动互联网应用程序必要个人信息范围规定》《关于开展App违法违规收集使用个人信息专项治理的公告》《最高人民法院、最高人民检察院关于办理非法利用信息网络、帮助信息网络犯罪活动等刑事案件适用法律若干问题的解释》等。

(二) 操作准备

(1) 了解数智呼出型客户服务与管理的概念。

(2) 理解数智呼出型客户服务与管理的功能。

(3) 熟悉数智呼出型客户服务与管理的应用场景。

(三) 任务要领

数智呼出型客户服务与管理的目标是通过数智化的技术手段，帮助企业和机构在销售、服务、宣传等多个方面提高效率和成效，同时实现对人力和时间的优化利用。接口多样化、保障数据安全和系统具有扩展性是其持续发挥作用之根本。

1. 接口多样化

数智呼出型客户服务与管理接口应该能够与各种固定电话、手机、网络等呼叫渠道进行集成，实现呼叫的全面覆盖。

2. 保障数据安全

数智呼出型客户服务与管理能够对外呼过程和数据进行加密等，保证客户信息的安全和机密性。

3．系统具有扩展性

数智呼出型客户服务与管理能够根据客户需求，进行系统自定义和功能优化，满足不同场景下的多样化呼叫需求。

三、任务实施

（一）任务流程

数智呼出型客户服务与管理分为外呼数据获取和外呼动作发起两个阶段。外呼数据获取阶段要完成的任务有两项：一是将收集到的客户资料统一归整到电子表格中；二是将电子表格中的客户资料导入数智呼出型客户服务与管理系统。外呼动作发起阶段要完成的任务有三项：首先，触发自动拨号，完成一键外呼任务；其次，在接通客户后，与客户进行沟通互动，在与客户沟通互动过程中数智呼出型客户服务与管理系统自动记录互动信息数据；最后，沟通互动结束后，数智呼出型客户服务与管理系统借助大数据技术对相关客户服务信息进行大数据分析，并自动反馈分析结果以为有关决策提供依据。

数智呼出型客户服务与管理业务流程如图 4-4-1 所示。

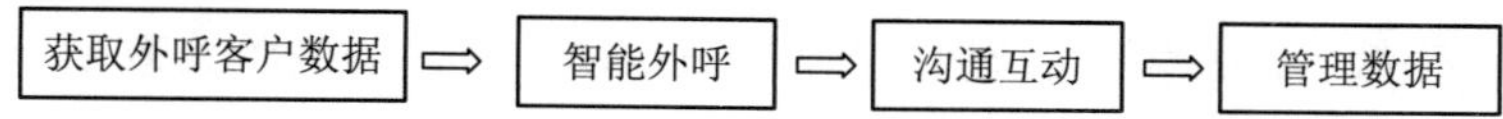

图 4-4-1　数智呼出型客户服务与管理业务流程

数智呼出型客户服务与管理业务流程说明如表 4-4-1 所示。

表 4-4-1　数智呼出型客户服务与管理业务流程说明

工作序号	工作任务	操作指导	注意事项	备　注
1	获取外呼客户数据	导入客户名单	格式规范，关键资料完整、准确	
2	智能呼出	通过语音或按键完成一键触发	接口多样化、自动化、高效	自动外呼、批量外呼
3	沟通互动	有效识别客户的需求，自动回复客户提出的问题	数智、精准识别、个性化建议	语音识别、自然语言处理、大数据分析、数智推荐
4	管理数据	收集呼出过程中产生的数据，整合呼出过程中产生的数据，分析呼出过程中产生的数据，反馈统计分析结果	数智、安全、可靠	大数据分析

（二）任务操作

1．获取外呼客户数据

获取外呼客户数据包括内部获取数据和外部公开的工商数据。内部获取数据主要是企业积累的客户数据，包括但不限于企业会员数据、沉睡客户数据及线索客户数据，可以利用这些数据赋予客户新的价值。外部公开的工商数据在网上可以查询到，数智呼出型客户服务与管理系统通过系统自带的数智数据抓取工具将数据自动导入数智呼出型客户服务与管理客户数据库。

2. 智能呼出

一直以来，呼出是客户服务与管理的常用手段。随着呼出业务量的不断增长，智能呼出已经成了企业提升呼出效果和效率的不二之选。智能呼出常用的方式包括手动呼出、预览式呼出、预测式呼出、机器人呼出和人机耦合呼出。

(1) 手动呼出：将客户名单分配给人工客户服务人员，由人工客户服务人员手动点击客户号码进行一键呼出。

(2) 预览式呼出：将选定的客户名单分配给人工客户服务人员后，系统会以自动弹屏方式将外呼客户的信息推送给人工客户服务人员，由人工客户服务人员预览并选择是否发起呼叫，且在人工客户服务人员挂断后自动挑选下一个客户，整个外呼过程需要由人工客户服务人员决定是否拨号。这种方式比较适合呼出业务量少的企业。预览式呼出具有客户状态识别、号码选择和自动备载的优势。首先，数智呼出型客户服务与管理系统可以通过彩铃识别被呼叫的客户的状态，从而减少无效拨打。其次，数智呼出型客户服务与管理系统可以根据外呼地区、业务类型选择匹配号码，提高接通率。最后，数智呼出型客户服务与管理系统能够感知号码故障，自动切换，从而自动备载，提高呼出效率。

(3) 预测式呼出：由系统监测人工客户服务人员的实时状态，通过算法预测将会有多少人工客户服务人员进入空闲状态，按照空闲人工客户服务人员的数量预先批量外呼客户，并且快速判断外呼客户的状态(如号码是否存在空号、关机、拒接、挂断等情况)，预先过滤无效号码，号码接通即可转给空闲的人工客户服务人员进行接待。预测式呼出过程由系统自动进行，无需人工进行干预拨号。企业需进行大批量外呼时，选择预测式呼出方式的效率更高。预测式呼出具有“三更”优势：① “更准”的预测，预测式呼出利用大数据技术对客户号码的状态、归属地、固话/手机等多维度号码进行大数据分析，从而提高预测的精准度；② “更强”的能力，在人工智能的支持下，预测式呼出可同时支持多任务、多批次、大批量的外呼任务；③ “更快”见结果，预测式呼出可实时监测、实时查看任务执行明细。

(4) 机器人呼出：将选定的外呼客户名单交给 AI 机器人，由机器人自行呼出，接通后由机器人进行服务。

(5) 人机耦合呼出：将待定的外呼客户名单给人工客户服务人员后，由机器人根据配置好的外呼模板进行外呼，接通后先由机器人进行服务，监测到有意向的客户后再由人工客户服务人员无缝切入。

3. 沟通互动

数智呼出型客户服务与管理系统的沟通互动通常包含客户接听、数智客户服务机器人自动响应、客户应答/动作、客户/数智客户服务机器人挂机四个环节，各环节由数智呼出型客户服务与管理系统整体串联起来进行运作。

(1) 客户接听。沟通互动开始时，数智呼出型客户服务与管理系统需要识别客户接听信号，并自动记录和反馈相关信息数据。

(2) 数智客户服务机器人自动响应。数智呼出型客户服务与管理系统根据客户应答，识别客户意图或动作，并根据数智呼出型客户服务与管理系统预设的任务流和策略给出响应话术。

(3) 客户应答/动作。数智呼出型客户服务与管理系统对客户的意图和动作进行精准识别，并自动记录客户状态，以便进行下一步策略的设置。

(4) 客户/数智客户服务机器人挂机。当数智呼出型客户服务与管理系统走完任务流时，数智呼出型客户服务与管理系统会主动挂断，或客户提前挂断，沟通互动结束。

4. 管理数据

借助人工智能、大数据等技术，数智呼出型客户服务与管理系统可以根据企业的需要，对客户信息资料进行不同维度的统计和分析。

(1) 客户资源库。数智呼出型客户服务与管理系统内置的客户信息资料可根据需要导入或导出，方便企业管理。

(2) 客户信息。客户信息包括客户的基础资料、客户联系记录、通话录音、通话时长、通话次数等。

(3) 意向客户管理。数智呼出型客户服务与管理系统通过自定义规则，筛选出意向客户，并且可以对意向客户进行二次筛选。

(4) 话术模板。数智呼出型客户服务与管理系统根据企业自身业务需求，自定义话术模板。

(5) 人工客户服务人员管理。数智呼出型客户服务与管理系统监控人工客户服务人员实时在线状态，包括进行人工客户服务人员在线状态统计、实时通话时长统计及实时在线人数统计。

(6) 报表管理。报表包括人工客户服务人员统计报表、通话记录报表、外呼记录报表等。数智呼出型客户服务与管理系统将与客户沟通互动过程中获得的客户数据进行挖掘，以分析出客户的年龄段、消费习惯、行为偏好等数据，构建客户画像，从而为客户服务与管理提供决策反馈和反馈依据。

四、任务评价

数智呼出型客户服务与管理任务评价表如表 4-4-2 所示。

表 4-4-2　数智呼出型客户服务与管理任务评价表

任 务 清 单	完成情况
查阅数智呼出型客户服务与管理系统案例	
分析数智呼出型客户服务与管理系统业务流程	
分析数智呼出型客户服务与管理系统的特点及任务要点	
查阅数智呼出型客户服务与管理系统的应用领域	
分析数智呼出型客户服务与管理系统的操作流程	

知识拓展

数智呼出型客户服务与管理的发展前景与挑战

复习与思考

1. 什么是话术？话术脚本设计技巧有哪些？
2. 什么是FABE法则？介绍产品的技巧有哪些？
3. 呼出型客户服务与管理的业务范围是什么？呼出型客户服务与管理有何特点？
4. 简述直播营销的流程。
5. 数智呼出型客户服务与管理有哪些功能？数智呼出型客户服务与管理的优势是什么？

课后练习

项目五　客户服务现场管理

知识目标

(1) 理解客户服务现场管理、突发事件、客户服务现场指导的概念；
(2) 掌握客户服务现场管理的内容；
(3) 掌握客户服务现场管理的方法；
(4) 熟悉突发事件的应对措施及客户服务现场指导的具体运作；
(5) 了解数智客户服务现场管理的概念；
(6) 理解数智客户服务现场管理的意义；
(7) 熟悉数智客户服务现场管理的操作。

技能目标

(1) 能够根据实际，熟练应用走动式管理、6S 现场管理及班前班后会对客户服务现场进行有效管理；
(2) 能够有效应对突发事件；
(3) 能够初步对客户服务现场进行有效指导；
(4) 能够充分发挥大数据、人工智能等现代技术在客户服务现场管理中的作用。

素养目标

(1) 沉着、稳重，具有职业责任感和大局观；
(2) 诚信、敬业，能够指导客户服务人员现场操作；
(3) 开拓、创新，具有创新思维和批判精神；
(4) 培养和提升精益求精的工匠精神。

思政园地：科学方法论，做好客户服务现场管理

客户服务现场是公司客户服务的战场，如何运筹帷幄对现场进行规范管理是让客户满意的根本和保障。如同战场上

需要执行官一样，客户服务现场需要配备能够掌控现场并有效应对各种变化的现场管理人员。客户服务现场管理人员既要心中有客户，更要眼中有员工，要能够结合客户及客户服务人员的实际进行人性化监督与指导。

任务一　认识客户服务现场管理

舒适的环境、良好的秩序、和谐的工作氛围有利于工作顺利进行，优质的客户服务现场管理能提升企业客户服务质量和企业品牌形象。企业客户服务与管理人员通过现场管理不仅能加强和团队成员之间的交流与沟通，更能准确地了解和掌握客户服务现场整体运行情况。

一、任务情境

(一) 任务场景

深圳某外贸服务公司于2017年成立，随着公司规模的不断扩大，为了塑造公司形象，打造公司品牌，不断提高客户服务质量，公司决定加强客户服务现场管理。

(二) 任务布置

公司请来某知名客户服务现场管理专家为公司客户服务人员进行相关的业务指导和训练。

(1) 了解客户服务现场管理现状，确定训练内容，准备相关资料。

(2) 组织和实施相关训练。

(3) 指导客户服务现场管理人员开展现场管理。

二、任务准备

客户服务现场管理

(一) 知识准备

知识点：客户服务现场管理

客户服务现场管理是客户服务管理人员根据公司事先设定的质量标准或工作要求，在客户服务现场或通过多媒体数字监控手段对执行服务的人员、设备、工作流程、环境等进行实时监控和管理，预测服务现场潜在的问题，发现服务现场存在的问题并随时制订解决方案，进而改善服务方法、作业流程、思维方式、工作环境，从而提升服务质量的管理过程。

客户服务现场管理是规范客户服务的基础，是提升客户服务质量的必要条件。客户服务现场管理通常包括以下六个方面的内容。

1. 业务支撑

业务支撑是为了保证客户服务人员所提供业务的知识正确且一致。业务支撑通常包括传递新业务知识或信息、解答疑难问题、处理疑难投诉等。客户服务现场管理人员不仅需要对客户服务人员提出的各类问题进行及时的业务解答，还要针对客户服务人员工作中存在的问题进行针对性的分析、沟通和总结，以帮助客户服务人员发现自身存在的问题，找到今后改进的地方，进而激发客户服务人员主动成长。

2. 质量控制

对客户服务工作质量进行控制是为了保证客户服务人员所提供服务的质量与向客户承诺的一致。质量控制主要包括远程监控、现场监控和辅导。客户服务现场管理要保证客户服务人员所具有的知识及表达能力均处于合格水平。客户服务现场管理人员要通过监听掌握客户服务人员的状态信息，对客户服务人员的语言表达能力、专业知识、服务技巧、应变技巧、呼叫控制能力和责任心等方面进行全方位监控，及时反馈、处理问题，以保证为客户提供高质量的客户服务。

3. 人员调配

通过客户现场管理合理调配客户服务人员，以有效保证客户服务目标的实现。人员调配包括业务量预测、人员排班、实时关注服务目标的达成情况、工作休息管理、员工工作效率管理。当需要服务的客户突然增多时，应调动所有资源以确保服务目标的达成。无论是电话客户服务、网络客户服务还是线下现场客户服务，都可能会遇到客户较多的高峰期。不管是哪种形式的客户，都希望能尽快得到客户服务人员的热情服务。因此，实时监控服务等待及做好相应的人员调配，不仅是缩短客户等待时间的举措，更是保证服务质量的重要措施。客户服务现场管理人员必须清楚客户等待的极限时间是多久，最长的等待时间是否超出客户体验的极限；还要知道目前客户服务水平、平均服务速度与规定目标是否有差距及差距是多少；客户服务人员目前的状态如何；列队等待服务的客户数量是否在控制范围之内以及是否执行必要的升级措施，如安排组长、质检或技术人员等协助处理客户问题，安排专人处理客户的共性问题等。

4. 团队建设

客户服务现场的团队建设就是在烦琐、枯燥的工作中，努力让团队所有人员始终保持较高的工作热情和积极的工作态度。其工作范围包括时刻关注现场动态，充分调动员工积极性；关注员工情绪变化，对员工不良情绪及时进行干预；创造轻松、愉快的工作氛围。客户服务现场管理人员尤其要注意客户服务人员的情绪波动，必要时给予帮助或纠正。客户服务现场管理人员可通过以下方式对客户服务人员的情绪进行管理：① 开晨会，观察客户服务人员的情绪状态以便发现问题；② 提醒客户服务人员互相观察并相互提醒、帮助；③ 在现场实际管理场景中，适当与客户服务人员进行交流或通过现场巡视进行观察，发现问题时应及时处理；④ 通过考察客户服务人员的业绩时段、时间周期、个人问题等因素，发现和掌握客户服务人员的“情绪周期”并进行相应的预防和应对。

5. 日常事务

对客户服务人员的例会、考勤等日常事务进行管理是保证客户服务质量和达成服务目标的基础。日常事务管理主要包括例会管理、交接班管理、考勤管理、行为规范管理、职场的工作环境管理(如随时检查工作现场环境卫生和物品摆放是否整齐)以及其他行政事务管理。日常事务管理还包括对现场系统和设备的维护，以保证客户服务正常有效地进行，而当遇到解决不了的问题时，应联系相关部门和人员及时排除故障，对有关故障的时间、故障情况及故障初步处理措施等进行详细记录和备案。

6. 突发事件

积极而有效地应对客户服务现场技术、人员、业务、不可抗力等方面的突发事件，以减少突发事件对客户服务质量和服务目标达成的影响。主要工作包括：按照应急预案，果断采取行动；对业务上的突发事件，制定统一口径，保证服务质量；不可抗力发生时，应稳定员工情绪，组织现场员工安全撤离危险场所。

(二) 操作准备

(1) 了解客户服务现场管理的概念。

(2) 理解客户服务现场管理的内容。

(3) 掌握客户服务现场管理的要点。

(三) 任务要领

客户服务现场管理就是要让整个客户服务现场处于受控制的状态，现场出现的问题要立即解决。客户服务现场管理要做到一目了然、重点管理、全员参与。

1. 一目了然

在客户服务现场，必须明确客户服务人员的工作职责和工作流程，对于服务的程序、要点等要有明确的制度性规定。对客户服务现场各种服务活动的进展情况分门别类进行统计，可以用展示板、图表、提示牌等，将服务的进度、完成时间等明确地标示出来。

2. 重点管理

客户服务现场管理人员在服务现场进行管理时以走动式管理为主，而服务是一个过程，要求客户服务现场管理人员对所有的服务内容全面管理是不太现实的。因此，在日常工作中，应注重加强对现场服务关键点的管理和监控。

3. 全员参与

客户服务现场管理仅依靠管理人员是完不成的，只有现场所有的客户服务人员都参与进来，才能保证客户服务现场运作顺利进行，实现真正意义上的现场管理。客户服务现场管理过程中要充分调动所有客户服务人员参与管理的积极性，在其承担的服务内容范围内进行质量、安全和设备等方面的管理控制，定期召开现场会议，让所有客户服务人员都来参加。在现场会议上，对服务现场的现状进行说明，对存在的问题进行讨论，对客户服务人员提出的积极有效的建议予以充分肯定和采纳，以提高客户服务人员参与管理的意识和积极性。

三、任务实施

(一) 任务流程

客户服务现场管理业务流程如图 5-1-1 所示。

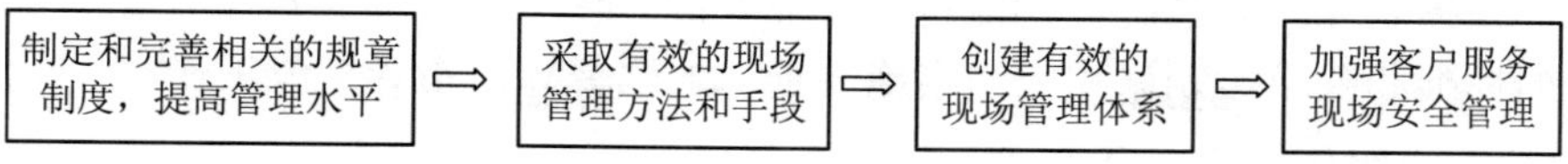

制定和完善相关的规章制度，提高管理水平 ⇨ 采取有效的现场管理方法和手段 ⇨ 创建有效的现场管理体系 ⇨ 加强客户服务现场安全管理

图 5-1-1　客户服务现场管理业务流程

客户服务现场管理业务流程说明如表 5-1-1 所示。

表 5-1-1　客户服务现场管理业务流程说明

工作序号	工作任务	操作指导	注意事项	备注
1	制定和完善相关的规章制度，提高管理水平	制定切实可行的现场管理标准、指标体系、评估内容和考核办法	与客户服务人员的实际相结合，符合企业发展需要	科学化、标准化、系统化
2	采取有效的现场管理方法和手段	根据企业发展需要，灵活应用现场管理方法和手段	以提高服务质量和增加经济效益为目的	高效化
3	创建有效的现场管理体系	制定相应目标； 根据企业具体情况，制定符合实际、便于实施的客户服务现场管理要求和细则； 根据标准和要求，制定相应的实施规划	立足企业实际，将客户服务现场管理纳入企业发展规划之中	科学化、标准化、系统化和高效化
4	加强客户服务现场安全管理	加强安全知识培训； 健全各项现场安全制度； 保证工作程序的规范化和科学化； 加强检查监督	具有安全意识，执行安全措施，遵守安全服务操作规程，承担维护安全的义务	文明、安全

(二) 任务操作

1. 制定和完善相关的规章制度，提高管理水平

客户服务现场管理的目标是实现客户服务现场活动的科学化、标准化、系统化和高效化，以达到优质、高效、文明、安全的目的。提高管理层对客户服务现场管理的认识，重视客户服务现场管理思想在客户服务与管理实践中的应用。制定切实可行的现场管理标准、指标体系、评估内容和考核办法，从而提高现场管理水平。

2. 采取有效的现场管理方法和手段

根据企业具体实际，选择符合企业需要、有企业自身特色又有效的管理方法和手段对企业客户服务现场进行有效管理，从而为提高服务质量和增加经济效益服务。

3. 创建有效的现场管理体系

将客户服务现场管理目标上升到企业的角度，在制订企业计划时，注重客户服务现场

管理目标；根据企业具体情况，制定符合企业实际、便于实施的客户服务现场管理要求和细则；根据标准和要求，制订相应的实施规划；加强督导，指导交流工作。

4. 加强客户服务现场安全管理

客户服务现场安全管理是指采取必要的防范措施，以避免任何有害于企业、客户及员工的事故发生。客户服务现场需要安全的工作条件和安全的工作行为，为了加强客户服务现场安全管理，需做到以下几点。

(1) 加强对客户服务人员安全知识的培训，强化安全意识，未经培训的客户服务人员不得进行生产和服务。

(2) 健全各项服务现场安全制度，使各项服务安全措施制度化、程序化，服务规程规范化，特别是要建立防火安全制度，做到有据可依，责任到人。

(3) 保持工作区域和服务区域的环境卫生，保证设备处于最佳运行状态，对各种设备采用定位管理等科学管理方法，以保证工作程序的规范化和科学化。

(4) 认真落实日检查、周检查制度。相关服务人员每天对设备的线路、设备设施等进行巡查，发现问题时应及时整改；每周由检查小组对所有设备设施、环境卫生、产品等进行详细检查，消除每一项隐患或潜在的危险源，真正给一线生产和服务人员创造一个安全舒适的生活和工作场所。

四、任务评价

客户服务现场管理任务评价表如表 5-1-2 所示。

表 5-1-2 客户服务现场管理任务评价表

任 务 清 单	完成情况
查阅客户服务现场管理案例	
分析客户服务现场管理业务流程	
分析客户服务现场安全技巧及注意事项	
查阅企业实际编制的客户服务现场管理标准、指标体系、评估内容和考核办法等客户服务现场管理规章制度	
尝试结合企业实际编制客户服务现场管理标准、指标体系、评估内容和考核办法等客户服务现场管理规章制度	

知识拓展

客户服务现场管理的标准化

任务二　维护客户服务现场

客户服务现场管理同其他众多管理工作一样，只要方法得当，就会收到事半功倍的效果。因此，掌握和灵活运用必要的客户服务现场管理方法，既是客户服务现场管理效果和效率的前提和保证，更是确保维护客户服务现场，提升客户感知度和体验度，进而提升客户满意度的重要一环。

一、任务情境

（一）任务场景

李欣担任客户服务专员 3 年来，其出色的工作能力是大家有目共睹的。经公司研究决定，提拔李欣为客户服务现场管理主管，全面负责公司客户服务现场管理工作。

（二）任务布置

为胜任客户服务现场管理主管的工作，李欣想尽快了解和掌握客户服务现场管理方法，具体包括：

(1) 走动式管理方法；

(2) 6S 现场管理方法；

(3) 班前班后会。

二、任务准备

（一）知识准备

知识点：走动式管理　6S 现场管理　班前班后会

1. 走动式管理

走动式管理

走动式管理，即现场管理人员通过巡场的方式了解和监督现场纪律、环境、现场工作人员工作状态等情况的一种管理方式。走动式管理方法即“下基层，搞调研”“深入实际”。当然，下基层也好，深入实际也罢，走动式管理的核心是管理者要融入员工之中，而不是在员工面前摆谱。只有融入员工之中，多到员工实际工作一线走走、看看，甚至做做，才能了解和掌握最全面、最真实的情况，才能以理服人，有效管理。

1) 走动式管理可以取得的效果

(1) 了解情况。走动式管理一来有利于即时确认运营结果，第一时间知道现场所处状况；二来可以把握真实情况，核对相应数据的真实性。以便心里有底，管理自然能有理有据，让人信服。

(2) 加强沟通。在走动中，跟下属交流就是沟通。如在一线巡视过程中，跟一线客户服务人员了解一下近来工作业务量的具体情况；或利用一线客户服务人员相对较空闲的时间顺便聊聊工作感受；等等。

(3) 交流情感。经常到一线走走、看看，哪怕没有任何的语言交流，就仅是一个现场巡走，一个眼神或是一个手势等，也是对下属工作的肯定和鼓励，是对下属工作的关心和帮助，从而进一步拉近了与下属的距离，加深了与下属的情感。

(4) 监督工作。每次一线走动，其实也是对下属工作的一次检查；并且，在走动中一旦发现突发情况，还可第一时间积极采取行动应对，从而确保现场工作的有序进行。

2) 走动式管理的禁忌

走动式管理成功的关键点是在危机意识的指导下，现场管理人员通过与一线人员的交流与沟通，从而团结和带领全体人员在平常的工作之中本着对工作负责、对公司负责之心，认真工作，从而获得应有的利益。实践中，为了充分发挥走动式管理应有的功效，应避免出现以下情况：

(1) 干扰工作。干扰工作即干扰下属的正常工作，影响下属的决策，进而给下属造成不必要的分心，从而影响下属的工作效果和效率。

(2) 越级指挥。走动式管理经常会遇到越级汇报，随即越级处理的指挥，影响下属的正常决策和工作。实践中，走动式管理不是管理者的越俎代庖。越级指挥、越俎代庖不仅会影响直接管理者的权威，更会让下属无所适从。

(3) 表象迷惑。有时候眼见并不一定为实。走动式管理中可能会使某些下属在表面工作上下功夫，迎合上司的喜欢和需要，而上司有可能被某些表象所迷惑。因此，对于走动式管理，一定要多看、多问、多想，从而避免被表象所迷惑。

(4) 流于形式。走动式管理如果没有具体工作要求、考核和标准，时间一长就很容易流于形式，为走动而走动，没有任何实效。

2. 6S 现场管理

6S 现场管理法又叫“六常法则”或“六常法”，它起源于日本，是整理(Seiri)、整顿(Seiton)、清扫(Seiso)、清洁(Seiketsu)、素养(Shitsuke)、安全(Sagety)六个单词的首字母的简称。

整理(Seiri)是将工作场所的东西进行分类处理，将其区分为必要物品与不必要物品、常用物品和非常用物品、一般物品和贵重物品等，并把不必要的物品尽快处理掉。整理是为了腾出空间，防止误用、误送，营造清爽的工作环境。

整顿(Seiton)是对非必要物品果断丢弃，对必要物品要妥善保存，使办公现场秩序井然，这样才能做到想要什么，即刻便能拿到，有效地避免寻找物品的时间浪费和手忙脚乱。

清扫(Seiso)是打扫清理各自岗位周围、公共区域等，并保持工作场所干净、整洁。清扫可以消除脏污，使岗位变得无垃圾、无灰尘、干净整洁。

清洁(Seiketsu)是通过制度化来维持整理、整顿、清扫的成果，并贯彻执行制度规定及维护结果。

素养(Shitsuke)是指通过早晚班会、培训等手段，提高全员文明礼貌水准与责任感，培养每位成员养成良好的习惯，做事遵守规则，进而塑造团队精神。

安全(Sagety)是指企业在员工工作过程中，能够在工作状态、行为、设备及管理等一系列活动中给员工带来既安全又舒适的工作环境。安全活动的开展是为了保障员工的人身安全及生产的正常运行，减少经济损失。

3. 班前班后会

班前班后会是企业实施工作任务前后进行工作组织活动的重要形式。

1) 班前会

班前会是指工作班组在工作开始前，由班组长听取班前检查汇报，讲解工作任务及所采取的安全措施，讲解安全风险、安全注意事项，进行危险点分析；对工作任务进行分配并将安全责任落实到每个人身上，对不同工作分别进行技术交底，并确认每一个班组成员都已知晓。

班前会是每个班组工作前分配工作任务的活动形式，也是一次重要的安全警示。

2) 班后会

班后会是指工作结束后，由班组长总结当天工作完成情况和安全措施落实情况，特别要查找未完成工作的原因和工作中的不安全因素，并举一反三，制订相应的防范措施，避免同类错误在今后的工作中发生。

班后会是总结当日工作经验和教训，防止类似错误重复发生，进行一次面对面的思想教育。

3) 班前班后会的意义

(1) 安全的需要。通过班前会强调安全管理、警钟长鸣，防止工作过程中各种安全事故的发生，从而为企业长期、稳定和持续的安全生产奠定坚实的基础。

(2) 工作的需要。班前会最大的特点是落实分解工作任务，以保证工作顺利有效地完成；班后会重在总结经验教训，以避免同样的事件或错误再次发生。

(3) 管理的需要。班组管理人员通过班前班后会，可以及时了解和掌握班组成员的到岗情况及工作状态，以便及时发现问题、分析问题并解决问题，提高管理的效果和效率。

(二) 操作准备

(1) 了解什么是客户服务现场管理，掌握客户服务现场管理的常用方法。

(2) 理解走动式管理、6S 现场管理、班前班后会的内涵。

(3) 能根据客户的实际灵活应用走动式管理、6S 现场管理及班前班后会。

(三) 任务要领

1. 走动式管理

应坚持“四多”原则，即多看、多听、多问、多想。

俗话说眼见为实。多看、多观察，观察员工的心态是否失衡、情绪是否正常、态度是否端正、行为是否规范、头脑是否清醒等。要细心观察，遇到老员工沉默不语时，技术人员情绪不高时，青年员工不说、不笑、不高兴时，就需要做思想工作了。

多问，即多问一线员工的真实想法。从而更多地掌握真实情况，以便采取有效的解决对策。在没有掌握充分和足够的证据之前表态不仅容易脱离实际，更会让下属有所顾忌，从而影响下属反映真实情况和真实诉求。

多想，即对一线所了解和掌握的情况多思考、多分析。透过现象看本质，是我们解决问题的关键。客户服务现场管理人员在一线现场的所见所闻多是一种现象，针对现象去思考，自然就能不断透过现象发现问题及问题的根源，进而才能真正有效地解决问题。

6S 现场管理法

2. 6S 现场管理

1) 整理

(1) 对自己的工作场所(范围)进行全面检查，包括看得到和看不到的；

(2) 制定“要”和“不要”的判别基准；

(3) 将不要的物品清除出工作场所；

(4) 调查所用物品的使用频度，以决定日常用量及放置位置；

(5) 制定废弃物处理方法；

(6) 每日自我检查。

2) 整顿

(1) 落实整理工作；

(2) 布置工作流程，确定放置场所；

(3) 规定放置方法、明确数量；

(4) 画线定位；

(5) 做好场所、物品的标识。

整顿时需要注意以下几个方面：

(1) 整顿时物品的放置场所原则上要 100%设定。

(2) 物品的保管要做到定点、定容、定量，即遵循“3 定”原则。

定点：考虑的是放在哪里合适(具备必要的存放条件，方便取用、还原放置的一个或若干个固定区域)。

定容：侧重用什么规格、什么颜色的容器(可以是不同意义上的盛装物品用的器皿类的物件，如筐、桶、箱、篓等，也可以是车、特殊存放平台，甚至可以是一个固定的存储空间等)。

定量：规定合适的数量(对存储的物件在量上规定上下限，或直接定量)。

(3) 工作岗位附近只能放真正需要的物品。

在放置方法上，要做到容易取用，且不能超出所规定的范围，为此，在放置方法上要多下功夫。

在标识方法上，应确保放置场所标识和物品保持一对一。公司对于现物的表示和物品放置场所的标识应用统一的方法，以方便识别和提取。

3) 清扫

(1) 建立清扫责任区(室内外)，执行例行清扫，清理污渍；

(2) 把设备的清扫与点检、保养、润滑结合起来；

(3) 建立清扫标准，严查污染源，杜绝污染。

4) 清洁

(1) 落实 6S 工作，加强监督检查；

(2) 制定 6S 实施办法和奖惩制度；

(3) 各级领导带头巡察，带动全员重视 6S 活动。

5) 素养

(1) 持续推动 6S，直至养成相应的习惯；

(2) 制定共同遵守的有关制度、规定；

(3) 制定礼仪守则(如《员工守则》)；

(4) 教育培训(重点加强新员工的培训)；

(5) 推行各种提升活动(如班前会、礼仪活动等)。

6) 安全

(1) 在企业建立完善的安全管理体制；

(2) 从企业的角度重视员工的培训教育，加强对员工的培训；

(3) 加强现场巡查，杜绝隐患；

(4) 创造明快、有序、安全的作业环境。

3. 班前班后会

(1) 由班组第一负责人主持，全体班组成员参加，以便于班组负责人及时掌握员工出勤的具体情况，进而方便安排工作任务。

(2) 在工作现场进行。班前班后会通常在工作现场进行，一来可节省时间，二来增强情境感，提升员工对工作任务的感知度。

(3) 内容简明扼要，做好相应的记录。早班会时间一般控制在 5～10 分钟为宜，并做好相应的记录，以便查阅。

(4) 内容灵活多样。早班会的会议内容应结合当天工作任务进行。

(5) 多鼓励教导，少训斥责骂。班前班后会是为了激发班组正能量，提升班组工作效率，所以应多鼓励教导，以便让班组充满活力和正能量，促进班组良性循环。

三、任务实施

(一) 任务流程

客户服务现场管理方法业务流程如图 5-2-1 所示。

走动式管理 ⇨ 6S现场管理 ⇨ 班前班后会

图 5-2-1　客户服务现场管理方法业务流程

客户服务现场管理方法业务流程说明如表 5-2-1 所示。

表 5-2-1　客户服务现场管理方法业务流程说明

工作序号	工作任务	操作指导	注意事项	备注
1	走动式管理	倾听、指导、协助	执行走动式管理时，管理人员要有整洁的外表和着装；要有发现问题的意识；要有敏锐的洞察力；要真实地记录一切；要有谦逊的举止；要耐心回答一线人员提出的问题并和他们进行交谈	环境管理
2	6S 现场管理	整理、整顿、清扫、清洁、素养、安全	人性化管理	环境管理
3	班前班后会	留心观察； 根据当天实际情况调整会议内容； 检查与监护； 将班前会、班中检查和班后会有机结合	会议内容简明扼要，形式多种多样，多鼓励、少责罚	人员激励

(二) 任务操作

1. 走动式管理

目的明确，目标清晰，是走动式管理成功的关键。实践中走动式管理应做好倾听、指导和协助这三项工作。

1) 倾听

现场管理人员要深入一线，不仅要用耳朵听，还要用眼睛看，用心倾听。在巡场过程中要注意倾听一线客户服务人员的声音，注意观察客户服务一线工作的条件，观察环境是否安全、人员配备是否恰当等，用心去体会一线客户服务人员的感受。

2) 指导

监督和指导是现场管理人员的应有之责。走动式管理过程中，一旦发现一线员工工作中的问题，就要为其提供必要的指导，这不仅是现场管理人员指导之职责所在，更是保证现场工作质量的关键。因此，为一线员工提供及时而有效的指导，自然也就成了走动式管理的目标任务之一。

3) 协助

及时发现问题并解决问题是走动式管理的意义之一。在走动式管理过程中，遇到现场有工作人员需要帮助时，应及时为其提供帮助，协助其有效地解决问题，这不仅是现场一线工作人员顺利完成其工作的需要，更是整个现场工作有序进行的需要。

2. 6S 现场管理

6S 现场管理流程如下：

(1) 成立 6S 推进小组。由主管领导担任 6S 推进小组负责人；由基础工作办公室主持日常工作，负责推进工作；所属各部门正职为6S工作的监督员及第一负责人，可指派人员作为现场管理的联络评分员，做好相关记录。

(2) 拟订实施计划表。拟订可执行的明确活动推进的具体任务与时间安排。

(3) 建立示范点。选择条件成熟的单位建立示范点；及时发现问题并持续改进，不断提高。

(4) 全员教育培训。首先，对单位领导、班组长进行培训，由培训的主管负责组织。培训内容包括6S内容及目的、6S实施办法、6S实施的技巧。其次，对各级岗位负责人、员工进行培训，由6S监督员负责组织。培训内容包括6S的基础知识，培训方式包括观看视频资料和参观学习；同时还要做好各基层队内部培训员的培养工作。

(5) 全面实施6S。在实践中不断发现问题，及时提醒并发出相应的警告；加强监督与检查；表扬先进，对于不足进行指导，不断改善。总之，基层是实施6S的关键，必须按照标准严格执行。

班前班后会

(6) 6S考核评比。全面、逐级检查考核，奖优罚劣。

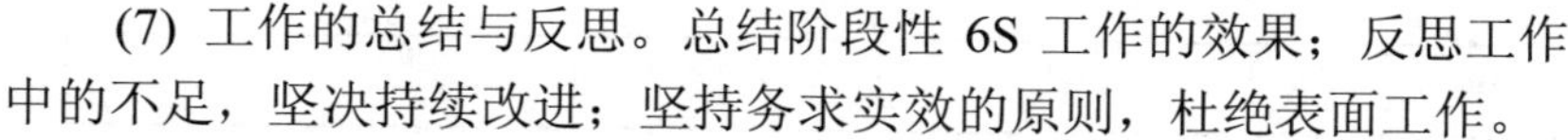

(7) 工作的总结与反思。总结阶段性6S工作的效果；反思工作中的不足，坚决持续改进；坚持务求实效的原则，杜绝表面工作。

3. 班前班后会

1) 班前会

(1) 讲人员。了解班组人员的到岗及健康情况。班组长通过观察和问候，确认每个人的健康状况，发现问题时应根据情况采取具体措施。例如，若发现员工精神状态不佳或情绪不良时，则先让其调整状态，调整好后再上岗。

(2) 讲标准。传达上级会议精神、工作要求。

(3) 讲工作。班组长应根据当天的工作任务进行分工，合理分解当班工作任务，指定工作负责人，进行技术交底，同时要考虑员工的技术水平、经验及健康状况，并对每项工作的技术要求、操作流程、安全措施、文件资料、现场环境等提出具体要求。

(4) 讲安全。开展班组安全教育，内容紧密结合现场的安全要求，重点将安全预想和措施讲清楚。检查现场所需用品及人员穿戴情况是否符合现场作业要求。

(5) 互动。收集大家对当日工作提出的建议和要求，并作出回应。

(6) 激励。表扬精神状态好的、工作表现好的员工，给员工打气，齐喊口号，鼓舞士气。

(7) 提问。为确保大家明白当天的工作任务及要求，有时可随机提问或让个别员工复述当天班前会内容。

(8) 分享。根据员工当周的工作情况，事先安排一至两次经验分享，以及时表扬先进，激励后进，以促进团队协作，共同进步。

2) 班后会

(1) 总结。总结、讲评当天工作任务完成情况。

(2) 通报。通报当天工作中出现的不安全现象，包括违章违纪、工作过程中的不规范行为和差错。

(3) 表扬与批评。表扬当天出现的好人好事。

(4) 评价与反馈。班组长根据当天的工作情况，如实给员工做好相应的评价与记录，进行当天的安全生产工作小结，并做好会议记录。

(5) 交接工作。与接班班组做好责任交接工作。

四、任务评价

客户服务现场管理方法任务评价表如表 5-2-2 所示。

表 5-2-2　客户服务现场管理方法任务评价表

任 务 清 单	完成情况
分析走动式管理方法	
查阅走动式管理相关案例	
分析 6S 现场管理方法	
查阅 6S 现场管理相关案例	
分析班前班后会	
查阅班前班后会相关案例	

知识拓展

客户服务现场管理人员激励

任务三　指导客户服务现场

客户服务现场的情况常常是千变万化的。有时客户会提出各种意想不到的要求，导致原先设计的服务方法及对客户服务人员的训练等未必能满足客户的需求；有时因各种原因，客户服务人员未按设计的要求去为客户服务；等等。客户服务作为一种服务，常常具有即时性且不可复制，事后的检查很难弄清客户服务的真实情况。因此，客户服务现场指导对于适时发现客户服务过程中的问题并及时有效解决问题而言无疑具有十分重要的意义。

一、任务情境

(一) 任务场景

客户服务现场管理人员张经理隐约听到客户服务办公室里有人吵闹，于是赶紧来到客户服务办公室，只见客户服务人员小蒋正在电话里跟客户争吵。

于是，张经理走上前，向小蒋微微一笑，然后，示意小蒋是否需要帮忙。

小蒋于是将电话交给张经理。张经理接过电话："对不起！我是张经理，这儿好像有点误会，我能帮上忙吗？"

客户说："我有一批呼吸机要出口到缅甸，让你们帮忙办理出口通关手续。上周我就已经将相关材料交给你们了，但直到现在都还没办好。"

张经理(同客户说话时，一直与小蒋保持目光交流，并示意小蒋调出该客户的资料)说道："通关手续材料齐全的话，一般2～3个工作日就可以办妥的。根据我们系统上的记录，您是4月30日下午给的材料，今天是5月6日，是有一周时间了，但您看5月1日至5日都在放假，海关也不上班。我们的人今天已经把资料送上去了，最迟大后天就会办好。请您再耐心等两天，好吗？"

客户说："就是了，早点告诉我再等两天不就得了。但是，真的是只要两天就能办好吗？"

张经理(面带微笑，语气和蔼可亲地说道)："您就放心等通知吧！只要您给我们的材料没问题，通关手续肯定很快就能办好的。"

客户："那好吧。谢谢啦！"

张经理："谢谢您对我们的信任！祝您生活愉快！"

(二) 任务布置

为进一步做好客户服务现场管理，现请客户服务部张经理为公司有关人员设计并开展一次客户服务现场技能培训。

(1) 了解客户服务现场指导现状，确立培训具体内容，准备相关资料。

(2) 组织和实施相关培训。

(3) 开展客户服务现场指导。

二、任务准备

什么是客户服务现场指导

(一) 知识准备

知识点：客户服务现场指导

客户服务现场指导即客户服务现场管理人员现场发现问题并现场给予客户服务人员指导，直至问题解决。在客户服务现场管理中，客户服务现场指导更多的是为客户服务人员提供支持，不断打探事情经过并小心处理问题的过程，以期问题圆满解决。

客户服务现场指导有以下三种方式。

1. 置身事外

如果客户服务现场管理人员在服务现场发现客户服务人员在服务过程中出现了问题，常常需要先仔细观察，对事情进行判断。当认为客户服务人员能够处理时，就笑笑、点点头或用别的动作表明不干预，然后走开。如果不放心，也可以问一声"你这儿需要帮忙吗？"

如果回答是否定的，可先走开，也可趁机提醒客户服务人员可以要求帮忙。

2. 委婉处理

客户服务现场管理人员发现客户服务人员与客户发生冲突时，如果冲突已引起较多关注，可能会扰乱现场服务秩序，影响企业形象，则应寻找恰当的时机加以制止，并另寻合适的地方解决该冲突。

3. 直接干涉

客户服务现场管理人员发现客户服务人员明显不能控制局面且客户情绪又过于激动时，可果断插手，打断客户与客户服务人员之间的对话，表明身份，倾听事件经过，并对事情进行合理处理。

(二) 操作准备

客户服务现场指导操作步骤

(1) 了解客户服务现场指导的概念和方式。
(2) 掌握客户服务现场指导步骤。
(3) 掌握客户服务现场指导技巧。
(4) 能够根据实际进行客户服务现场指导。

(三) 任务要领

1. 具有问题意识

客户服务现场有时可以被描述为“突发现场”，来找麻烦的客户随时都可能出现，客户服务人员心情不好、技能不足或处理不当等都有可能会制造麻烦。因此，细心观察并与客户服务人员进行良好沟通，具有问题意识，以便及时发现问题，这对于客户服务现场指导来说是非常重要的。

2. 全神贯注，积极回应，确认理解

在询问过程中，要专注地倾听。倾听时，必须看着对方的眼睛，全神贯注，这表明了你很在意对方，全部的精力都用在了对方身上，这样对方才能够真诚地将问题全部反馈给你。应避免坐立不安、东张西望、打呵欠、答非所问或向远离讲话者的方向挪动身体，甚至乱写乱画、胡乱摆弄物品等心不在焉的行为。在倾听过程中一定要积极回应、反馈。为了保证倾听效果，需要经常确认客户所讲的内容。

3. 有效解决问题

针对客户的问题，应找到切合实际且能有效解决问题的方法。应付了事不仅不能解决问题，更有可能进一步引发客户新的不满，从而让矛盾进一步激化。

4. 完善提高

从某种程度上看，经验是企业发展的基础。将所有与客户服务相关的信息记录存档，对所有企业、所有部门来说都是非常重要的。

三、任务实施

(一) 任务流程

客户服务现场指导业务工作流程如图 5-3-1 所示。

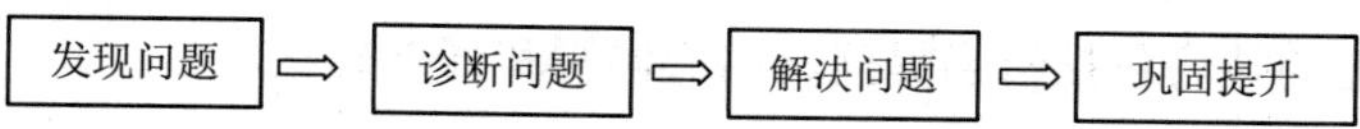

图 5-3-1　客户服务现场指导业务工作流程

客户服务现场指导业务流程说明如表 5-3-1 所示。

表 5-3-1　客户服务现场指导业务流程说明

工作序号	工作内容	操作指导	注意事项	对接人员
1	发现问题	细心观察；良好沟通；善于分析	要有问题意识	客户服务现场指导人员
2	诊断问题	恰当提问；用心倾听；仔细确认	恰当、用心、仔细	客户服务现场指导人员
3	解决问题	找对方法；评估效果	有针对性、有效性	客户服务人员
4	巩固提升	记录并存档；总结提升	立足实际、适时	客户服务人员

(二) 任务操作

1. 发现问题

有一颗善于发现问题的心，即要有问题意识，能发现问题的根本所在。问题意识是可以培养的。问题意识的培养可从以下三方面着手。

1) 细心观察

同样的问题在不同人的眼中有不同的分量。有些问题在客户服务现场指导人员看来不是问题，但对于一线客户服务人员来说却是问题，因为他们看问题的角度不同。客户服务现场指导人员应细心观察一线客户服务人员日常工作中的言行举止，以尽可能地发现有可能影响他们工作效果、效率的因素及有可能会冒犯客户的因素。如留心观察一线客户服务人员的表情、语言、神态、衣着等，看看这些是否与平常有所不同，哪怕是细微的变化也不要放过。

2) 良好沟通

良好沟通是指在文字、声音、肢体语言三方面都能和对方达成一致的沟通模式。客户服务现场指导人员要尊重、理解一线客户服务人员，关心、体贴一线客户服务人员，从而让一线客户服务人员对自己产生亲切感和信赖感，营造良好的沟通氛围。那么，有问题或当感知到有问题时，一线客户服务人员也会及时反馈。从这一角度讲，良好沟通是培养问题意识的重要抓手。

3) 善于分析

有时在实际的客户服务中可能很难发现问题，但在服务质量报告中却常常会隐含一些引起潜在问题的隐患。培养对各种报告的敏感度，也是及时发现所存在的问题的途径之一。

2. 诊断问题

客户服务过程中，问题被发现后，为了保证指导的效果和效率，应先对问题进行诊断。实践中，诊断问题的技巧包括恰当提问、用心倾听和仔细确认。

1) 恰当提问

诊断问题前应先了解问题形成的原因。客户服务现场指导人员根据需要可通过开放式或封闭式提问的方式询问一线客户服务人员，以弄清问题的前因后果。

2) 用心倾听

在询问过程中，认真倾听对方的回答，并给予对方积极的回应、反馈，以确保自己理解了对方的意思，同时，注意做好相应的记录。这样既能让对方感受到自己受到了尊重，又便于后续有效分析问题。

3) 仔细确认

通过总结、复述等方式仔细对所得信息进行确认，不仅能确保对问题的准确界定，更能为后续问题的有效解决奠定基础。

3. 解决问题

在明确了问题之后，接下来就要解决问题了。解决问题阶段主要要做好以下两项工作。

1) 找对方法

解决问题，方法很重要。例如，某客户服务现场指导人员发现某个一线客户服务人员看到某个来电显示的号码时就显得异常紧张，经了解，客户是个非常难缠的人，而且脾气很不好，一言不合就开撕。于是，该客户服务现场指导人员找来了一位有着处理难缠客户丰富经验的老手来帮助并指导该客户服务人员如何应对。

2) 评估效果

判断解决问题的方法是否有效，可将解决问题的方法摆在相关一线客户服务人员的面前，让大家各抒己见；或将其直接用在客户服务实践中，然后根据客户的反馈来评判该方法是否可行，是否有效。

4. 巩固提升

解决某一问题绝不是客户服务现场指导的终点，客户服务现场指导的最后一步是巩固提升。为了在今后的工作中能够“吃一堑，长一智”，每个问题解决之后，应及时做好记录并存档，同时还要结合实际对客户服务方式方法及规章制度进行适时的完善。只有这样，客户服务工作才能不断进步。

四、任务评价

客户服务现场指导任务评价表如表 5-3-2 所示。

表 5-3-2　客户服务现场指导任务评价表

任 务 清 单	完成情况
查阅客户服务现场指导案例	
查阅各公司客户服务现场指导规范	
分析客户服务现场指导现状	
尝试结合公司实际，进行客户服务现场指导	

知识拓展

客户服务现场指导的能力要求

任务四　运用客户服务现场管理——突发事件处理

一、任务情境

（一）任务场景

广州某外贸服务有限公司成立于 2016 年，公司注册资本 200 万元。公司主营散货海运代理、代理报关及进出口退税等业务。随着公司的不断发展，为进一步提升和打造公司品牌形象，经公司管理层研究决定，全面提升公司客户服务人员突发事件防患意识，培养和提高公司客户服务人员应对突发事件的能力。

（二）任务布置

为提升公司客户服务人员应对突发事件的能力和水平，现请某管理咨询有限公司为客户服务人员组织一场如何正确应对突发事件的培训与演练。

(1) 确定培训的具体内容，准备相关资料。

(2) 组织和实施相关培训。

(3) 组织相关演练。

突发事件处理

二、任务准备

（一）知识准备

知识点：突发事件

突发事件是指在事先没有通知、预兆的情况下，忽然发生的、对生产和服务有一定破

坏力的事件，它具有不确定性。在客户服务过程中，无论之前准备得多么充分，总是难免会有这样或那样的突发事件发生，而这些突发事件的处理又在很大程度上决定着客户服务的质量。

从诱因看，突发事件可分为由客户方面引发的突发事件、由自身方面引起的突发事件及其他原因(如火警、争吵等)引起的突发事件。

1. 由客户方面引发的突发事件

对于企业和客户服务人员而言，客户是多种多样的，不仅其素质、文化水平参差不齐，而且其性格、心智等也各不相同。因此，当遇到某些刁蛮的或不能正确理解客户服务人员意思的客户时，客户服务人员应耐心处理，否则会使客户不高兴，严重的还有可能会影响公司形象。

2. 由自身方面引发的突发事件

在客户服务与管理的过程中，有时可能会由于产品(或服务)、客户服务人员的素质或疏忽及现场设备故障等引发一些突发事件。如回答客户问题时，口齿不清晰，客户没有听明白；对于客户提出的问题，客户服务人员不知道怎么回答等。

3. 其他原因引发的突发事件

在客户服务部门管辖区域内可能会发生火警、争吵、有人突发疾病而晕倒等类型的突发事件。

突发事件往往具有以下特点：

(1) 紧急性。发生突发事件后，要求立即作出有效的应急反应，这是刻不容缓的。

(2) 不确定性。突发事件发生的时间、地点、方式、规模、种类等常让人无法有效预测，其发生也往往无规律可循，所以必须灵活应对。

(3) 危害性。突发事件往往会影响客户服务质量，严重的还有可能会影响公司的形象和信誉。

(4) 相对性。同样的事件，发生在不同的时间、地点和不同的企业，其危害性也可能不尽相同。

(二) 操作准备

(1) 了解突发事件的定义、分类及特点。

(2) 掌握各类突发事件的处理流程。

(3) 能够根据实际有效处理突发事件。

(三) 任务要领

1. 从平时做起

应将突发事件应对纳入企业的日常管理之中，正确认识突发事件，制订突发事件应急处理预案，并在适当范围内进行适当的演练。

2. 机智应对

在突发事件发生后，应机智应对，坚持先处理事情，后追究责任的原则，力争把危害控制在最小范围。

3. 及时补救

突发事件过后，应及时采取补救措施，争取在挽回损失的同时，及时总结经验教训，并做好相应的改革和完善工作，力争从根源上杜绝同样的事件再次发生。

三、任务实施

(一) 任务流程

突发事件处理业务工作流程如图 5-4-1 所示。

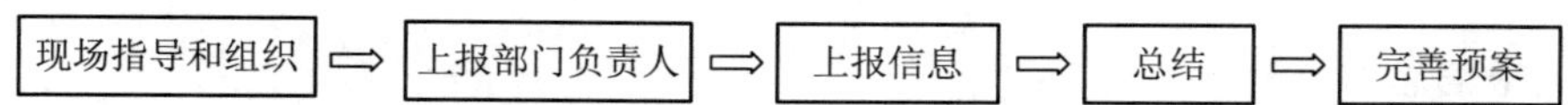

图 5-4-1　突发事件处理业务工作流程

突发事件处理业务流程说明如表 5-4-1 所示。

表 5-4-1　突发事件处理业务流程说明

工作序号	工作内容	操 作 指 导	注意事项	备　注
1	现场指挥和组织	了解公司相关的突发事件处理流程，突发事件发生时，根据突发事件处理流程进行现场指挥和组织，按照应急预案处理突发事件	按规定流程和应急预案处理，尽可能降低各种损失	突发事件发生前及发生时
2	上报部门负责人	立即上报本部门负责人，协助部门负责人进行应急处理工作	立即上报，协助处理	突发事件发生时
3	上报信息	做好相关信息的记录，记录时间、地点、事件性质、影响范围、事件发展趋势和已采取措施等；在应急处理过程中及时续报相关情况	详细记录，及时跟进	突发事件发生后
4	总结	对所发生的突发事件进行总结，向相关部门提出预防和控制类似事件发生的对策建议	全面、深刻总结	突发事件发生后
5	完善预案	协助相关部门、人员完善相应的突发事件应急预案，避免类似事件再次发生	尽可能避免类似事件再次发生	突发事件发生后

(二) 任务操作

1．现场指挥和组织

现场管理人员应了解公司相关的突发事件处理流程，当发生突发事件时，根据突发事件处理流程进行现场指挥和组织，按照应急预案处理突发事件。

2．上报部门负责人

当突发事件发生时，现场管理人员立即上报本部门负责人，协助部门负责人进行应急处理工作。

3．上报信息

当突发事件发生后，需要做好信息上报工作，特别是做好信息的记录，记录时间、地点、事件性质、影响范围、事件发展趋势和已采取措施等，并在应急处理的过程中，及时续报相关情况。

4．总结

对某一突发事件进行总结，并向相关部门提出预防与控制此类突发事件的对策建议。

5．完善预案

在上述工作妥善处理好后，为避免类似情况再次发生，结合突发事件总结，针对突发事件中出现的问题与不足，协助相关部门、人员完善相应的突发事件应急预案也是十分重要的。

四、任务评价

突发事件处理任务评价表如表 5-4-2 所示。

表 5-4-2　突发事件处理任务评价表

任 务 清 单	完成情况
查阅突发事件处理相关案例	
查阅各公司突发事件应急预案	
分析突发事件的处理	
尝试结合公司实际，制定公司突发事件应急预案	

知识拓展

应对突发事件的措施

任务五　创新客户服务现场管理——数智客户服务现场管理

互联网、人工智能等现代技术在客户服务现场管理中的运用，不仅较好地解决了传统客户服务现场管理难以完整实时监控、监控成本高，难以有效全程覆盖，容易造成错漏，效率低等问题，而且可以降低现场管理过程中的人工参与程度，实现现场管理与监控的智能化与透明化，有效提升现场管理效率，降低现场管理成本。

一、任务情境

（一）任务场景

广州某外贸服务有限责任公司的业务规模不断扩大，传统的客户服务现场管理的局限性也逐渐凸显，比如对客户服务人员的现场管控力度较弱，客户扎堆排队的现象也时有发生。为了改变这一现状，公司领导层决定引进数智客户服务现场管理系统，借助数字技术实现公司客户服务现场管理的转型。

（二）任务布置

公司指定客户服务部梁经理负责与广州某科技开发有限责任公司对接，设计开发一个为公司客户服务现场管理服务的数智客户服务现场管理系统。具体任务内容如下：

(1) 明确数智客户服务现场管理的适用范围。

(2) 设计开发数智客户服务现场管理系统。

(3) 测试与调整数智客户服务现场管理系统。

(4) 培训员工使用数智客户服务现场管理系统。

二、任务准备

（一）知识准备

知识点：数智客户服务现场管理

1. 数智客户服务现场管理的定义

数智客户服务现场管理是指借助人工智能、大数据等现代技术在服务现场对人员、设备、工作流程、环境等进行实时监控和管理，精准预测客户服务现场潜在的问题，发现客户服务现场存在的问题并及时制订解决方案，进而优化服务方法、作业流程、思维方式、工作环境，从而提升客户服务质量。

2. 数智客户服务现场管理的适用范围

客户服务现场管理的挑战之一就是确保客户服务人员在正确的时间被派往承担正确的工作。数智客户服务现场管理的适用范围包括现场服务调度、工作订单管理、库存管理和现场服务合同管理。

(1) 现场服务调度是安排客户服务人员日程、服务预约和预期工单完成时间表的过程。现场服务调度管理是协调调度的过程，即派出现场客户服务人员执行工作任务。

(2) 工作订单管理是分配和跟踪从创建到服务客户再到反馈的服务工作订单的过程。

(3) 库存管理是跟踪产品或服务供应的过程，包括产品或服务的转移、消耗、调整等。

(4) 现场服务合同管理是管理与客户的合同并确保服务水平满足协议的过程。

3. 数智客户服务现场管理的意义

人工智能、大数据等技术可帮助企业管理现场服务管理活动涉及的所有资源。它可以帮助经理和技术人员处理工单、自动安排和调度工作人员、执行客户跟踪服务和售后维修任务、管理客户服务合同、收取费用等。

数智客户服务现场管理的意义体现在以下几个方面：

(1) 提高客户服务效率。在人工智能、大数据等技术赋能下，数智客户服务现场管理可以更好地确保把客户服务工作任务在正确的时间派给正确的客户服务人员来完成。如机器学习算法可以通过分析历史数据来预测每项工作可能需要的时长，并为客户服务人员确定最有效的服务方案，实现数智客户服务现场管理，从而帮助客户服务现场管理人员减少无效工作时间并提高工作效率；聊天机器人和虚拟助手可以帮助客户解决简单的问题，从而使客户服务人员有时间专注于更复杂的任务。

(2) 改善客户体验。数智客户服务现场管理以工单为主线串起客户服务整个过程的各个环节，让客户及客户服务人员能够方便快捷地查看到客户服务的详细具体的进展情况。借助人工智能、大数据等技术，客户可享受到 7 × 24 全天候地解决问题、预约及服务请求状态跟进等即时性和个性化的客户服务。数智远程协助服务更可以让客户足不出户，在接受远程服务的同时，实时聊天、传输文件等，从而既节省了客户服务人员外出的时间和精力，又能更加及时地解决客户的问题。

(3) 预测性维护和减少服务停机时间。数智客户服务现场管理通过 AI 提供信息的自动日程优化，帮助调度员更好地执行故障排除流程，提高现场资源的质量和生产力。如数智客户服务现场管理预测性维护系统可以实时监控客户服务设备并在需要维护时提醒相关技术人员。这就可以较好地防患于未然，帮助现场设备管理技术人员在设备问题成为客户服务问题之前主动解决，从而降低故障发生率，减少服务停机时间。

(4) 实时数据分析与决策。排队等候客户服务人员提供服务的过程往往是众多客户最不愿意接受的，数智客户服务现场管理在人工智能的帮助下，较好地实现了客户有序排队，从而让“正确的人找到正确的服务”。数智客户服务现场管理系统通过机器学习算法，对客户资料进行挖掘，把客户分成不同的等级，并根据客户优先等级分配客户服务。在客户等待的过程中，数智客户服务现场管理系统通过分析历史数据来预测每个客户服务业务可能需要的时长，并推算出各个客户需要等待的时长，进而向客户发出等待提示、排队位置提示，向客户报工号等，从而较好地缓解客户排队等待时的焦躁情绪。

(5) 降低运营成本。数智客户服务现场管理借助混合云实现了集成的并可无限扩展的运营平台，从而实现了整个组织、合作伙伴和客户的数据的连接；并且，在人工智能、大数据技术的助力下，帮助作出数据驱动的决策。如通过预测即将开展的工作需要哪些资源来帮助企业优化产品或库存服务。这可以帮助组织降低库存持有成本，同时确保在需要时拥有所需要的资源。

(6) 提高安全性和保障性。数智客户服务现场管理实行全渠道客户身份识别与统一；自动记录统一客户身份相关的所有通话记录、录音、工单、会话、消息、业务记录；数智客户服务现场管理根据业务需要对客户设置分级权限，敏感、关键信息可隐私化处理；管理者通过查看工单列表即可监控当前所有问题的进度；对于考核来讲，一个问题一单到底，工单的任意节点都可以自动触发通知给同事、客户；同时通过数智客户服务现场管理预设响应时间，大大提升问题响应效率。

(二) 操作准备

(1) 了解数智客户服务现场管理的含义；
(2) 理解数智客户服务现场管理的作用；
(3) 熟悉数智客户服务现场管理的内容。

(三) 任务要领

1. 数智匹配

为了确保在正确的时间由正确的人给客户提供正确的服务，数智客户服务现场管理应该是“数智”的，即从业务数据预测到劳动工时预测再到排班结果输出，全部由人工智能自动完成。数智客户服务现场管理系统支持多种业务系统对接，将数据输入数智算法引擎中，通过“深度学习算法”分析、预测将要发生的业务数据。接着根据劳动力标准与设置的班次模型，以及员工可用性等因素，结合现场客户服务人员技能程度，将合适的人安排在合适的岗位，支持多种最优输出，客户可以根据自己的需要选择适合自己的排班服务。

2. 实时跟进

数智客户服务现场管理通过人工智能对客户服务现场进行实时跟进，从多维度对现场接受和正在等待客户服务的客户数量、客户接通率、服务水平、客户服务人员繁忙情况等进行实时监控，并通过大数据算法计算出客户接通率、客户服务人员空闲率等，从而及时调拨资源，以确保客户服务现场管理有序高效进行。另外，数智客户服务现场管理人员可对正在提供客户服务的客户服务人员进行监听、耳语、三方、强插、强拆、置忙、置闲，从而确保客户服务质量。与此同时，数智客户服务现场管理借助人工智能、大数据等技术在系统上预设自定义告警指标，以便对关键指标配置告警阈值，以确保客户服务合法合规。

3. 便捷高效

面对大量的、个性化的客户服务现场管理需求，数智客户服务现场管理不仅能让客户在人工智能的辅助下自主选择适合自己的服务方式，还能将一些重复、烦琐的任务交由人工智能来处理，不仅突破了人工客户服务现场管理的时空限制，而且人工智能不会疲劳，不会受情绪等影响，且不会出错。例如，人工智能可自动基于与客户的会话内容实时抽取工单信息，减少人工录入的工作量；人工智能可协助抽取填写积分商城修改订单工单、商户报装报修工单、投诉建议等。这些工作由人工来做不仅费时，而且容易出错。

三、任务实施

(一) 任务流程

数智客户服务现场管理业务流程如图 5-5-1 所示。

图 5-5-1　数智客户服务现场管理业务流程

数智客户服务现场管理业务流程说明如表 5-5-1 所示。

表 5-5-1　数智客户服务现场管理业务流程说明

工作序号	工作任务	操 作 指 导	注意事项	备　注
1	创建工单	创建工单；设置工单查看权限；设置工单操作权限	合法合规、符合企业实际	客户服务人员手动创建；系统自动创建；客户主动提取；通过接口创建
2	交流沟通	客户服务人员与客户的交流沟通；客户服务人员与数智客户机器人、人工智能助手之间的交流沟通；客户服务人员与其他客户服务人员、技术人员等之间的交流沟通	客户可随时查看进度；流转协作；自动记录	管理者可监控当前所有问题的进度
3	调度派工	管理工单；提取客户信息；手动或自动派单	工单的任意节点都可以自动触发通知给同事、客户	在正确的时间将正确的活派给正确的人
4	申请资源	客户服务人员实时反馈现场情况；根据需要提交资源申请报告	客户服务人员随时随地提交	及时查看资源库并根据实际情况适时提交资源申请报告
5	服务现场	数智排队；自动叫号；自动记录全部服务操作信息	信息互联互通；实时监控	为客户服务人员提供实时在线辅助
6	完成任务	手动或自动结束工单；相关数据录入系统；更新服务状态	操作不受时空限制；信息实时同步	全渠道接入
7	客户反馈	客户评价	操作简便；真实	全渠道接入

(二) 任务操作

1. 创建工单

提供全渠道创建工单的现场服务，支持客户通过微信、电话、APP、Web 等主流渠道提交工单，并根据客户提交的问题进行数智预判。这种方式方便快捷，减少了客户的等待时间。

2. 交流沟通

支持客户、客户服务人员之间用多媒体工具进行沟通，支持图片、文字、语音、电话、短信等多种沟通方式，大大提升了客户体验度及解决客户问题的准确性。

3. 调度派工

通过系统内的预测与排班可以提前了解客户服务人员的状态，所有工单和工程师日历在同一个界面上，通过鼠标将工单拖拽到工程师日历上，即完成了派工动作；通过地图可以查看服务资源的位置，并分配工作单；根据预判问题及客户描述，数智能够筛选出专业匹配度高的外勤人员；外勤人员通过移动端接单，上门处理。

4. 申请资源

客户服务人员利用系统实时反馈现场情况，如测量或检验数据、报价、所需要的配件等，根据情况查看备件库、资源库，匹配申请相关资源，形成资源申请报告，调配相关人力物力。

5. 服务现场

数智客户服务现场管理为客户提供数智排队及自动叫号服务，客户服务人员与客户对接上后，系统自动计时并记录客户服务人员的所有操作。客户服务人员从事外勤工作时，根据客户要求的时间到达客户附近时，数智客户服务现场管理系统能够自动签到。如果是通过现场拍照进行签到的，系统还能在上传的照片上加标识。客户服务人员检查问题并用系统报备，写问题情况说明等；如遇疑难问题也可现场查询知识库或与总部人员沟通，找到解决方案。

6. 完成任务

任务完成后，现场客户服务人员通过手动结束工单或系统自动结束工单，客户服务人员状态随之更新，可接受派单。任务完成后外勤人员通过系统告知总部，外勤人员状态随之更新，可继续接受派单；相关数据录入系统并进行大数据统计等。

7. 客户反馈

在服务结束时，通知客户，并让客户在系统上作出评价，也可以通过微信作出评价。客户评分可直接反馈到系统后台，以保证评价的真实性。客户反馈既起到了监管服务质量的目的，又提升了客户满意度，系统也支持客户电话回访。

四、任务评价

数智客户服务现场管理任务评价表如表 5-5-2 所示。

表 5-5-2　数智客户服务现场管理任务评价表

任 务 清 单	完成情况
查阅数智客户服务现场管理相关案例	
了解数智客户服务现场管理设施设备及其功效	
分析数智客户服务现场管理内容及其实现	
尝试结合公司实际，设计公司数智客户服务现场管理方案	

知识拓展

阅读材料：智能外勤客户服务现场管理

复习与思考

1. 什么是客户服务现场管理？客户服务现场管理人员应具备哪些能力？
2. 什么是走动式管理？走动式管理应注意些什么？
3. 什么是 6S 现场管理？实践中怎样实施 6S 现场管理？
4. 请说一说如何进行客户服务现场指导。
5. 请说一说数智客户服务现场管理的意义。

课后练习：客户服务现场管理

项目六　客户服务质量管理

知识目标

(1) 理解客户服务质量管理的概念；
(2) 掌握客户服务质量信息的来源及内容；
(3) 掌握收集、评估和控制客户服务质量信息的流程与技能；
(4) 了解数智质检的意义；
(5) 理解数智质检的操作流程。

技能目标

(1) 能够有效收集客户服务质量信息；
(2) 能够初步收集、评估和控制客户服务质量信息；
(3) 能够根据实际，制定企业《客户服务质量信息管理制度》；
(4) 能够根据企业实际不断改善和提高客户服务质量；
(5) 能够根据企业的实际，将人工智能、大数据等技术用于客户服务质量管理实践中。

素养目标

(1) 培养质量意识；
(2) 培养安全意识；
(3) 爱岗敬业，具有职业责任感和大局观；
(4) 培养和提升创新意识，提升创新能力。

思政园地：诚实、守信，确保客户服务质量

当今时代是服务时代，客户服务已经成为企业参与市场竞争的重器。面对竞争日趋激烈的市场，谁的服务质量好，谁的信誉就高，谁就能在竞争中赢得客户，求得生存与发展。

任务一　认识客户服务质量管理

客户服务质量是指企业客户服务人员为客户提供的产品或服务满足客户一定需求的全部特征和性质。在客户为王的时代，客户服务质量管理已经成为企业质量管理的重要环节。

一、任务情境

(一) 任务场景

东莞某外贸服务公司于 2014 年成立，注册资本为 1000 万元，在公司发展壮大的 7 年里，始终为客户提供好的产品和技术支持、健全的售后服务。公司主要经营业务为：为有进出口业务的企业办理业务接洽、签订合同、代理报检、翻译、代办证件和退税手续；开展财务咨询、经济与商务咨询、物流信息咨询、法律咨询(不含诉讼代理)；提供企业管理服务、会议与展览服务。面对激烈的市场竞争，公司决定加强客户服务质量管理。

(二) 任务布置

公司现决定从加强对客户服务质量信息概念的理解着手，指定公司客户服务质量管理部牵头做好公司客户服务质量信息的管理工作。

(1) 认识客户服务质量管理和客户服务质量信息管理；

(2) 制定《客户服务质量信息管理制度》；

(3) 收集客户服务质量信息。

二、任务准备

客户服务质量信息的收集与处理

(一) 知识准备

知识点：客户服务质量管理 客户服务质量信息

1. 客户服务质量管理

客户服务质量出自客户的感知，取决于客户对服务的预期质量和其实际感受到的服务水平即体验质量的对比，因此客户服务质量具有很强的主观性和差异性。客户服务质量包括技术质量和功能质量两项内容。

技术质量是指服务本身的质量标准、环境条件、网点设置、服务设备以及服务项目、服务时间等是否适应客户的需要。它是客户从服务过程中得到的东西，可以满足客户的主要需求。对企业来讲，它可以得到许多客户比较客观的评价，技术质量是比较容易掌握的质量标准。

功能质量是指服务推广的过程，即客户与客户服务人员打交道的过程，客户服务人员的行为、态度、穿着等对客户感知的影响。功能质量易受客户的个性、态度、知识、行为方式等因素的影响，是一种比较主观的判断，企业难以掌握。

客户服务质量是在客户服务人员与客户的互动过程中形成的。服务与有形产品不同，服务的生产和消费具有同时性，通常是无法分割的，互动性是服务质量与有形产品质量的一个非常重要的区别。

客户服务质量管理是指企业确定客户服务质量方针、目标和职责，并通过客户服务质量体系中的客户服务质量策划、控制、保证和改进来使其实现的全部活动。客户服务质量管理涉及企业的各个方面，它要求围绕客户服务质量形成的全过程，通过制定客户服务质量方针和实现质量目标，向客户提供符合客户和其他相关方要求的产品(或服务)。

2. 客户服务质量信息

客户服务质量信息是指在形成产品(或服务)质量的全过程中所产生的各种有用的情报和资料。客户服务质量信息包括产品(或服务)质量信息和服务工作质量信息两个方面。

1) 客户服务质量信息的来源

(1) 客户。客户是客户服务质量信息的首要来源。

(2) 客户服务人员。销售员、售后服务人员等客户服务人员是代表公司直接为客户提供产品(或服务)的人，他们是公司产品(或服务)与客户之间的桥梁，是处理客户问题的一线人员，因此，客户对产品(或服务)是否满意，他们自然是清楚的。例如，售后客服要负责为客户退、换货，要帮助客户解决产品(或服务)使用过程中所碰到的问题，在这一过程中，售后客服自然能直接感受和体会到客户对服务质量是否满意。

(3) 其他人员。日常生活中，货比三家、分享与吐槽是人之常情，将不同商家的商品(或服务)进行对比，遇到好的不忘与家人、朋友分享，甚至是逢人便说，逢人便夸；遇到不好的，朋友圈里吐槽或是向主管部门、监管部门、消费者协会等进行投诉也是常有之事。因此，客户服务质量信息除了通过客户、客户服务人员获得，还可以通过消费者协会、竞争对手、第三者等其他人员获得。

2) 客户服务质量信息的内容

(1) 产品质量信息。产品质量信息包括生产质量、设计缺陷、产品配套性、配套性产品质量、性能缺陷等。

(2) 服务质量信息。服务质量信息包括服务时间、态度、技术水平、与客户沟通的能力、客户的意见和建议、客户的投诉等。

(3) 市场需求信息。市场需求信息包括产品的需求、相关产品的需求、新产品理念等。

3) 客户服务质量信息的收集途径

(1) 客户的抱怨。客户抱怨是客户对服务质量不满意的最直接的体现，所以，对于客户的抱怨应高度重视，应将有关信息立即反馈到有关部门，并做好相应的记录。

(2) 与客户直接沟通。在所有能与客户接触的场合中，应尽可能地与客户进行良好的沟通，以便收集客户对公司产品和服务的真实感受信息。

(3) 问卷和调查。设计调查问题，就客户对服务质量的期望和客户感受到的服务质量展开持续的定期调查。

(4) 其他。除上述渠道外，公司还可以根据公司的实际，通过第三方机构、关注本公司客户服务的相关群体、相关消费者组织及行业研究机构或人员的研究结果等渠道来获得客户服务质量信息。

3. 相关法规

本任务涉及的相关法律法规有《中华人民共和国产品质量法》《中华人民共和国消费者权益保护法》等。

(二) 操作准备

(1) 了解客户服务质量信息的概念；
(2) 熟悉客户服务质量信息的内容及收集途径；
(3) 掌握客户服务质量信息分析技巧。

(三) 任务要领

1. 以人为本

客户服务质量管理人员必须把对客户服务人员的培训及关心放在第一位，以便在促进客户服务质量提高的同时，促进客户服务人员自身发展，增强客户服务人员对企业的忠诚度。客户服务质量管理人员自身也要以支持、反馈、培训、鼓励、承担责任、疏导关系等方式参与客户服务活动，从而确保全体成员都能以共同的目标和质量管理策略开展工作，给客户带来一致性的服务，保持客户的忠诚度。

2. 以客户为中心

理解客户当前和未来的需要，让客户满意，以客户的满意度为衡量客户服务质量优劣的关键因素。通过各种方式的客户满意度调查来发现自身的不足和客户的期望，获得客户持续有效的反馈信息，并以此来制定积极有效的服务策略，提高客户终身价值和向他人推荐本企业产品或服务的可能。

3. 量化原则

确定一系列量化指标，同时设专人定期对这些指标进行检测，以便将客户和客户服务质量管理人员对客户服务质量的感觉进行量化，这是客观评价客户服务质量优劣的重要手段。

三、任务实施

(一) 任务流程

客户服务质量信息管理业务流程如图 6-1-1 所示。

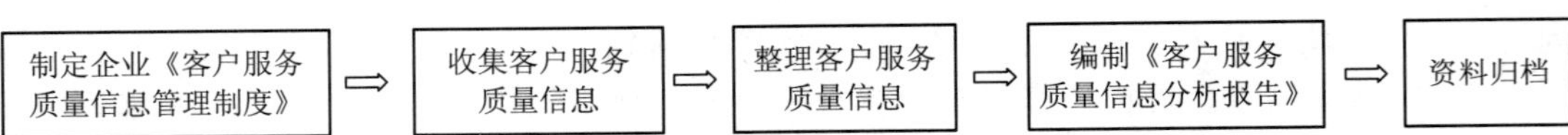

图 6-1-1 客户服务质量信息管理业务流程

客户服务质量信息管理业务流程说明如表 6-1-1 所示。

表 6-1-1　客户服务质量信息管理业务流程说明

工作序号	工作任务	操 作 指 导	注意事项	备 注
1	制定企业《客户服务质量信息管理制度》	由客户服务质量管理部门制定；经部门经理及总经理审核、审批通过后，明确客户服务质量信息收集内容，分到各客户服务与管理岗位执行	合法合规、符合企业实际	明确企业发展目标及客户服务质量目标
2	收集客户服务质量信息	各相关部门根据《客户服务质量信息管理制度》的规定，负责责任范围内服务质量信息的收集、整理、分析、传递及处理；各职能部门将收集、整理的客户服务质量信息传递给客户服务质量信息管理部门	收集应准确、及时、全面	参考《客户服务质量信息管理制度》；填写客户服务质量信息调查表
3	整理客户服务质量信息	根据实际，采取一定的方法对各相关部门收集的客户服务质量数据和信息进行汇总分析，完成信息的分类整理	根据实际，及时、合理	参考《客户服务质量信息管理制度》
4	编制《客户服务质量信息分析报告》	根据客户服务质量信息分析的结果，采取有针对性的改革和完善措施	及时处理，原因分析准确	参考《客户服务质量纠正措施控制程序》《客户服务质量预防措施控制程序》
5	资料归档	分级管理	即时统计	参考《客户服务质量文件控制程序》《客户服务质量记录控制程序》

(二) 任务操作

1. 制定企业《客户服务质量信息管理制度》

为规范客户服务质量信息管理行为及为相关部门的决策提供依据，客户服务质量管理部门根据企业对客户服务质量信息管理的要求，编制《客户服务质量信息管理制度》，经部门经理审核通过后，报总经理审批。

客户服务质量管理部门经理根据审批通过的《客户服务质量信息管理制度》，明确客户服务信息的收集内容。

2. 收集客户服务质量信息

客户服务部人员及其他部门一线客户服务岗位人员采用一定的方法收集客户服务质量信息，并按照具体的要求填写客户服务质量信息调查表。

客户服务部人员及其他部门一线客户服务岗位人员将收集的客户信息数据汇总并发送给客户服务质量信息管理人员，同时对客户服务质量信息库进行更新。

3. 整理客户服务质量信息

客户服务质量信息管理人员对收集到的具体信息进行整合、分析。首先根据接收到的客户服务质量信息进行调查分析，并进行问题诊断，查明产生问题的原因。其次，根据调查分析的结果明确责任部门。

客户服务质量信息管理人员要对过往资料进行统计分析并总结经验，并且在与其他部门充分讨论的基础上，建立相关的客户信息质量管理指标。相关责任部门对客户服务质量信息管理部门反馈的客户服务质量信息进行分析并制定相应的改善措施。

4. 编制《客户服务质量信息分析报告》

客户服务质量信息管理人员根据其他部门的要求，编制相应的《客户服务质量信息分析报告》。

5. 资料归档

客户服务质量信息管理人员将客户服务质量信息资料及相关分析报告按时归档。

四、任务评价

客户服务质量信息管理任务评价表如表 6-1-2 所示。

表 6-1-2　客户服务质量信息管理任务评价表

任务清单	完成情况
查阅客户服务质量信息管理法律、法规	
查阅客户服务质量信息管理案例	
了解客户服务质量信息的来源、收集途径	
分析客户服务质量信息管理的技巧及注意事项	
尝试结合企业实际编制客户服务质量信息管理制度	

**知识拓展**

客户服务质量信息的处理

任务二　评估客户服务质量

利用恰当的方法和科学合理的评价标准对客户服务质量进行评估，不仅是做好客户服务质量管理的必要环节，对于提高客户服务质量而言也是必不可少的。

一、任务情境

(一) 任务场景

佛山某咨询服务有限公司服务于中小微进出口生产企业，公司以电子商务为工具、以进出口业务流程服务外包为内容、以综合服务平台为依托、以“互联网+外贸”为创新形式，针对中小微出口企业订单小、账期长、融资难、融资贵、外贸专业人才缺乏、海外市场风险大、物流成本高、出口退税时间长，以及通关、商检等一系列环节和困难，为中小微企业提供报关、报检、退税、租船订舱、信用保险、外贸单据制作、法律咨询、政策法规信息、大数据应用等外贸基础服务和增值服务。面对激烈的竞争市场，经公司高层研究决定，加强公司客户服务质量管理。

(二) 任务布置

为了找到客户服务质量管理的切入点，现让公司客户服务部对公司当前的客户服务质量进行评估，以便找出差距与不足，进而采取有针对性的措施。具体任务内容为：

(1) 客户服务质量评估和客户服务质量控制。

(2) 提出相应的有效解决措施。

二、任务准备

客户服务质量评估

(一) 知识准备

知识点：客户服务质量评估　客户服务质量控制

1. 客户服务质量评估

客户服务质量评估就是利用一定的评估方法与标准测评出客户对某公司产品及其服务的满意程度。客户服务质量评估是对客户服务质量进行控制的有效途径。

通过评估得到的信息可以找出客户服务现实与标准之间的差距，从而为客户服务质量的改进和提升提供着力点和方向。

1) 客户服务质量评估要素

(1) 诚信。诚信反映了企业和员工服务时表现的一贯性和可信赖度。对于客户服务来说，诚信就是是否以相同的方式、无差错地准时提供承诺给客户的相应产品和服务，即客户服务人员所使用的执行标准是否符合国家或地方等相关标准，回答记录(知识库)形式是否符合原数据等标准，服务程序是否清晰透明，回答客户问题是否准确，答案是否正确，回答语言是否规范和统一等。

(2) 客户服务人员的响应性。响应性反映了企业的客户服务人员适时提供服务的承诺。响应性涉及客户服务人员提供服务的意愿和自觉性。当客户遇到客户服务人员忽略自己的需求时，就是客户服务人员对客户没有响应，这就极有可能会引起客户的不满。当然，让客户等待尤其是无原因地等待，也是对客户需求缺乏响应的表现。实践中，客户服务人员一旦发现响应性失败时，应迅速采取补救措施，如向客户道歉或给客户赠送小礼物等都是不错的补救措施。

(3) 保证性。保证性是指企业的能力、信誉、向客户所展示的形象及其产品和服务的安全性。其中，能力指的是企业在提供产品和服务时的知识、技术和技能。信誉是企业及其服务人员诚信度和信赖度的体现，是企业产品和服务质量的保证。向客户所展示的形象指的是企业及其客户服务人员是怎样对待客户及客户财产的。安全性则是指企业的产品和服务所能带给客户远离危险、风险和疑惑的可行性。

(4) 环境的有形性。服务是无形的，所以客户往往会在某种程度上根据服务环境，即有形的设施、设备、人员的外表、交流沟通资料等作出评判。为了提升客户的体验感和满意度，客户服务人员常常会根据客户的具体情况选择在能让客户感到比较舒适的环境下进行交流沟通。如选择客户熟悉且习惯使用的系统为客户提供稳定、兼容、易用和可扩展的服务。

2) 客户服务质量评估原则

(1) 以客户满意度为中心。客户满意度是整个评估过程中不可缺少的部分，并且评估中要留意过程评估与产品和服务评估是否满足客户的期望。

(2) 采用合适的激励方式。为了有效提升客户服务质量，根据客户服务质量评估结果，结合企业及其员工的实际，给予适当的奖惩则是非常必要的。否则，没有激励就没有动力，没有动力就没有效率。

(3) 让评估工作对各级客户服务人员有重大影响。客户服务质量是一个系统而复杂的工程，提升客户服务质量需要企业各级客户服务人员共同努力方能实现。所以客户服务质量评估工作是对各级客户服务人员客户服务工作质量的评估，其结果在某种程度上直接与各级客户服务人员的客户服务工作相关。

2. 客户服务质量控制

客户服务质量控制就是为使客户服务达到所规定的质量要求而采取的技术措施和管理措施方面的活动。

客户服务质量控制

客户服务质量控制的目标在于确保所提供的客户服务能够满足相关要求(包括明示的、习惯上隐含的或必须履行的规定)。

1) 客户服务质量控制原则

为了使客户服务质量控制发挥作用，客户服务质量控制须遵循以下原则：

(1) 计划先行。凡是有可能会影响到服务质量要求的各种客户服务技巧和活动，都要先制订计划和程序。

(2) 评价连续。创造条件，保证客户服务计划和程序的实施，并在客户服务实施过程中进行连续的评价和验证。

(3) 及时纠错。对不符合计划和程序的客户服务活动进行分析，并对异常活动进行处置及采取纠正措施。

(4) 动态控制。客户服务还需注意客户服务质量控制的动态性。实践中，客户服务质量要求常常是随着时间的进展而不断变化的，为了满足新的客户服务质量要求，对客户服务质量控制要不断更新要求。

(5) 与时俱进。根据客户服务需求的变化，不断提高客户服务设计水平、客户服务检查标准，不断开发新客户服务产品，改进旧客户服务产品，以满足不断更新的客户服务质量要求。

2) 客户服务质量控制模式

(1) 相互交往模式。所谓相互交往模式，即根据相互交往理论，分析和设计面对面服务的计划、流程、行为标准等，以提高面对面客户服务质量。面对面客户服务的核心是客户与客户服务人员的相互交往。在相互交往中，从客户服务人员的行为方式、服务程序、服务内容及客户和客户服务人员双方的特点、环境、情境因素、企业文化等因素着手，指导面对面服务设计、管理与控制等工作，进而保证和提高面对面客户服务质量。这种模式适用于咨询、美容、设计等情境性较强的企业或服务。

(2) 客户满意程度模式。客户满意程度模式强调客户对服务质量的主观感知和体验。通过评估客户对服务过程和服务结果的主观感知和体验，提高客户的满意度和忠诚度，并积极与客户服务人员合作，进而形成良好的口碑效应为企业做宣传。客户满意程度模式要求客户服务质量控制不仅要重视服务过程和服务结果，更要掌握客户的看法及在客户服务过程中影响客户服务人员和客户相互交往的心理、社会和环境因素。这种模式适用于餐饮、销售、旅游等体验感较强的企业或服务。

(3) 产品生产模式。客户服务的无形性、生产与消费的同时性特点要求客户服务质量控制必须确定服务的质量标准，选择客户服务过程中可能使用到的资源、技术，以便像有形产品生产那样以最低的成本生产出符合客户服务质量要求的无形产品，这就是产品生产模式。这种模式适用于加工、制造、培训等技术性要求较强的企业或服务。

3) 客户服务质量控制的方法

(1) 让客户服务人员参与服务质量监测。客户服务质量监测结果常常与客户服务人员的工资、奖金、培训、晋升等很多利益紧密联系。如果让客户服务人员参与客户服务质量监测评定，则能极大地转变客户服务人员对客户服务质量监测的态度，减少不信任感和抗拒感，从而改善客户服务质量控制的效果。例如，在一段时间的客户服务活动结束后，让客户服务人员填写客户服务质量监测评价问卷，让其评价自己的服务，包括对自己作出整体评价，需要哪些方面的支持，目标是什么，怎样达成目标等。

(2) 利用统计方法进行客户服务质量监测。利用统计方法对客户服务质量的相关信息数据进行分析处理是客户服务质量控制过程中的重要步骤，是预防问题产生的有效管理手段。企业常常会通过一些关键性统计指标对客户服务质量进行监测和控制，进而识别问题产生的原因并采取纠正措施。为了尽可能减少随机事件或不明原因的影响，可以通过构建和使用质量控制图来监测客户服务质量。

(3) 让客户参与监督控制。让客户参与客户服务质量监督控制，不仅可以增强与客户的交往和沟通，更能进一步提升客户的感知度和体验感，进而获得客户的理解和支持，从而进一步提升客户服务质量。

(二) 操作准备

(1) 了解什么是客户服务质量评估和控制；

(2) 明确客户服务质量控制模式；

(3) 理解客户服务质量评估原则及客户服务质量控制原则；

(4) 掌握客户服务质量控制方法；

(5) 能够结合企业实际对客户服务质量进行有效的评估和控制。

(三) 任务要领

1. 标准明确可行

熟悉和掌握客户服务标准，制订客户服务质量评估计划。把有关的客户服务标准转换成具体、明确的质量要求和检查方法，通过标准的具体化，使评估人员熟练掌握客户服务标准。客户服务质量可以通过 RATER 指数来衡量。RATER 是英文单词 Reliability(信赖度)、Assurance(专业度)、Tangibles(有形度)、Empathy(同理度)和 Responsiveness(响应度)首字母的缩写。

(1) 信赖度。信赖度是指一个企业是否能够始终如一地履行自己对客户所做的服务承诺。

(2) 专业度。专业度是指企业的客户服务人员所具备的专业知识、技能和职业素养。

(3) 有形度。有形度是指有形的客户服务措施、环境、客户服务人员的行为，以及客户服务对客户的帮助和关怀的有形表现。

(4) 同理度。同理度是指客户服务人员是否能够随时设身处地地为客户着想，真正理解客户的感受和处境，了解客户的需求。

(5) 响应度。响应度是指客户服务人员对于客户的需求能否给予及时的回应并迅速表现出为客户解决问题的意愿。

2. 及时反馈

把评估结果与服务标准进行比较，看是否与规定的标准相符，如果不相符，则应说明哪里不相符，怎么不相符。根据比较结果，判定被评估人员是否合格，并把评估的详细结果反馈给相应的客户服务人员，为其后期改进和提高客户服务质量提供参考。

3. 与时俱进

客户服务质量评估的目的是不断提高客户服务质量。实践中，对客户服务目标水平和评估尺度应坚持实事求是、注重实效的原则，以确保客户服务工作规范的每个过程都得到有效控制和适当的评估。

4. 有针对性

客户服务质量评估过后，不仅要对客户服务人员中那些素质差、实际服务水平低、服务工作问题多的人员进行相应的处理，还要根据评估结果就凡影响到客户服务质量要求的各种客户服务技巧和活动，制订相应的计划和程序。为保证计划和程序的实施，应在客户服务实施过程中进行连续的评价和验证。

三、任务实施

(一) 任务流程

评估客户服务质量业务流程(公司内部组织评估)如图 6-2-1 所示。

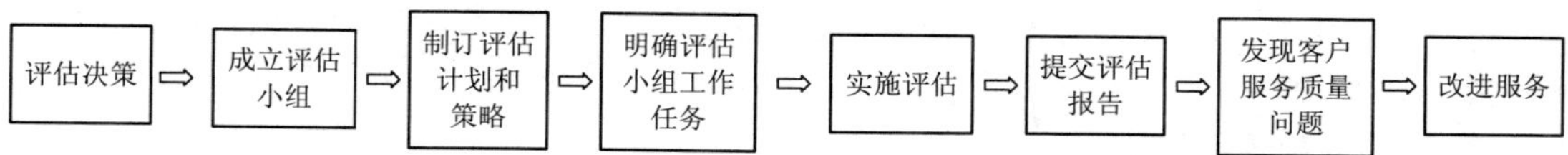

图 6-2-1 评估客户服务质量业务流程(公司内部组织评估)

评估客户服务质量业务流程(客户评估)如图 6-2-2 所示。

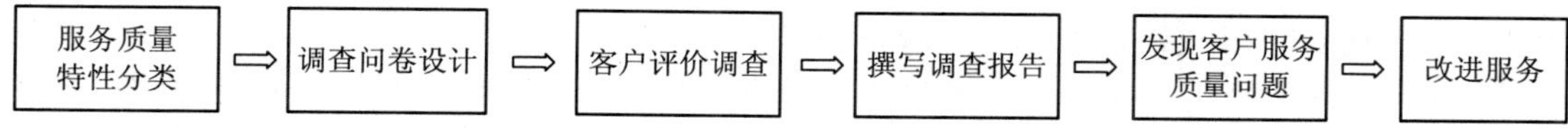

图 6-2-2　评估客户服务质量业务流程(客户评估)

评估客户服务质量业务流程说明如表 6-2-1 所示。

表 6-2-1　评估客户服务质量业务流程说明

工作序号	工作任务	操作指导	注意事项
1	客户评估	服务质量特性分类；调查问卷设计；客户评价调查；撰写调查报告	客户服务质量特性分类与客户服务质量标准的相关分类相符；保证调查问卷的信度和效度应科学且合理，调查对象的选择应有代表性；应选择方便客户评估的时间及方式进行
2	公司内部组织评估	评估决策；成立评估小组；制订评估计划和策略；明确评估小组任务；实施评估；提交评估报告	根据客户服务质量评价标准进行评价，根据实际情况和需要，进行横向或纵向比较
3	发现服务质量问题	把评估结果与客户服务质量标准进行比较，找出存在的问题与不足；提出相应的对策和建议	找出质量问题的原因，并进行相应的考核与奖惩
4	改进服务	与客户服务人员进行反馈沟通，并针对问题与不足进行有针对性的改进	有效纠正不合格的客户服务，以提高客户服务质量为目的

(二) 任务操作

1. 客户评估

(1) 客户服务质量特性分类。根据评估指标体系对客户服务质量特性进行分类，凡影响到客户服务质量要求的各种客户服务技巧和活动应分项细化，逐项分类。

(2) 设计客户调查问卷。根据客户服务质量特性分类，结合客户服务质量标准，设计客户调查问卷，注意问卷结果的可区分度和效度。

(3) 客户评价调查。根据调查计划，选取调查对象，注意调查对象的代表性及客户评价的有效性。通过调查表、询问式调查、客户座谈会等多种方式展开客户评价调查。

(4) 撰写调查报告。负责客户评估的人员根据客户评估结果撰写调查报告，并将报告提交给有关部门。

2. 公司内部组织评估

(1) 评估决策。准备进行评估，根据评估的目的确定评估的范围和深度，使其达到预期评估的目的。

(2) 成立评估小组。确定评估小组的规模和组成人员，通常由领导或有代表性的人员参加，必要时还可以邀请技术专家和观察员参加。

(3) 明确评估小组工作任务。评估小组成立之后，应由评估小组组长召开评估小组会议，向评估小组成员分配任务，明确评估小组组长和评估人员的职责，随之进行各种必要的准备工作。

(4) 制订评估计划和策略。选择评估指标体系，制订评估的计划及应对策略。

(5) 实施评估。评估人员根据评估指标体系，对每一个指标进行详细调查、评估。一般采用专家调查法。

(6) 提交评估报告。将最终的评估结果提交给有关部门。

3. 发现服务质量问题

将客户评估结果及公司内部组织评估结果与客户服务质量标准相比较，根据比较结果，判定客户服务质量是否合格，并进行相应的考核与奖惩。同时，针对不合格的客户服务提出相应的纠正措施。

4. 改进服务

对于不合格的客户服务及相关的客户服务人员，针对不足进行定期或不定期的跟踪管理，以不断分析改进的效果和效率，直至合格为止。

四、任务评价

评估客户服务质量任务评价表如表 6-2-2 所示。

表 6-2-2 评估客户服务质量任务评价表

任 务 清 单	完成情况
分析客户服务质量评估和控制	
查阅国内外客户服务质量评估和控制相关案例	
分析评估客户服务质量的步骤	
尝试结合某企业实际编制一份客户服务质量评估方案	

知识拓展

客户服务质量调查问卷

任务三　制订和执行客户服务计划

俗话说："凡事预则立，不预则废。"根据公司战略目标及客户服务部分的整体目标制订并执行客户服务计划，不仅能为客户服务质量管理工作的实施、监控提供依据，还能较好地调整客户服务与管理人员的工作主动性和积极性，从而确保公司整个客户服务质量管理工作朝着预定目标有序进行。

一、任务情境

（一）任务场景

东莞某公司是一家服务于小微出口生产型企业的公司。公司通过"互联网 + 外贸"的形式，针对小微出口企业订单额小、收付款账期长、融资难等问题，为出口型小微企业提供报关、报检、退税、信用保险、外贸单据制作、融资等基础性服务和增值服务。根据客户及公司内部组织的客户服务质量评估结果，经公司高层研究决定，从客户服务计划管理着手，加强公司客户服务质量管理。

（二）任务布置

为加强公司客户服务计划管理，请为客户服务部设计与制订一套行之有效的客户服务计划，并指导客户服务部执行客户服务计划方案。具体任务内容如下：

(1) 掌握公司客户服务计划管理现状。

(2) 制订客户服务计划。

(3) 执行客户服务计划方案。

(4) 检查与控制客户服务计划。

二、任务准备

（一）知识准备

知识点：客户服务计划管理

客户服务计划管理是指通过科学的预测，提出在未来一定时期内企业各部门及其员工在客户服务方面所要达到的目标及实现该目标的关键措施，并根据实现目标的结果对各部门及其员工给予相应的奖惩而使用的一种管理方法。

客户服务计划管理是对客户服务过程进行管理的一种目标管理。客户服务计划管理不仅是减少因客户服务体系的设计和服务标准的制定不能很好地体现客户的需要而导致客户服务质量不佳的重要方法，更是明确客户服务部门及其员工职责的关键。通过客户服务计划管理可以较好地明确客户服务部门和客户服务人员的角色，从而保证人人有职责，事事有人管。

客户服务计划设计中应注意避免出现以下两个问题：

(1) 服务方式和标准单一。企业或客户服务人员忽视了客户服务需求的多样性，在实践中，以同样的服务方式和标准去满足不同的客户。

(2) 脱离客户需求实际。企业或客户服务人员凭自己的主观想象制定客户服务战略，未能深入实际去了解客户的真实期望和需求。

(二) 操作准备

(1) 了解客户服务计划管理的概念和特征。

(2) 掌握客户服务计划管理的程序。

(3) 能够根据实际制订和有效执行客户服务计划。

(三) 任务要领

1. 目标科学

应立足企业实际，结合客户需求，科学且合理地制订各级各类客户服务目标。制订目标时，应确保目标是可行的，是通过客户服务人员的适当努力能够实现的。

2. 措施得当

客户服务计划目标的实现离不开一定的保障措施，如人员保障、制度保障、物质保障等。公司应为客户服务人员实现相应的客户服务目标制订相应的措施及创造相应的条件，以便为客户服务计划的顺利且有效执行提供充足的保障。

3. 指导及时

为了保证客户服务计划如期有效地完成，在计划执行过程中，应及时为有需要的客户服务人员提供相应的指导和帮助，如在客户服务现场管理中发现客户服务人员有不文明、不礼貌的行为时应及时制止，并指导其纠正。

4. 结果善用

合理利用检查和考核的结果，从结果中找出差距与不足，并针对差距与不足采取有针对性的改进措施，从而不断进步，这是不断提高客户服务计划管理质量的关键。

三、任务实施

(一) 任务流程

客户服务计划管理业务工作流程如图 6-3-1 所示。

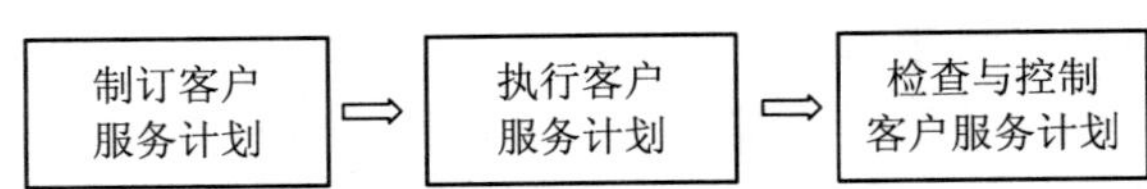

图 6-3-1　客户服务计划管理业务工作流程

客户服务计划管理业务流程说明如表 6-3-1 所示。

表 6-3-1　客户服务计划管理业务流程说明

工作序号	工作任务	操作指导	注意事项	备　注
1	制订客户服务计划	企业环境分析；确定计划目标；方案的比较和选择；综合平衡	分析应全面而准确；目标要科学；措施要得当	与企业实际相结合
2	执行客户服务计划	建立服务指挥系统；建立健全责任制；建立检查与考核制度；调动客户服务人员的积极性	严格按计划执行；指挥有效；落实到位	统一指挥，责任明确
3	检查与控制客户服务计划	明确标准；检查计划的执行结果；计划的校正和修订	定期与不定期检查相结合；将计划中的各项指标与实际执行情况进行比较；发现差异，分析原因；及时指导；结果善用	以保证计划顺利完成为目的

(二) 任务操作

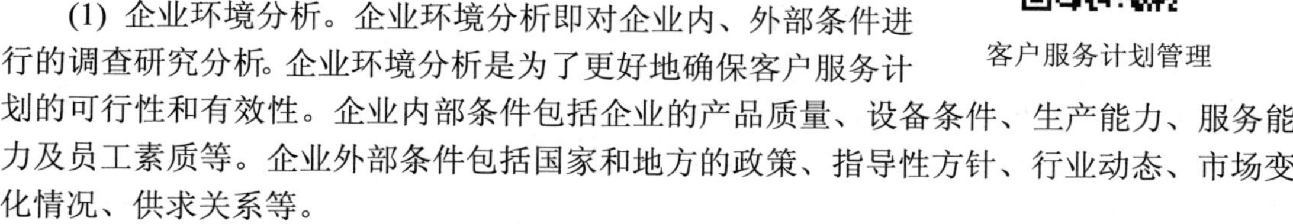

客户服务计划管理

1. 制订客户服务计划

(1) 企业环境分析。企业环境分析即对企业内、外部条件进行的调查研究分析。企业环境分析是为了更好地确保客户服务计划的可行性和有效性。企业内部条件包括企业的产品质量、设备条件、生产能力、服务能力及员工素质等。企业外部条件包括国家和地方的政策、指导性方针、行业动态、市场变化情况、供求关系等。

(2) 确定计划目标。目标是企业在一定时期内通过客户服务计划管理而应达到的期望值，主要包括客户满意度、客户投诉率等指标。目标要切实可行，既不能太高也不能太低。理想的计划目标应该是根据最近发展区理论确定的且通过员工的适当努力就能实现的。

(3) 方案的比较和选择。从事先拟订的多种方案中选择最理想、最可行的方案。确保所选的方案既符合客户服务目标的要求，又不超出企业内外部条件的约束。

(4) 综合平衡。在客户服务计划管理中，要评估好自己的实力，做好有关各方的综合平衡。综合平衡主要包括三个方面的平衡：以利润为中心的综合平衡，主要指营业收入与成本、费用之间的平衡；财务收支平衡，主要指客户服务任务与企业服务能力之间的平衡；客户服务计划与人、财、物供求之间的平衡等。

2. 执行客户服务计划

(1) 建立服务指挥系统。服务指挥系统应有一套保证客户服务计划执行的制度和方法，有明确的业务分工和责权划分，并按分工和责权执行计划，同时充分发挥服务指挥系统的协调作用。

(2) 建立健全责任制。把服务计划层层落实到具体的部门、单位和个人，并严格落实和追究客户服务计划执行过程中的责任。

(3) 建立检查与考核制度。为确保客户服务计划的顺利进行，对计划执行情况进行及时的检查，对各班组、客户服务人员的计划完成情况进行考核、记录、统计，以便及时发现计划执行过程中遇到的问题并及时解决问题。

(4) 调动客户服务人员的积极性。向客户服务人员解释客户服务计划的目的，执行的具体方案、措施，完成计划的注意事项，既能让客户服务人员更好地理解并接受客户服务计划，又能更好地调动客户服务人员的主动性和积极性，从而为客户服务计划的执行提供更加充足的动力。

3. 检查与控制客户服务计划

(1) 明确标准。只有明确标准，才能找出差异，否则无法比较，自然也就无法找出差异。

(2) 检查计划的执行结果。检查计划的执行结果的实质是反馈服务计划的执行情况，是对客户服务信息的反馈和比较。通过反馈和比较可以找出偏差，进而才能进行相应的校正和修订。具体来讲，可按以下步骤进行：

① 建立按目的、按时期的有关量与质的报告制度，采取数据统计、图表显示等手段，反馈服务计划执行情况。

② 定期召开会议。结合会议信息，将有关统计数据和反馈情况与企业服务计划中所规定的目的、目标或阶段性指标进行归口、归类比较。

③ 找差距，找原因。通过对服务信息反馈的实际执行情况与计划目标进行比较，找出差距，分析差距产生的原因，从而为后续的客户服务计划的校正和修订提供依据。

(3) 计划的校正和修订。对客户服务计划进行校正和修订是对客户服务计划进行控制的必经阶段。计划的校正和修订通常应遵循以下原则：

① 全面反馈原则。即使产生的差异较小或是在允许的范围内，也应当进行反馈，以便根据实际情况作出是否进行相应的校正或修订的决定。若产生的差异超出可接受范围，则必须采取相应的修订措施。

② 有的放矢。为了保证校正和修订的效果和效率，应针对差异产生的原因，有针对性地加以校正。

③ 团结协作。客户服务工作是一个团队性工作，客户服务计划的执行有时需要不同部门、不同人员加以配合，因此，如果客户服务计划执行中发现差异是由执行过程中有关部门的配合行动引起的，则应采取必要的协调措施加以修正。

④ 适时修正。客户服务计划是在一定的环境条件下制订的，有其特定的适应环境。如果客户服务计划赖以执行的环境变了(如国家和地方的相关法律、法规变化)，或是客户服务计划赖以抉择的条件变了，就要根据新环境、新条件对客户服务计划进行相应的修改和修订。

四、任务评价

客户服务计划管理任务评价表如表 6-3-2 所示。

表 6-3-2　客户服务计划管理任务评价表

任务清单	完成情况
查阅客户服务计划管理相关案例	
查阅各公司客户服务计划管理方案	
分析检查与控制客户服务计划的要点	
尝试结合公司实际，制订公司客户服务计划管理方案	

知识拓展

制订优质客户服务策略

任务四　控制客户服务过程

控制是管理的基本职能，客户服务质量管理同样离不开控制。按预定计划和目标，对客户服务过程进行有效的监督与控制，以便及时发现客户服务过程中的问题并有效解决问题，进而确保公司整个客户服务质量管理工作沿着正确的方向不断发展。

一、任务情境

(一) 任务场景

惠州某公司是一家为中小微企业提供进出口业务服务的企业，公司以自己的外贸服务平台为工具，为中小微企业进出口业务提供外包型服务。为进一步提升公司客户服务质量，以促进公司的可持续发展，经公司高层研究决定，加强对公司客户服务过程的控制。

(二) 任务布置

由客户服务部根据客户服务计划及客户服务质量标准加强对公司客户服务过程的控制。具体任务内容如下：

(1) 明确客户服务过程控制的目的。

(2) 制订客户服务过程控制的方案。

(3) 结合实际对企业客户服务过程进行控制。

二、任务准备

客户服务过程控制

(一) 知识准备

知识点：客户服务过程控制

客户服务过程控制是指通过科学的预测，提出在未来一定时期内企业各部门及其员工为了达到客户服务方面的目标所应采取的关键措施，并根据实现目标的结果对各部门及员工给予相应的指导和监督，从而将服务系统误差控制在一定的范围内并积极消除误差带来的负面影响的过程。

1. 客户服务过程控制的步骤

(1) 获取客户服务过程输出的有关信息。为了确保能够有效获取客户服务过程输出的真实信息，在客户服务过程控制中，应选择适当的客户服务质量特征值(如跟客户沟通的时间、地点、次数等)并说明获取客户服务信息的方法(如通话记录、聊天截图等)。

(2) 将实际输出与规定的目标相比较。如某客户服务人员 1 个月只跟某个客户联系了 1 次，而规定目标是至少两次，那说明这个客户服务人员没有完成相应的工作任务，其为客户提供的服务是有偏差的。

(3) 如果实际输出与规定的目标之间有差别，则采取相应的措施。实践中，为了提高改进的效果和效率，可以让参与客户服务的客户服务人员自己负责过程控制。如让客户服务人员自己把握与客户的通话时长、让客户服务人员自己选择适当的时间与客户通话等。

2. 客户服务过程控制的方法

1) 统计过程控制

统计过程控制是应用统计技术对服务过程中的各个阶段进行评估和监控，保持服务过程可接受且稳定，从而保证产品与服务符合规定要求的一种服务质量管理技术。统计过程控制是一种全员参与且强调对整个客户服务过程进行控制的预防性方法。统计过程控制利用控制图(图示的方法)分析服务过程的稳定性，进而对服务过程存在的异常因素进行预警。控制图关注与服务过程有关的服务质量特征值随时间改变而发生的变化情况。

实践中，控制图分为计量值控制图和计数值控制图。计量值控制图适用于时间、频率等质量特性值的分析和控制，如每次与客户沟通的时长、帮客户解决问题的时长等。它通常是利用连续变化的数据来分析的。如与客户沟通的平均时长缩短两分钟，帮客户解决问题的时长由原来的 24 小时内缩短为 12 小时内等。计数值控制图适用于不合格产品(或服务)数、客户投诉次数等的控制。它是利用有关缺陷发生的信息、发生的次数等(属性数据)来进行分析的，如每月被客户投诉的次数、每周被退货的单数等。

2) 客户服务人员的控制

让客户服务人员(包括一线客户服务人员和不直接对客户服务的客户服务人员)自己控制客户服务过程的质量，不仅可以在一定程度上节省成本，而且可以更快地采取纠正措施，从而减少投诉的发生，同时还能让客户服务人员具有更多的自主性，从而让客户服务工作更加有趣。

(1) 让客户服务人员负责客户服务过程控制时，一般采取以下做法：

① 给予客户服务人员有关服务质量要求的信息；

② 给予客户服务人员服务生产过程和控制的文件；

③ 客户服务人员按照这些文件检验产品(或服务)输出的过程；

④ 如果符合服务质量要求，则继续生产客户需要的产品(或服务)；

⑤ 如果不符合服务质量要求，则应该采取纠正措施并通知有关管理人员和监督人员。

(2) 让客户服务人员对客户服务过程进行控制时，必须满足以下条件，否则是收不到预期效果的。

① 客户服务人员在客户服务过程中具有必要的能力，即具备满足客户服务质量要求的能力；

② 客户服务人员应熟悉其所涉及的工作；

③ 客户服务人员能获取关于其工作结果的信息；

④ 客户服务人员能影响其工作的结果。

3. 客户服务过程控制实施不当

(1) 企业或客户服务人员不重视客户服务质量。

(2) 认识片面。把客户服务看作客户服务部专业人员的事情。

(3) 角色不清晰。部门和员工角色不清晰，客户服务部和客户服务人员不清楚哪些事该管，哪些事不该管，因而导致同一件事情有很多人在管，有的事情又没人管。

(4) 没有长期坚持。客户服务工作是一个长期的系统工作，需要客户服务人员长期不懈努力，才能确保其效果。

(二) 操作要求

(1) 了解客户服务过程控制的概念、内容和方法。

(2) 掌握客户服务过程控制的程序。

(3) 熟悉客户服务质量偏差的种类和纠正措施。

(4) 能协调和解决客户服务过程中出现的各种问题。

客户服务质量偏差的纠正

(三) 任务要领

1. 保证质量

客户服务人员在客户服务实施过程中，应保证能给客户提供符合质量要求的客户服务，尽量减少客户服务偏差或提供质量有缺陷的服务。

2. 适当选择

在实施客户服务过程中应选择适当的服务质量特征值并说明获取客户服务信息的方法，以确保客户服务质量的评价与控制具有可操作性和有效性。

3. 自我负责

在客户服务过程中，让客户服务人员自己负责过程控制，不仅能充分调动客户服务人员快速而有效地改正服务中存在的问题的主动性和积极性，更能让客户服务人员的工作变得更有趣味性，从而进一步提高客户服务过程控制的效果和效率。

三、任务实施

(一) 任务流程

客户服务过程控制业务工作流程如图 6-4-1 所示。

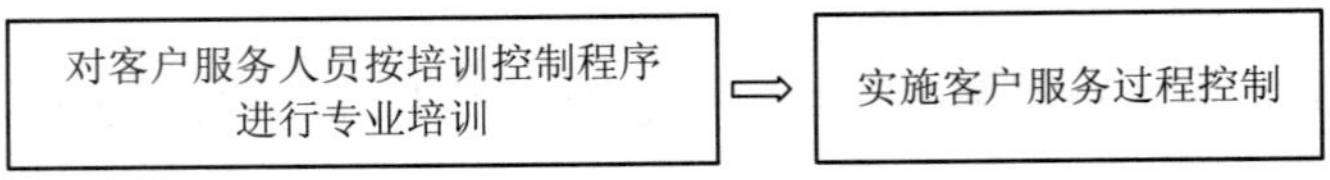

对客户服务人员按培训控制程序进行专业培训 ⇨ 实施客户服务过程控制

图 6-4-1　客户服务过程控制业务工作流程

客户服务过程控制业务流程说明如表 6-4-1 所示。

表 6-4-1　客户服务过程控制业务流程说明

工作序号	工作内容	操作指导	注意事项	备　注
1	对客户服务人员按培训控制程序进行专业培训	针对各部门客户服务人员进行相应的专业培训	结合各岗位工作实际进行	先培训，后上岗
2	实施客户服务过程控制	联络客户，定期走访，并做好记录；演示、宣传和引导；整理走访情况并上报；监督合同执行情况；主动跟进；及时回复客户问题；处理客户问题；定期对客户服务质量信息进行分析，并有针对性地采取纠正和预防措施	专人负责，及时跟进、处理；做好必要的纠正和预防措施	定期和不定期相结合

(二) 任务操作

1. 对客户服务人员按培训控制程序进行专业培训

针对客户服务人员的专业培训具体可由各部门协助完成。例如，对市场部销售人员的销售技能技巧的培训，可以由销售部协助完成；对物流部产品包装人员的产品包装技能技巧的培训，则应由物流部协助完成；对生产部生产人员的产品生产质量控制技能技巧的培训，应由生产部协助完成。

2. 实施客户服务过程控制

在接受专业的客户服务过程控制培训后，各部门客户服务人员应在自己的岗位上将培训内容应用于客户服务工作实践中。

(1) 联络客户，定期走访，并做好记录。客户服务人员对客户进行电话或信函联络，并定期走访，同时在相应的登记表中做好记录。

(2) 演示、宣传和引导。客户服务人员对客户进行走访时需对产品功效进行演示，并以符合产品实效的资料对客户进行宣传和引导。客户服务人员应做好记录，采购业务部应定期对客户服务人员的记录进行整理、筛选、归档。

(3) 整理走访情况并上报。客户服务部在每月结束前将客户走访情况进行整理，并于下月初统一呈报审阅。

(4) 监督合同执行情况。客户服务部负责监督合同的执行情况，如将有形商品中途运输的基本情况事先通知客户，并将联系方法通知客户，以便客户及时收货。运输途中若出现商品损毁等意外情况，应立即以最快的方式联络客户，并及时按损失最小的方法处理解决。

(5) 主动跟进。商品到达客户指定的地点后，客户服务部对于商品的完整性及客户对商品的质量是否满意等情况主动跟进，与客户联络，若有问题要及时反馈给相关部门，并及时处理解决。

(6) 及时回复客户问题。客户服务部在接到反映产品质量或服务质量问题的客户来函来电时，应及时给予回复，并在规定的相应表格上做好记录。

(7) 处理客户问题。若出现产品质量问题或特殊问题，客户服务部应及时通知相关部门解决，并将问题分类汇总，出具客户意见处理记录表报相关管理者审阅。

(8) 定期对客户服务质量信息进行分析，并有针对性地采取纠正和预防措施。客户服务部定期组织相关部门对服务中获取的质量信息进行分析，必要时采取纠正和预防措施。

四、任务评价

客户服务过程控制任务评价表如表 6-4-2 所示。

表 6-4-2　客户服务过程控制任务评价表

任 务 清 单	完成情况
查阅客户服务过程控制案例	
分析客户服务过程控制的方法	
分析客户服务过程控制的步骤	
尝试结合公司实际，进行客户服务过程控制	

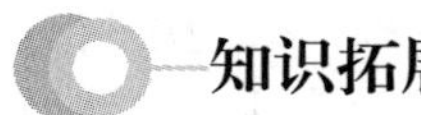

知识拓展

客户服务质量偏差的种类和纠正措施

任务五　创新客户服务质量监控——数智质检

客户服务质量监控涉及的范围很广，传统的人工监控不仅费时、费事且效果也常常不尽如人意。数智质检依据人工智能、摄像、视频等现代技术，不仅能实现客户服务质量监控 7 × 24 小时不间断工作，还能客观、公正地还原客户服务现场，从而大大提升了客户服务质量监控的效果和效率。

一、任务情境

(一) 任务场景

惠州某外贸服务公司于 2017 年成立，注册资本为 2000 万元。随着公司的不断发展，客户服务质量监控问题日益突出。如何加强客户服务质量监督，提高客户服务质量，提高客户的满意度和忠诚度，让公司高层们头痛不止。

(二) 任务布置

公司委托某科技有限公司开发数智客户服务质量监控系统(即数智质检系统)，并为公司相关人员提供相应的操作培训。具体任务如下：

(1) 明确公司数智客户服务质量监控系统的需求。

(2) 设计开发数智客户服务质量监控系统。

(3) 测试与调整数智客户服务质量监控系统。

(4) 组织和实施相关培训。

二、任务准备

(一) 知识准备

知识点：数智质检

1. 数智质检的定义

数智质检系统是指以语音识别、自然语言理解、大数据处理技术为基础，采用语音分析技术，将语音对话转成文字内容呈现，理解话者语义、识别话者意图、测算话者情绪及话务信息，面向客户服务质量监控中心提供全量数据存储、质检的系统工具。

数智质检通过利用语音文本转译对客服专员的录音实施全量质检，并对录音中的服务禁语、情绪波动，以及通话流程、挂机规范、客户语料等进行全方位精准检测，从而促进了电话服务质检工作的变革。

2. 数智质检与传统质检的比较

随着互联网技术的不断发展，人工智能已经渗透到人们生活和工作的方方面面，也成为各行各业不断探索的领域。在客户服务质量管理中，数智质检的出现和运用弥补了传统质检工作中存在的主要问题，提高了质检人员的工作效率，并实现了全量质检。

1) 传统人工质检中存在的主要问题

(1) 质检覆盖率不足。在客户服务与管理中，质检工作主要是通过人工抽检录音的方式来实现质量检查、风险防控的，但随机抽检的覆盖率有限。实践中，抽检录音量较少，无法获取充足的有效价值信息，一些潜在的风险和问题无法被及时发现、提醒和补救。

(2) 质检不及时。人工质检发现问题需要一定周期，少则两三天、多则一两周，甚至更长时间。而且质检人员主要是事后抽检录音，因此对于紧急业务异常指标及风险点无法在第一时间发现，从而导致服务风险管控的时效相对滞后。

(3) 质检评判主观性强。质检标准在具体执行过程中会存在一定的差异性，因为每个质检人员对标准都有自己的理解，这导致人工质检结果会存在一定的主观性，对质检尺度的拿捏或多或少会出现偏差，从而影响质检结果的一致性，不能客观有效地对整体服务质量进行合理评价。

2) 数智质检的优势

(1) 提升质检效率。数智质检系统运用人工智能技术，对客服专员的录音进行批量性的转译，并通过定制服务场景、配置相应话术模板实现对录音的全量质检。数智质检可以全面识别海量会话语音中的风险信息，将质检覆盖率提升到100%，有效提升了质检效率。

(2) 精准识别问题。数智质检系统具备先进的语音识别和自然语言处理技术，能够准确地识别客户服务人员与客户之间的对话内容，通过配置投诉曝光、风险话术、客户不满等关键词模型，对客户和客户服务人员的情绪、语速、关键词等进行分析，识别监测客户和客户服务人员双方的情绪波动，并快速发现问题与潜在的机遇，帮助企业了解客户的需求，调整客户服务策略。

(3) 实时监控与反馈。通过数智质检解决方案，企业可以实时监控客户服务过程中的关键指标和绩效表现。数智质检系统能够提供实时的反馈和建议，帮助客户服务人员在服务过程中及时调整和优化，以提供更优质的客户服务。

(4) 数据驱动决策。数智质检解决方案能够对大量的语音数据进行分析和挖掘，生成详尽的报告和见解。这些数据可以为企业提供宝贵的信息资源，指导决策和战略制定。通过了解客户的偏好和需求，企业可以针对性地进行产品创新和市场定位。

3. 数智质检的功能

数智质检为客户服务质量检测提供了便利和支持。通过充分发挥数智质检解决方案的优势，企业能够实现精准管理，提升客户服务质量，为客户提供更优质的服务，从而取得持续的业务成功。数智质检通常具有以下五个功能：

1) 语音转译

采用语音分析技术，将语音对话转成文字内容呈现出来，有助于理解话者语义、识别话者意图、测算话者情绪及话务信息。

2) 语音查询

数智质检往往具有海量数据秒级查询反馈，支持自定义索引、话务、关键词等查询语言，支持倍速播放、关键词定位语音。

3) 自动评分

数智质检跟传统质检主观判断不同，数智质检中，自动评分与手动评分协同，支持对机器自动评分结果做人工复核，支持异议申诉复核。数智质检可以通过关键词匹配、语速、情绪值等配置规则为客户服务人员自动评分，支持人工复核；还可以分析客户服务人员与客户通知内容、输出客户服务人员画像。

4) 重点业务排查

数智质检具有语音转译功能，可以将语音通话识别为文本文字，实现关键字搜索对重点业务的词组进行抓取，能对特定业务进行专项排查，检验客服专员的业务掌握情况。同时，通过进一步对话务文本的匹配分析，了解客户对重点业务或产品的需求，从而让客户服务更专业，提升软实力。

5) 运维监控

数智质检自动监控系统软硬件运行情况，有完备的数据自动对账及日志监控平台工具，出现异常时支持单步恢复、快速恢复。

4. 相关法律法规

本任务涉及的相关法律法规有《中华人民共和国个人信息保护法》《中华人民共和国数据安全法》《中华人民共和国民法典》《中华人民共和国产品质量法》等。

(二) 操作准备

(1) 理解数智质检的含义；

(2) 了解数智质检的优势；

(3) 熟悉数智质检的功能；

(4) 具有创新思维和创新意识，能够根据实际需要不断发现问题、分析问题进而解决问题。

(三) 任务要领

1. 全轨迹

数智质检支持录音质检、文本质检、工单质检。数智质检采取双轨录音质检、混轨话者分离，数据源实行呼叫轨迹和录音转写文本一体化，实时质检和离线质检并重，可按时长、队列、部门多业务组合质检。实时质检在客户服务人员与客户通话和聊天的过程中实时监控客户服务人员的态度和敏感词，实时打分；离线质检每天定时对既定时间内的通话和聊天内容进行质检。通过对客户服务质量形成全方位监控、多级别告警，全面掌握服务状态。

2. 全场景

数智质检覆盖离线质检、实时质检、工单质检、服务质检等多种质检业务场景，自动完成抽样、初检、申诉、复议、复核全部操作。数智质检利用大数据技术自动完成客户价值分析、投诉预警、热词统计及客户服务人员合规质检及全规则统计分析等全部业务任务。

3. 易操作

数智质检采用模块化组件方式，配合灵活，而且其客户、主观模型话术积累丰富，所有报表自定义数据、规则、样式，操作简单，易上手。

三、任务实施

（一）任务流程

数智质检业务流程如图 6-5-1 所示。

图 6-5-1　数智质检业务流程图

数智质检业务流程说明如表 6-5-1 所示。

表 6-5-1　数智质检业务流程说明

工作序号	工作任务	操作指导	注意事项	备注
1	配置规则	根据客户服务质量监控需要配置数智质检轨迹；根据客户服务质量监控需要配置数智质检模式	全轨迹；多模式	录音质检、文本质检、工单质检；实时质检、离线质检
2	选定方案	明确数智质检的目的；确定数智质检的范围；选定数智质检的内容；制定数智质检的评判标准；设定数智质检结果的输出内容与方式	目的明确；规则多样；快速高效；结果清晰	分组进行
3	设定质检任务	设定质检的质检对象、方案、频次、时间等	检测对象清楚；周期界定正确；检测内容完整	发展性比较分析评价
4	输出质检结果	数智大数据挖掘；结果可视化；报表输出	全数据聚合；维度全面；字段丰富；分时统计、数据挖掘	针对企业、部门、个人量身配置相应的报表，报表应各具特色；数智报表可实现主题提取、自动摘要、自动分类等

(二) 任务操作

1. 配置规则

数智质检提供实时质检和离线质检等维度的规则配置选项，能够根据需要对录音、文本、工单等进行质检。管理者可按关键词划分为禁语、礼貌用语、专业知识等几大类，设定合规规则。针对客户服务人员与客户的沟通中存在的一些关键行为作出合规性判断，如未及时响应、超时响应、未关怀等。

2. 选定方案

在数智质检中，客户服务质量监控人员应根据企业实际设定多种不同的规则集合，即质检方案，针对不同的技能组、客户服务组开展不同的质检工作。

3. 设定质检任务

客户服务质量监控往往是需要固定周期进行的，只有对质检结果进行比对，才能判断所作的服务调整是否有效。为此，数智质检提供不同周期性质检任务的设定，客户服务质量监控人员可以设定质检的质检对象、方案、频次、时间等，从而让数智质检系统自动地按照设置执行质检并呈现质检结果。

4. 输出质检结果

针对客户服务数智质检的结果生成报表，在报表中，客户服务质量监控人员可以查看到每个质检任务的整体情况，也可以具体查看相应的详情，详情中包含会话、通话记录、质检扣分明细、质检分值结果等。

任务评价

数智质检任务评价如表 6-5-2 所示。

表 6-5-2 数智质检任务评价表

任 务 清 单	完成情况
查阅数智质检案例	
查阅相关法律法规	
分析数智质检的业务流程	
分析数智质检的价值	
结合公司实际，尝试设计数智质检方案	
分析如何利用人工智能、大数据等现代技术加强客户服务质量监控，提升客户服务质量	

知识拓展

数智质检系统的进一步完善与发展

复习与思考

1. 什么是客户服务质量管理？客户服务质量信息的来源有哪些？
2. 客户服务质量评估要素有哪些？客户服务质量控制应坚持什么原则？
3. 什么是客户服务计划管理？实践中，怎样做好客户服务计划管理？
4. 请简述客户服务质量差距模型的各类差距及消除差距的措施。
5. 什么是数智质检？数智质检对企业而言有何价值？

课后练习

项目七　客户服务产品开发与管理①

知识目标

(1) 理解客户满意度的含义；
(2) 掌握客户满意度的影响因素；
(3) 理解客户忠诚度的含义；
(4) 熟悉客户服务产品的设计流程；
(5) 掌握客户服务产品开发步骤；
(6) 了解商业智能的定义、功能和价值；
(7) 熟悉商业智能实施步骤。

技能目标

(1) 能够进行客户满意度的度量，并从多个角度实现客户满意；
(2) 能够运用一定的方法提高客户忠诚度；
(3) 能够发现客户新需求并设计开发客户服务新产品，以适应客户需求变化；
(4) 能够利用商业智能，提高开发客户服务新产品的效果和效率。

素养目标

(1) 培养和树立爱岗敬业精神，诚实守信；
(2) 尊重客户，具有职业责任感和大局观；
(3) 尊重科学，具有正确的义利观；
(4) 培养工匠精神，开拓创新。

思政园地：精益求精、开拓创新，丰富和完善客户服务与管理产品

① 本项目融合了 1+X 社交电商职业技能等级证书考试知识，以及金砖国家职业技能大赛互联网营销、商业数字化能力等赛项知识。

创新是企业持续发展的不竭动力，时代在变，客户需求也在不断发展变化。以客户需求为导向，及时发现客户需求变化，并根据客户需求变化设计出更加符合客户需求的产品(或服务)，从而为客户提供更好的体验和服务，已经成为企业吸引和留住客户的关键。

任务一　认识客户满意度管理

企业吸引和留住客户的方法很多，但最根本的是要让客户满意。只有让客户满意，客户才可能忠诚，才可能留存下来，甚至将产品(或服务)分享给身边的人。

一、任务情境

(一) 任务场景

某外贸服务有限公司于2016年成立，该公司主要为企业办理业务接洽、合同签订、代理报检、代办证件及提供财务咨询或经济与商务咨询等业务。面对竞争日趋激烈的市场，公司高层认识到，让客户满意、提高客户的满意度和忠诚度，是赢得客户的关键。

(二) 任务布置

公司决定从让客户满意、提高客户满意度着手，指定公司客户服务部做好公司客户满意度管理。

(1) 认识客户满意、客户满意度和客户忠诚度。

(2) 明确客户满意、客户忠诚度的影响因素。

(3) 熟悉客户忠诚度的衡量指标。

(4) 提高客户满意度和忠诚度。

二、任务准备

(一) 知识准备

客户满意度管理

知识点：客户满意　客户满意度　客户忠诚度

1. 客户满意

1) 客户满意的定义

客户满意是指客户在对一个产品(或服务)可感知的效果(或结果)与期望值进行比较后，形成的愉悦或失望的感觉状态。实践中，客户往往会在自己对于服务的需求和自己以往的经历及周围人对于企业服务的认可的基础上形成对企业服务的期望值，并将这个期望值和自己实际所感知到的企业服务相比较。如果感知效果与期望值相匹配，客户就会满意；如果感知效果超过期望值，客户就会高度满意或欣喜；如果感知效果低于期望值，客户就会不满意。

2) 客户满意的本质

客户满意的本质是客户的期望得到满足。从客户的角度讲，影响客户期望的因素主要包括：

(1) 客户自身的价值观；

(2) 客户个人的生活经验；

(3) 他人经验的影响；

(4) 企业通过营销活动对客户施加的影响。

3) 影响客户满意的因素

影响客户满意的因素在于客户对获取的利益和价值满足和满意与否。影响客户满意的因素主要有以下几个方面：

(1) 核心产品(或服务)。核心产品(或服务)是企业所提供的基本产品(或服务)，企业只有把核心产品(或服务)做好，才能满足客户正常使用产品(或服务)的需要。如为客户提供通关一站式服务，最基本的就是要让客户能真正实现一站式通关，否则，让客户满意将无从说起。这就犹如空调必须要有制冷功能一样，如果空调不能制冷，就算做得再好，也难以让客户满意。

(2) 支持性服务。支持性服务是指外围的支持性服务，这些服务有利于核心产品的提供。如外贸出口中经常碰到退税周期过长的情况，导致很多企业尤其是中小企业资金周转困难。深圳某公司在给企业代理出口退税业务的同时，还会给企业先行垫付退税款，从而解决企业资金周转问题。

(3) 承诺服务兑现。信守承诺是客户关系中一个非常重要的因素，客户任何时候都期望交易顺利进行且企业能遵守承诺。如承诺客户一周可以办好，但实际却是超过一周才办好的，这时客户自然就会产生不满情绪。

(4) 沟通因素。良好的沟通是提高客户满意度的重要因素。很多情况下，因客户对产品(或服务)的性能不了解而造成使用不当，这就需要企业提供咨询服务。如果客户与企业联系缺乏必要的渠道或渠道不畅，就容易造成客户不满意。如有的外贸服务平台启用机器人客服，客户碰到个性化问题时，机器人客服答非所问，这自然会给客户留下很不好的印象。所以，较好的做法是一旦机器人客户无法解答客户的问题，就应立即启用人工客服。

(5) 情感因素。客户对企业产生的正面或负面情感即客户在与企业进行沟通的过程中的感受，也是企业客户服务中需要考虑的因素之一。实践中，很多客户的满意度与核心产品(或服务)的质量实际上并无太大关系，客户之所以满意，是因为客户与企业客户服务人员的互动，满足了客户受尊重的需要、归属的需要。所以，企业应注意每一位客户服务人员的言行举止，不要让某位客户服务人员的不当言行使企业失去了客户。

2. 客户满意度

1) 客户满意度的定义

客户满意度是指客户的满意程度，它是客户对企业产品、服务满意与否的综合评价。客户满意度是一个相对的概念，其程度高低取决于客户期望与客户感知之间的差距。客户满意度包括理念满意、行为满意和视听满意。

(1) 理念满意。理念满意是指客户对提供产品(或服务)的企业的理念要求被满足程度的感受。理念满意是客户满意的基本条件，不仅要体现企业的核心价值观，还要让企业的价值观得到企业内外部所有客户的认同直至满意。如某外贸服务平台的客户服务理念是“因您而变”，这充分反映了公司愿意站在客户角度考虑问题的个性化服务理念，更容易让客户满意。

(2) 行为满意。行为满意是指客户对提供产品(或服务)的企业经营上的行为机制、行为规则和行为模式上的要求被满足程度的感受。企业在努力实现理念满意的同时，应多关注理念指导下的企业的具体行为，坚持言行一致。如某外贸服务平台承诺“一站式”服务，企业就应作出相应的行动，从而依靠真诚的客户服务留住客户的心。

(3) 视听满意。视听满意是指客户对企业的各种形象要求在视觉、听觉上被满足程度的感受。如某专门从事中东外贸服务的平台，按中东文化特色设计网站页面背景，这样更能引起客户的共鸣。

2) 客户满意度的衡量指标

客户满意是一种暂时的、不稳定的心理状态，因此，企业应该经常性地进行测试。衡量客户满意度的主要指标有以下七项：

(1) 美誉度。美誉度是客户对企业或品牌的褒扬，借助美誉度，企业可以知道客户对产品(或服务)的满意状况。通常，持褒扬态度、愿意向他人推荐企业及其产品(或服务)的，表明客户对企业提供的产品(或服务)是非常满意的。

(2) 指名度。指名度是客户指名消费或购买某产品(或服务)的程度。如果客户在消费或购买过程中放弃其他选择而指名购买、非此不买，则表明客户对该产品(或服务)是非常满意的。

(3) 回头率。回头率是客户消费了某产品(或服务)之后，愿意再次消费的程度。客户是否继续购买某产品(或服务)，是衡量客户满意度的重要指标。如果客户不再购买该产品(或服务)而改购其他品牌的产品(或服务)，则表明客户对该产品(或服务)很可能是不满意的。在一定时期内，客户对产品(或服务)的重复购买次数越多，说明客户的满意度越高，反之则越低。

(4) 投诉率。客户投诉是客户不满意的具体表现。投诉率是指客户购买或消费了某产品(或服务)之后所产生投诉的比例。客户投诉率越高，表明客户越不满意。注意，这里的投诉率包括客户直接表现出来的显性投诉和存在于客户心底未予倾诉的隐性投诉。因此，企业要全面了解客户投诉率，不仅要看客户的显性投诉，还必须主动、直接征询客户，这样才能发现可能存在的隐性投诉。

(5) 包容性。包容性是指客户对产品(或服务)缺陷的承受能力。当产品(或服务)出现缺陷时，客户如果能表现出既不投诉也不流失的容忍态度，则说明客户对该企业或品牌不是一般的满意。

(6) 购买额。购买额是指客户购买某产品(或服务)的金额的多少。通常，客户对某产品(或服务)的购买额越大，表明客户对该产品(或服务)的满意度越高；反之，则表明客户满意度越低。

(7) 对价格的敏感度。客户对产品(或服务)的价格敏感度或承受能力，也可以反映出客户对企业或品牌的满意度。当产品(或服务)的价格上调时，如果客户表现出很强的承受能力，那么表明客户对该企业或品牌是满意的；相反，如果出现客户转移与叛离，则说明客户对该企业或品牌的满意度不够高。

3) 提高客户满意度的关键途径

(1) 让客户喜欢企业的“面”。企业的“面”主要指企业属性，即理念、行为、视觉，也就是企业的形象系统，即CIS(企业的统一化系统)。

(2) 让客户感受企业的“里”。提高客户满意度，最关键的还是给客户提供最适合的产品(或服务)，客户对核心价值的追求之一，永远是企业提供的产品(或服务)的质量。

(3) 让客户享受企业的“福”。提高客户满意度，除了给客户提供最适合的产品(或服务)，还要尽量让客户的整个消费过程显得是非常愉悦的。因此，良好的客户服务就成为必要。

4) 提高客户满意度时的注意事项

提高客户满意度的关键在于提高客户的利益与价值感受，为此，企业应注意以下事项：

(1) 表里相符，不要盲目扩大客户的期望；

(2) 利益有限，感受至上，价值无限；

(3) 产品难有差别，人员和形象容易有差别；

(4) 价格有度，服务无度；

(5) 感受是建立在个性特点之上的；

(6) 问题有度，抱怨无度。

3. 客户忠诚度

1) 客户忠诚度的定义

客户忠诚度主要用客户行为持续性来描述，是指客户偏爱某企业或产品的一种心理状态或态度，即对某产品或服务、品牌具有一种长久的忠诚心。

2) 客户忠诚度的影响因素

客户宽以待人的本质在于客户对利益的感受和满足。因此，客户忠诚度管理的要点是改善客户对利益的感受，满足其要求。一般而言，影响客户忠诚度的因素有以下五种：

(1) 产品(或服务)的内在价值。产品(或服务)的内在价值首先体现在企业的产品(或服务)比竞争对手的更具有吸引力；其次是客户使用后的实际感受与期望相符或高出期望。

(2) 客户的交易成本。客户购买某种产品(或服务)的交易成本包括搜寻成本、谈判成本和履约成本，交易成本越低，客户交易的愿望就越强烈，并且重复购买的可能性也就越大。在产品(或服务)的质量相当的情况下，消费者总是倾向于选择最简单、最方便、最节省的方式。

(3) 与相关关系人的互动作用。随着客户需求的多元化，客户在交易过程中除关注产品(或服务)质量、价格等因素外，也会关注与相关关系人的互动作用。企业产品(或服务)相关信息的充分性、良好的人际关系等，都会对客户的选择产生影响。

(4) 社会或感情承诺。通常，企业或产品与社会责任价值连接在一起时，更能激发客户忠诚。

(5) 转换成本的高低。转换成本是指客户离开现在的供应商，转换到新的供应商所付出的代价。客户在备选供应商身上付出的交易成本就是离开现在供应商的转换成本。转换成本不仅表现在经济价格上，还体现在时间、精力和情感成本上。转换成本越高，客户就会更倾向于留守。

3) 客户忠诚度的衡量指标

实践中，常常以客户保持度与占有率来衡量客户的忠诚度。此外，对于生活消费品客户来说，下列因素也可作为衡量客户忠诚度的指标：

(1) 客户再购买意向；

(2) 客户重复购买次数；

(3) 客户购买挑选时间；

(4) 客户对价格的敏感度；

(5) 客户对竞争产品的态度；

(6) 客户对质量的敏感度；

(7) 客户推荐新客户来购买。

对于渠道中间商客户来说，客户忠诚度的衡量指标还包括主动流失率、合作平均年限、主动续约率等。

4) 客户忠诚度的测定

客户忠诚度的测定需考虑以下几点。

(1) 再次消费或使用的可能性。

(2) 愿意重购的价格容忍度，主要指对产品(或服务)提价的容忍度。

(3) 吸引重购的价格容忍度，主要指产品降价对客户的吸引力。如果客户只在降价的时候购买，说明客户忠诚度不高。

对渠道中间商客户而言，测定其忠诚度的关键是对经营利益的容忍度(包括上限和下限)。

5) 客户忠诚度的培养

通常，客户忠诚度培养可分为四个阶段，对应的客户状态分别为不满意、一般满意、满意和忠诚。各个阶段的工作要点如表 7-1-1 所示。

表 7-1-1　客户忠诚度培养的四个阶段及其工作要点

阶　段	客户状态	工 作 要 点
第一阶段	不满意	提供应有的基本服务要素
第二阶段	一般满意	提供适当的支持服务和积极措施
第三阶段	满意	理解客户并从客户角度予以服务
第四阶段	忠诚	理解客户并从客户角度予以服务

6) 提高客户忠诚度的策略

提高客户忠诚度的常用策略可分为基础策略、关键策略和实务策略。

(1) 基础策略，包括获得客户反馈、及时处理抱怨和主动交流信息等。

(2) 关键策略，包括客户关系强化和获得客户认同感。

(3) 实务策略，包括树立良好的客户服务理念，一切以客户为中心；建立员工的忠诚度，以忠诚的员工留住忠诚的客户。

7) 提高客户忠诚度的方法

(1) 企业应控制产品(或服务)的质量与价格；

(2) 对企业客户服务人员进行培训，传授产品(或服务)的相关知识；

(3) 尽可能多地了解客户，为客户提供符合其需求的个性化产品(或服务)；

(4) 提高客户服务质量，为客户创造愉快的购物经历；

(5) 为客户提供渴望的甚至是意外的、惊喜的服务，超越客户的期待；

(6) 正确对待客户问题，合理处理客户的抱怨和投诉；

(7) 优化产品购买程序，提高客户购买产品的效率；

(8) 提高企业员工对企业的忠诚度，使他们以最大的效率开展各项工作。

4. 客户满意与客户忠诚的关系

客户满意和客户忠诚之间有着重要的联系。一般来说，客户满意度越高，客户忠诚度就越高；客户满意度越低，客户忠诚度就越低。客户忠诚的建立模式和途径是相对固定的，即通过实现客户满意来建立客户忠诚，通过客户忠诚来获取利润并实现企业的长久发展。

客户满意和客户忠诚是两个完全不同的概念。客户满意是指企业提供的能够让客户满意的产品(或服务)的质量标准是在客户的期望值范围之内的，客户认为这是自己应该得到的产品(或服务)。客户忠诚是指提供给客户的产品(或服务)的质量标准超出客户预期，也就是说使客户感到吃惊、兴奋的产品(或服务)。满意度的增加并不代表客户对企业的忠诚度也在增加。客户服务的最高目标是提升客户的忠诚度，而不是满意度。

5. 相关法律法规

本任务涉及的法律法规包括《中华人民共和国广告法》《中华人民共和国反不正当竞争法》《中华人民共和国产品质量法》《中华人民共和国消费者权益保护法》等。

(二) 操作准备

(1) 理解客户满意、客户满意度、客户忠诚、客户忠诚度的定义。

(2) 理清影响客户满意度及客户忠诚度的因素、客户满意与客户忠诚之间的关系。

(3) 掌握提高客户满意度的途径。

(4) 懂得如何有效培养客户忠诚度以及有效制订与实施客户忠诚计划。

(5) 熟悉相关的法律法规，具有诚实守信、尊重客户及维护社会公平正义的良好品德。

(三) 任务要领

1. 以客户为中心，全面满足客户需求

客户的需求是企业生存发展的根基，企业必须以客户为中心，把满足客户需求、提高客户满意度看成是企业的基本职责。客户需求包括现实需求、潜在需求和未来需求。企业不仅要满足客户的现实需要，还要不断挖掘客户的潜在需求，并不断适应客户新的需求变化。

2. 表里相符，培养客户的好感和信赖感

首先，从企业理念、行为、视觉(CIS 形象)着手，给客户营造温馨、舒适的满足感，从而拉近与客户的距离，提升客户的感知度和体验度，培养客户对企业或品牌的好感和信赖

感。其次，兑现商业信誉承诺，保持企业的良好口碑。

3. 提升客户服务人员的工作执行力

客户服务最终是要由客户服务人员来实施的，客户服务人员的一言一行，不仅代表客户服务人员自己，也反映出企业对客户的态度。因此，要提高客户满意度和培养客户忠诚度，客户服务人员的工作执行力是至关重要的。

三、任务实施

(一) 任务流程

客户满意度管理业务流程如图 7-1-1 所示。

实现客户满意 ⇨ 培养和提高客户忠诚度

图 7-1-1　客户满意度管理业务流程

客户满意度管理业务流程说明如表 7-1-2 所示。

表 7-1-2　客户满意度管理业务流程说明

工作序号	工作任务	操 作 指 导	注意事项	备　注
1	实现客户满意	把实现客户满意提升至公司战略高度，把满足客户需求、提升客户满意度看成企业的基本职责，根据企业的具体情况开展工作；提高客户服务人员的工作执行力	把客户利益放在第一位，客户至上	需要企业及企业全体员工共同努力
2	培养和提高客户忠诚度	培养客户忠诚度；制订和实施忠诚计划	培养和提高客户忠诚度需要经过相识、相知、相契的漫长过程，企业应对整个过程进行精心的规划和设计，并有计划、分步骤进行	企业应对客户进行分类管理

(二) 任务操作

1. 实现客户满意

1) 企业战略层面

客户满意战略是企业为使客户能完全满意自己的产品(或服务)，综合而客观地测定客户的满意程度，并根据调查分析结果，整个企业一起来改善产品、服务及企业文化的一种经营战略。

企业可从以下几个方面实施客户满意战略：

(1) 满足客户的现实需求。以客户为中心，客户需要什么，我们就提供什么；把客户利益放在第一位，当企业利益和客户利益发生冲突时，企业应主动维护客户利益，做到客户第一，树立“客户永远是对的”观念。一旦发现自己代理的业务有问题，应第一时间联系客户并采取相应的应对措施，及时帮助客户止损。

(2) 挖掘客户的潜在需求。企业不仅要迎合客户需求、适应市场，更要开发和挖掘客户的潜在需求，从而引导客户消费，创造市场。实践中，客户的潜在需求往往占很大比重，因此，企业要善于通过自己的努力去挖掘潜在的市场，从而唤起客户的需求欲。如为中小企业进行海外团购，为企业节省获取国外订单的成本，从而激发企业的接单需求。

(3) 适应客户新的需求变化。客户需求是不断变化的，企业要紧跟市场潮流的变化，不断调整自己的经营方向，与时代变化保持同步。如随着跨境电商的不断发展，国际支付越来越频繁，面对跨国支付的风险，许多中小企业急需能为其提供支付安全保障的跨国支付服务，因此，一些为企业跨境支付提供相应服务的平台便应运而生。

(4) 发挥客户的“飞轮”效用。服务好每一个客户，争取让每一个客户满意，从而让客户愿意为公司产品(或服务)做“义务宣传”。

(5) 注重培养客户对公司或品牌的满足感。从公司或品牌 CIS 着手，给客户营造一种“宾至如归”的满足感。

2) 客户服务人员执行层面

客户服务人员的工作执行力对提高客户满意度也是至关重要的。

(1) 专注地服务。当客户服务人员倾听客户的谈话或与客户交流时，要把注意力集中在客户身上，以确定客户的需求，从而更好地为客户服务。

(2) 一次只为一位客户服务。为满足客户受尊重的需要，客户服务人员不要同时为两位客户提供服务，否则，将难以保证能同时为两位客户提供优质的客户服务。

(3) 把客户当成朋友。充分了解客户，养成定期和客户交流并记录交流内容的习惯，这对于长期的客户维护而言是十分重要的。在与客户交流的过程中，不仅可以了解客户的现实需求，还可以从交流中知道客户的潜在需求。要把长期客户看成是战略伙伴，从而让客户对客户服务人员产生足够的信赖感和依赖感。

(4) 给客户提供超值服务。客户服务人员要耐心处理客户的问题(如客户抱怨和客户需求)，不仅要提供客户期望的服务，更要提供附加服务，如给客户提供有帮助的建议，在特殊节日给客户祝福等。这些事情虽小，但往往能在客户心里留下深刻印象。实践证明，超值服务是提升客户满意度的有效方法。

2. 培养和提高客户忠诚度

1) 做好关键客户的忠诚度管理

对于品牌忠诚类和超值忠诚类客户，管理的关键在于维系关系并巩固其忠诚度。

对于假性忠诚类和潜在忠诚类客户，管理的关键在于：

(1) 分析他们暂时忠诚的原因；

(2) 分析他们忠诚的未来需要；

(3) 分析他们忠诚转向的因素与威胁可能；

(4) 分析如何实施有针对性的影响。

2) 培养客户忠诚的整体设计

培养客户的忠诚，通常需要经过一个漫长的过程，企业应对整个过程进行精心的规划和设计。通常，培养和提高客户忠诚度可以努力去做的事情如图 7-1-2 所示。

图 7-1-2　培养和提高客户忠诚度可以努力去做的事情

3) 制订和实施客户忠诚计划

客户忠诚度的培养是一个漫长的过程，中间要经历各种阶段。从企业的实际出发，以客户需求为核心，制订符合公司实际、有公司特色的客户忠诚计划，进而有计划、分步骤地推进客户忠诚计划的实施。

四、任务评价

客户满意度管理任务评价如表 7-1-3 所示。

表 7-1-3　客户满意度管理任务评价表

任 务 清 单	完成情况
查阅客户满意度管理案例	
查阅相关法律法规	
分析客户满意度	
分析客户忠诚度	
结合公司实际，尝试编制客户满意度管理方案	
分析如何实现客户满意	

知识拓展

制订和实施客户的忠诚计划

任务二　发现客户新需求并适应变化

客户需求并不是一成不变的，时代的发展、科学技术的进步及客户自身条件的变化等均可以使客户需求不断发生变化。企业只有适时发现并适应客户需求变化，才能更好地满足客户的需求，进而吸引和留住客户。

一、任务情境

(一) 任务场景

互联网时代是客户为王的时代，谁能吸引和留住客户，谁就能赢得市场，进而赢得发展。要吸引和留住客户，加强客户满意度管理、提高客户的满意度和忠诚度是关键。为了提高客户的满意度和忠诚度，企业不仅要能不断满足客户的现实需求，更要能及时发现客户的新需求并适应其变化。东莞某外贸服务公司的高层深知这一点，决定与时俱进，主动发现客户新需求并适应其变化。

(二) 任务布置

现请客户服务部做好把握客户需求变化趋势并适应变化的相关工作方案和工作计划安排。具体任务内容如下：

(1) 找出影响客户需求变化的主要因素。

(2) 把握客户需求变化趋势。

(3) 制订适应客户需求变化的工作方案和工作计划。

二、任务准备

影响客户需求变化的因素

(一) 知识准备

知识点：客户需求的变化

1. 影响客户需求变化的因素

客户的需求不是一成不变的，而是随着市场、技术、经济状况等的不同而不断发展变化的。一般而言，影响客户需求变化的因素主要包括市场环境、产品生命周期和竞争状况。

1) 市场环境

影响客户需求变化的市场环境主要包括经济环境、技术环境、政治法律环境和社会文化环境等几个方面。

(1) 经济环境。经济环境是指企业市场营销活动所面临的社会经济条件及其运行状况和发展趋势，其中最主要的指标是社会购买力，而社会购买力与居民的收支、储蓄、信贷以及物价等因素密切相关。因此，企业不仅要研究消费者的收入状况、支出模式及储蓄和信贷情况的变化等，还要研究经济的宏观指标，如本年度工业生产的增长、货币流通、就业、资源、能源等问题。

(2) 技术环境。科学技术是第一生产力，对人类生活产生了深远影响。在人类历史的长河中，每一次技术革命，都强烈震撼和改变着社会经济生活的方方面面。实践中，技术环境不仅直接影响企业内部的生产与经营，同时还与其他环境因素互相信赖、互相作用。技术革命的发展对企业影响巨大，主要体现在：产品寿命周期缩短，极大地促进了经济的增长，消费模式和生活方式的变革，对企业管理水平与人员素质要求不断提高等。

(3) 政治法律环境。政治法律环境是指那些对企业经济行为产生强制或制约因素的国家的各项方针政策、法律法规等所组成的环境。政治环境引导着企业营销活动的方向，法律环境则为企业规定经营活动的行为准则。同时，政治法律环境对消费者需求和消费行为产生了深远的影响。

(4) 社会文化环境。社会文化环境是指在一定社会形态下已经形成的价值观念、生活方式、宗教信仰、职业与教育水平、相关群体、风俗习惯、社会风尚等因素构成的环境。任何企业都处在一定的社会文化环境中，企业的经营活动也受到社会文化环境的影响和制约，因此，企业只有充分了解并尊重目标市场的文化传统，避免与当地的文化传统发生冲突，才能顺利吸引和留住客户。

2) *产品生命周期*

产品生命周期是产品的市场寿命，它不是指产品的使用寿命、折旧寿命，也不是指产品的经济寿命。产品生命周期一般以产品销售量和利润的变化为标志分为四个阶段：导入期、成长期、成熟期、衰退期。在产品生命周期的不同阶段中，销售量、利润、客户、竞争等都有不同的特征，详见表 7-2-1。

表 7-2-1　产品生命周期不同阶段的特征

特征项	产品生命周期不同阶段的特征			
	导入期	成长期	成熟期	衰退期
销售量	低	剧增	最大	衰退
销售速度	缓慢	快速	减慢	负增长
成本	高	一般	低	回升
价格	高	回落	稳定	回升
利润	亏损	提升	最大	减少
客户	追求新奇者	早期使用者	中间多数	落伍者
竞争	很少	增多	稳中有序	减少
市场目标	建立知名度，鼓励试用	最大限度地占有市场	保护市场，争取最大利润	压缩开支，榨取最后价值

3) *竞争状况*

在市场容量既定的前提下，企业和竞争者之间的势力是此消彼长的关系。市场竞争者数量越多，对客户的争夺也越激烈，客户对产品(或服务)的选择余地越大，其需求期望水平也越高。

2. 了解客户需求的途径

了解客户需求的途径包括：关注国家方针政策，认真学习政府工作报告，及时了解国家的政策导向，主动适应国家政治、经济、技术发展导向；查询相关法律法规，熟悉市场环境，洞察市场时机，与时俱进，紧跟国家、时代步伐，勇于创新、敢于担当。

(二) 操作准备

(1) 理解影响客户需求变化的三大因素。
(2) 能结合实际分析客户需求变化的趋势并把握客户需求变化。
(3) 能结合实际从多角度适应客户需求变化。

(三) 任务要领

1. 全面理解影响客户需求变化的因素

影响客户需求变化的因素涉及政治、经济、技术、文化、产品、竞争等众多方面。全面关注、分析和预测各因素可能对客户需求变化带来的影响，从而提前准备，进而及时抢占市场先机，已成为互联网时代企业的核心竞争力。

2. 主动发现并把握客户需求变化

在“以客户为中心”的时代，满足客户需求是企业立足之本。企业只有主动发现并把握客户需求，才能更好地满足客户的需求。受市场、产品及竞争状况等因素的影响，客户需求总是不断发展变化的，企业只有主动出击，准确把握客户需求的变化，才能及时调整和改进自己的服务，从而不断满足客户的需求，进而吸引和留住客户。

3. 积极适应客户需求变化

客户需求变化是客观存在的，是不以人的意志为主导的。企业只有积极适应客户需求的变化，因势利导，才能顺应客户需求发展的潮流，才能不断发展。

三、任务实施

c

发现客户新需求并适应变化

(一) 任务流程

发现客户新需求并适应变化业务流程如图 7-2-1 所示。

发现并把握客户需求变化 ⇨ 适应客户需求变化

图 7-2-1 发现客户新需求并适应变化业务流程

发现客户新需求并适应变化业务流程说明如表 7-2-2 所示。

表 7-2-2 发现客户新需求并适应变化业务流程说明

工作序号	工作任务	操作指导	注意事项	备注
1	发现并把握客户需求变化	从企业自身的角度着手，关注、发现并挖掘客户需求变化；从行业角度找寻、发现客户需求变化；从竞争对手角度分析、发现及预测客户需求变化	主动出击，熟悉国家、地方的方针政策，国家、行业、企业的相关标准及市场动态；具备敏锐的洞察力，能够精准预测客户需求变化趋势	企业全员在各自的职责范围内，各司其职，全面把握有关情况并精准预测其发展趋势
2	适应客户需求变化	从产品角度适应客户需求变化；从客户政策角度适应客户需求变化；从客户服务人员角度适应客户需求变化；从客户利益角度适应客户需求变化	以客户为中心，从各角度抓住客户的“买点”	全方位多角度

(二) 任务操作

1. 发现并把握客户需求变化

1) 从企业自身的角度着手，关注、发现并挖掘客户需求变化

(1) 客户信息数据的收集、反馈与分析；
(2) 关注关键客户、重要客户的需求倾向；
(3) 通过客户细分发现不同的需求差异；
(4) 发现与挖掘客户的潜在需求；
(5) 从客户的抱怨出发，找出自己的不足，进而把握客户需求发展的趋势。

2) 从行业角度找寻、发现客户需求变化

(1) 了解和掌握行业总体市场的发展特点与变化趋势；
(2) 了解行业细分市场的新需求；
(3) 掌握行业技术强化与新技术发展、应用情况；
(4) 了解替代产品(或服务)的特点与发展；
(5) 了解环境与资源的影响及变化；
(6) 了解行业竞争格局与主要竞争对手的变化。

3) 从竞争对手角度分析、发现及预测客户需求变化

(1) 分析竞争对手的客户特点；
(2) 了解与分析主要竞争对手的竞争能力与优势；
(3) 分析竞争对手的竞争策略；
(4) 评估竞争对手的市场意愿；
(5) 预测竞争对手的未来策略。

2. 适应客户需求变化

1) 从产品角度适应客户需求变化

(1) 以客户为中心，从客户的角度出发重新审视企业的产品策略，如由原来的面向所有企业提供服务改为专为中小企业提供服务。

(2) 以满足客户需求为起点，开发适合客户需要的有形与无形产品(或服务)，如满足客户不方便提货的需求，为客户提供线下配送到家的服务。

(3) 将客户需求视为一个整体，不断设计和开发适合客户不同层次需求的新产品(或服务)，如满足客户线上购买的需要，开发线上下单、线上支付等服务。

(4) 采取差异化的产品策略，以满足不同层次客户的个性化需求。如大多数外贸服务平台只提供代理出口退税、外贸企业注册等服务，而某企业就专注于为中小企业进出口提供收付款服务。

(5) 重视服务，提高产品在客户心目中的附加价值，如为客户提供量身定做的个性化服务。

2) 从客户政策角度适应客户需求变化

(1) 细分客户并给予有针对性的支持与激励。如根据客户在一定时期内给公司带来的利润，将客户分为不同的类别，并针对不同类型的客户给予不同的优惠。

(2) 确保重点客户、关键客户的重点管理与支持。如对大客户提供特别的专人服务、给予优惠价格等。

(3) 最大限度地激发客户的热情与主动性。如通过返利、会员特权等活动，拉近与客户的距离，从而调动客户合作的主动性和积极性。

(4) 实施客户政策调查与征询，通过庆典会、客户交流会等与客户展开多向沟通与交流，同时，利用培训、有奖问答等手段不断加强客户政策管理。

3) 从客户服务人员角度适应客户需求变化

为了能从客户服务人员角度适应客户需求变化，企业必须有一支优秀的一线客户服务人员队伍。队伍中既要有优秀的管理策划人才、专业技术服务人才，更要有执行能力强，又懂有效沟通协调及有耐心、有责任心的客户服务专业人才。

4) 从客户利益角度适应客户需求变化

(1) 保障客户的应有利益；
(2) 充分提高客户的增值利益；
(3) 尽可能开发客户的额外利益；
(4) 给予必要的惊喜利益；
(5) 维护较好的性价比，强化价值感受；
(6) 消除客户的利益疑虑等。

四、任务评价

发现客户新需求并适应变化任务评价表如表 7-2-3 所示。

表 7-2-3　发现客户新需求并适应变化任务评价表

任 务 清 单	完成情况
查阅发现客户新需求并适应变化案例	
查阅相关法律法规	
分析客户需求变化的影响因素	
分析互联网时代客户需求变化趋势	
结合公司实际，尝试编制发现客户新需求并适应变化的方案	
分析如何实现发现客户新需求并适应变化	

知识拓展

客户需求变化的趋势

任务三　开发客户服务新产品

客户服务对于企业而言，既是一种服务，更是一种产品。根据客户需求的发展变化，不断推陈出新，开发客户服务新产品，既是提升企业品牌形象、形成企业特色、增强企业竞争力的需要，也是更好地满足客户个性化需求、提升客户服务质量、让客户满意的需要。

一、任务情境

(一) 任务场景

随着客户服务日益深入企业的经营、管理环节中，客户服务在企业中的重要性越来越突出。互联网时代，重塑客户体验和开发客户服务新产品，不仅能提高客户服务效率，更是提升客户感知度和体验度，拉近与客户的距离，提升客户满意度，进而吸引和留住客户的关键。东莞某外贸服务公司发现了客户的新需求，接下来，公司决定开发相应的客户服务新产品，以适应客户需求的这种新变化。

(二) 任务布置

请公司客户服务部根据所掌握的客户新需求，开发出相应的客户服务新产品。具体任务内容如下：

(1) 掌握客户服务新产品开发的趋势。

(2) 熟悉客户服务新产品开发的步骤。

(3) 设计客户服务新产品。

(4) 推出客户服务新产品。

二、任务准备

(一) 知识准备

知识点：客户服务新产品开发

客户服务新产品开发是指从研究选择适应客户需求的产品(或服务)开始，到产品(或服务)设计、工艺生产设计，再到投入正常客户服务实践的一系列决策过程。

广义而言，新产品开发既包括新产品(或服务)的研制，又包括原有的老产品(或服务)的改进与换代。

1. 客户服务新产品开发的内容

客户服务新产品开发内容

1) 将客户的愿望和需求转化为产品(或服务)

需求是客户有能力购买且愿意购买某种产品(或服务)的欲望。有效的客户需求由客户购买欲望、支付能力和满足欲望的产品(或服务)组成。客户服务新产品开发的目的是更好地满足客户的需求。因此，全面理解客户的需求，确定客户是否真正有解决需求的愿望，并找到客户需求产生的原因，以便找准客户服务新产品开发的定位，成了客户服务新产品开发的首要工作。

2) 改进现有的产品(或服务)

针对客户需求产生的原因，找出现有产品(或服务)的不足，以便对现有的产品(或服务)进行相应的修改和完善，自然就成了客户服务新产品开发的内容之一。

3) 开发新产品(或服务)

当客户新的需求与原需求相比变化较大，仅仅对现有的产品(或服务)进行改进还是无法较好地满足客户新需求时，就要有针对性地开发新产品(或服务)了。如随着互联网技术的发展，线上购买已成为客户普遍行为。与此相适应，无论线下产品(或服务)质量再怎么提升，也无法满足客户线上购买的需要。于是，开发线上产品(或服务)就成了互联网时代客户服务新产品开发的必然选择。

4) 制订新产品(或服务)质量目标

为了确保实现适应客户需求新变化的客户服务新产品的开发，制定新产品(或服务)质量目标，不仅是确保客户服务新产品开发的依据，更是新产品开发质量的保证。

5) 明确新产品(或服务)开发成本目标

利润是企业的立足之本，开发新产品也一样，对于企业而言，没有利润也就没有开发的必要。实践中，各企业的具体情况不同，其新产品开发能力、风险承担能力也各不相同。因此，明确新产品(或服务)开发成本目标是客户服务新产品开发中必须解决的问题，否则，开发半途而废、无功而返也是极有可能发生的。

6) 新产品(或服务)样品测试

任何新事物从出现到其普遍为人们所理解和接受，是需要具备一定的条件和时机的。

例如，受疫情影响，直播带货被人们广为接受，线上支付、数字化货币日益推广。客户服务的新产品(或服务)是否能够满足客户的需求及其对客户需求满足的程度，同样也是需要在客户服务中加以试用才可得知的。因此，新产品(或服务)样品测试自然也就成了客户服务新产品开发的应有工作内容之一。

7) 进一步完善和改进新产品(或服务)

客户服务新产品(或服务)样品测试不仅能检验新产品(或服务)的可行性和有效性，还能发现其不足。因此，根据测试反馈的结果可以进一步完善和改进新产品(或服务)，从而为新产品(或服务)进一步大规模推广奠定坚实的基础。

8) 制定相应的新产品(或服务)的实践规范

为新产品(或服务)制定相应的新产品(或服务)实践规范，从而为有关各方提供具体的操作依据，不仅有利于新产品(或服务)推广活动顺利而有序地进行，更有利于提高客户服务新产品(或服务)推广的效果和效率。

2. 客户服务新产品开发的步骤

客户服务新产品开发通常分为认识、分析、设计三个环节。在认识环节中，主要是要了解客户需求，知道要做什么，了解新产品的背景、定位、概念，以及目前产品如何、用户和市场如何等。在分析环节中，主要是分析综合数据，比如产品受众人群的性别、年龄、人群基数等；此外，分析环节还须分析竞争对手的产品，以便设计出有自身特色的符合客户需求的产品。经过认识、分析两个环节后，才能进入真正的产品设计环节。客户服务新产品设计流程如图 7-3-1 所示。

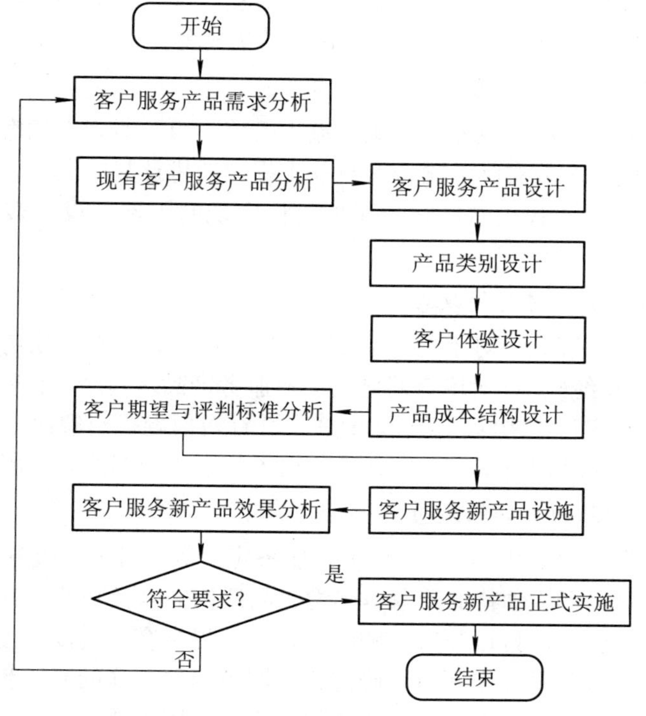

图 7-3-1　客户服务新产品设计流程图

3. 客户服务新产品评估

客户服务新产品评估即对客户服务新产品推出的成功性、价值性等所做的评估。客户服务新产品评估的内容通常包括以下六项：

(1) 市场占有率评价。统计同行业产品、本企业产品的市场占有总量，清楚本企业产品的市场占有量与同行业产品的市场占有总量的比值。

(2) 市场发展趋势预测。通过了解同行业市场服务现状，明确新开发的产品(或服务)的定位，预测同行业市场服务发展需求趋势。

(3) 机会或挑战预测。清楚竞争对手的产品(或服务)的优势、劣势以及面临的机会或挑战；明确本企业产品(或服务)的优势、劣势以及面临的机会或挑战。

(4) 客户挽留措施。掌握当前的客户政策，了解客户满意度，了解客户保留率，明确客户需求。

(5) 产品(或服务)考察。考察客户群体的行为特征、满意度、真实需求；考察目标客户群对现有产品的真实评价；考察目标客户群对即将推出的产品(或服务)的期望。

(6) 非客户群评估。评估非客户群的行为特征、未购买因素、心理、真实需求；评估本企业产品(或服务)面对非客户群的机会和挑战；评估本企业产品或服务面对非客户群的机会和挑战。

4. 客户服务新产品的改善

1) 为提升客户服务工作而进行的改善

为提升客户服务工作而进行的改善包括扩大客户服务内容，实现更多更优服务，选择合适的客户服务方式和力度，拓宽客户服务渠道，实现客户服务的分级管理与控制，提升客户服务与管理技巧，改进客户服务与管理的评价方式等。

2) 客户服务工作流程的改善

首先，建立由专业人员组成的客户服务流程改善小组，对现有的客户服务工作流程进行诊断、分析，并根据企业实际，结合客户需求提出改进计划；其次，明确划定客户服务流程改善的范围，分析并找出阻碍客户服务目标实现的因素，设计客户服务流程的优化方案。

3) 为获得竞争优势而进行的改善

企业要不断深入了解竞争对手的产品(或服务)的特点、优势、劣势，立足自身的战略目标，结合自身的成功经验，针对现有问题及客户服务产品运营现状，形成客户服务产品(或服务)调研报告；针对客户需求深入分析和研究，并针对问题提出解决方案，形成诊断报告；以客户需求为核心，立足调研报告，结合诊断报告，形成详细的客户服务产品改善方案。

4) 以优化服务产品为目的的改善

根据客户服务产品的属性、特点、价值与服务定位等，对客户服务产品的名称、包装、广告宣传等进行优化；形成独特的形象、感觉、品质认知以及独特的企业品牌 CIS 形象，提高客户感知度和体验度，拉近与客户的距离，进而提高客户的满意度和忠诚度。同时，将客户服务工作分解成若干工作环节，确定客户服务岗位工作的基本步骤；编制各种调查问卷，运用各种调查方法，收集客户服务岗位工作人员所需的特征信息；对客户服务岗位工作特征和发生频率等，作出等级评定；审核收集到的各种数据，分析客户服务岗位工作要点，进而明确客户服务产品的重点改进之处。

5．相关法律法规

本任务涉及的相关法律法规包括《中华人民共和国知识产权法》《中华人民共和国合同法》《中华人民共和国民法典》等。

(二) 操作准备

(1) 了解什么是客户服务新产品开发。

(2) 掌握客户服务新产品开发的步骤。

(3) 熟悉客户服务新产品设计流程。

(4) 能够根据企业实际，开发客户服务新产品。

(三) 任务要领

1. 以客户为中心

互联网时代，在整个信息产生和传播的过程中，客户早已成为企业的重要财富。以客户为中心的理念，贯穿于企业运营的始终，影响着企业的品牌规划、产品研发、客户服务、组织设计等各个方面的决策。

2. 超值的客户体验

长期以来，企业客户服务大多围绕“多、快、好、省”展开。互联网时代，随着互联网、人工智能等技术的不断发展，带给客户超出客户期望值的体验不仅成为可能，而且变得更为重要。随着互联网技术的不断发展，社交网站、移动设备等不仅能给客户带来更多的惊喜和震撼，更能极大地增加客户的感知度和体验度，从而给客户带来超出期望值的体验，进而吸引和留住客户。

3. 准确评估客户服务新产品

准确评估客户服务新产品是新产品开发成功的前提和基础，也是应对客户服务新产品开发风险及控制新产品开发成本的需要，它直接关系到客户服务新产品开发的必要性和可能性及其所能给企业带来的价值。

4. 不断改善

新产品推出后，还要根据客户反馈及客户需求的变化不断地对客户服务新产品进行改善。更好地满足客户需求既是客户新产品开发的起点，更是客户服务新产品开发的终点。客户需求是不断发展变化的，因此，与客户需求相适应，改善客户服务产品，是永无止境的。

三、任务实施

(一) 任务流程

客户服务新产品开发业务工作流程如图 7-3-2 所示。

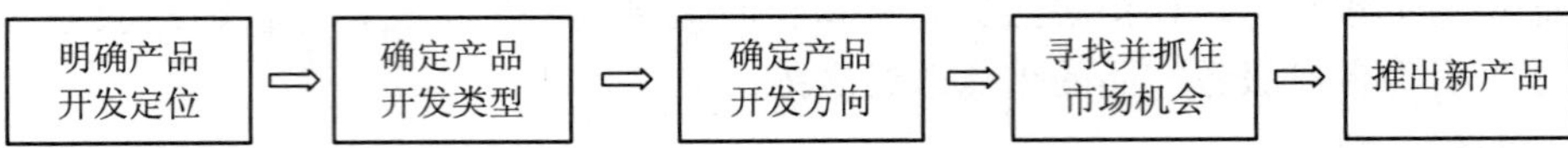

图 7-3-2 客户服务新产品开发业务工作流程

客户服务新产品开发业务流程说明如表 7-3-1 所示。

表 7-3-1 客户服务新产品开发业务流程说明

工作序号	工作任务	操 作 指 导	注意事项
1	明确产品开发定位	通过细分、归类等方法，分析并满足客户的现实需求、潜在需求和未来需求；通过客户服务产品的问题分析、等级设计、弱点分析等方法，分析企业目前客户服务产品中存在的问题、挖掘客户服务产品的新用途	以客户为最重要的关注点
2	确定产品开发类型	市场分析；自身优势、劣势分析；竞争对手优势、劣势分析；客户需求特征分析，选择符合客户需求并能充分发挥自身优势的产品开发类型	以客户需求为中心，立足企业自身实力，充分发挥自己的优势
3	确定产品开发方向	弄清产品的性质和用途；考虑价格和销售量；充分考虑消费者需求变化速度和变化方向；明确企业产品创新满足市场需求的能力；根据企业实际技术力量和情况量力而行	企业应具备足够的能力支持新产品的开发与运营
4	寻找并抓住市场机会	通过询问调查、问卷调查等方式搜集意见和建议；分析意见和建议，寻找和发现市场机会	深入市场实际
5	推出新产品	选择新产品推广的上市时机；选择重点区域、集中人力、重点突破；采取波浪式持续推广策略，分阶段调整促销力度	根据产品(或服务)的客户需求特点，在恰当的时间、恰当的地点以恰当的方式推出

(二) 任务操作

1. 明确产品开发定位

客户服务新产品开发步骤

客户服务产品开发首先应通过细分、归类等方法，以客户为核心，分析并满足客户的现实需求、潜在需求和未来需求；通过客户服务产品的问题分析、等级设计、弱点分析等方法，分析企业目前客户服务产品中存在的问题与不足，并挖掘客户服务产品的新用途。如某企业以客户为核心，针对客户的需求，开发出集样品展示、在线接单、融资、物流等于一体的一站式服务。

2. 确定产品开发类型

在明确了目前客户服务产品中存在的问题与不足之后，即明确了产品开发定位后，由于各企业自身的实际条件不同，其面对的客户的具体情况不同，因此，企业应立足自身实际，以满足客户新需求为目的，找到具有自身特色的，能够满足自身需要的客户服务新产品开发类型。客户服务新产品开发包括领先开发、追随开发和混合开发三种类型。

(1) 领先开发。领先开发即企业开发出市场上原本没有的全新产品。领先开发需要不断推出能够给客户带来惊喜的客户服务新产品，需要进行持续性的研究与开发。领先开发时，需要注意客户服务新产品开发的速度要快，要力求以最快的速度对客户需求变化作出反应，开发周期要短。并且，新产品应以客户需求为导向，要力求提升产品质量，以减少客户抱怨，降低客户服务成本。

(2) 追随开发。追随开发即企业对市场上现有的客户服务产品进行模仿并加以改进。追随开发需要及时跟踪竞争对手情况，需要具有较强的创新能力，以提高客户服务效率为目标，依据客户服务的实际情况，采取最佳的客户服务产品开发战略。

(3) 混合开发。混合开发兼具以上两个特征，在实践中具体操作视情况而定。

3. 确定产品开发方向

客户服务新产品是否会被市场认可，其关键在于客户对客户服务新产品的需求量有多大，企业是否具备足够的能力来支持新产品的开发及运营。因此，客户服务新产品开发时，首先应充分考虑到企业技术条件、企业成本、经营网络等能力，确定自己的开发方向。在新产品开发前，企业应充分考察同类产品和相应的替代产品的技术含量和性能用途，确保所开发的产品具有先进性或独创性，以避免“新”产品自诞生之日起就被市场淘汰。其次，就新产品价格和销售量问题展开调查研究，进而明确系列化、多样化产品以及价格、销售之间的关系。当然，随着科学技术的不断发展，客户需求变化速度和方向都是多种多样的，而客户服务新产品开发需要一定的时间，但这个时间一定要比客户需求变动的时间短，否则新产品将没有市场，自然也就无法给企业带来经济效益。总之，客户需求不断发展变化，企业应根据自己的实际技术力量和情况找准适合自己的开发方向。

4. 寻找并抓住市场机会

开发出客户服务新产品后就要将其推向市场，这样才能实现其应有的价值。但客户服务新产品作为一种新事物，其推向市场的效果和效率不仅取决于产品本身，更与新产品推向市场的时机分不开。例如，疫情给人们带来不便的同时，更为线上业务的出现和推广创造了绝佳时机。客户服务新产品开发时，可以通过询问调查、问卷调查等方式来搜集意见和建议，从而寻找和发现有价值的市场机会。

5. 推出新产品

客户服务新产品推广的效果和效率是客户服务新产品开发成功的关键。实践中，怎样才能提高新产品推广的成功率呢？首先要做的是选择新产品的上市时机，适时推出新产品。如果能在需求旺季到来之前上市，季节、人员和政策优势三管齐下，新产品推广自然能更好地快速启动成功。例如，配合防疫抗疫的需求，开展线上直播、线上代理业务等。其次，选择重点区域，集中人力重点突破。例如，在中小外贸企业数量多的省市，专门针对中小企业的外贸代理业务会更受关注。当然，客户服务新产品作为一种新事物，其被客户所认识和接受需要一定的时间，因此，客户服务新产品的推广应采取波浪式持续推广策略，分阶段调整促销力度。第一阶段应加大促销力度，以吸引尽可能多的客户，引爆市场。第二阶段可适当降低促销力度，回归正常的通路竞争。第三阶段即产品成熟阶段，应再次加大促销力度，进行通路和终端拉动，巩固和提升市场份额，以最终把新产品推广成功。

四、任务评价

客户服务新产品开发任务评价表如表7-3-2所示。

表7-3-2 客户服务新产品开发任务评价表

任务清单	完成情况
查阅客户服务新产品开发案例	
查阅客户服务新产品开发法律法规	
分析客户服务新产品开发的内容与步骤	
分析客户服务新产品设计流程	
分析客户服务新产品的改善情况	
分析互联网时代如何实现超值的客户体验	
尝试结合企业实际，进行客户服务新产品开发	

知识拓展

互联网时代超值的客户体验的实现

任务四 创新客户服务新产品开发——商业智能

大数据时代，商业智能就是一种能够让企业将其现有的数据转化为知识，以帮助企业作出明智的经营决策的一种工具和方法。商业智能技术有助于企业根据已有的数据和信息，迅速地发现企业中存在的问题，同时企业能够从不断收集的数据中更有效地发现潜在的机会并迅速作出精准的决策。

一、任务情境

(一) 任务场景

广州某外贸有限公司深入学习和认真领会党的二十大精神，决定加快实施创新驱动发展战略，借助人工智能、大数据等现代技术开发出更多、更好的客户服务新产品以吸引和留住客户。

(二) 任务布置

为提升公司客户服务新产品开发决策的效果和效率，请信息技术部为公司开发一个商业智能系统。具体任务内容如下：

(1) 掌握公司商业智能的需求。

(2) 明确公司商业智能实施步骤。

(3) 根据公司的实际，开发出一个能够充分满足公司客户服务新产品开发需求的商业智能系统。

(4) 测试和调整商业智能系统。

(5) 培训公司员工使用商业智能系统。

二、任务准备

(一) 知识准备

知识点：商业智能

1. 商业智能的定义

商业智能(Business Intelligence，BI)，又称商业智慧或商务智能，指用现代数据仓库技术、线上分析处理技术、数据挖掘和数据展现技术进行数据分析以实现商业价值。

商业智能作为一个工具，用来处理企业中的现有数据，并将其转换成知识，辅助业务员或决策者作出正确且明智的决定。商业智能中所说的数据包括企业业务系统的订单、库存、交易账目、客户和供应商信息，以及企业所处行业和竞争对手的数据、其他外部环境数据等。商业智能并不是全新的事物，而是对一些现代技术的综合运用。商业智能为企业提供了迅速分析数据的技术和方法，包括收集、管理和分析数据，将数据转化为有价值的信息，并分发到企业各处，让企业的决策者有据可依，减少决策的盲目性，理性地驱动企业管理和运营。

商业智能的功能体系一般由数据仓库、联机分析处理、数据挖掘、数据备份和恢复等部分组成。商业智能的实现涉及软件、硬件、咨询服务及应用，其基本体系结构包括数据仓库、联机分析处理和数据挖掘三个部分。

商业智能的关键是先从许多不同的企业运作系统的数据中提取出有用的数据并进行清理，以保证数据的正确性；然后经过抽取(Extraction)、转换(Transformation)和装载(Loading)，即ETL过程，将其合并到一个企业级的数据仓库里，从而得到企业数据的一个全局视图，在此基础上利用合适的查询和分析工具、数据挖掘工具、多维联机分析处理(On-Line Analytical Processing，OLAP)工具等对其进行分析和处理；最后将知识给决策者，为决策者的决策过程提供支持。

2. 商业智能的功能

通过商业智能系统可直接访问业务数据，能够使管理者从各个角度出发分析利用商业数据，及时掌握组织的运营现状，作出科学的经营决策。目前，商业智能具有以下功能。

1) 读取数据

商业智能可读取多种格式(如Excel、Access、以Tab分割的txt和固定长的txt等)的文件，同时可读取关系型数据库(对应ODBC)中的数据。

2) 分析数据

商业智能可以就数据进行关联分析。关联分析主要用于发现不同事件之间的关联性。

关联分析的重点在于快速发现那些有实用价值的关联发生的事件。对于结构化的数据，以客户的购买习惯数据为例，利用商业智能的关联分析，可以发现客户的关联购买需要。例如，一个开设储蓄账户的客户很可能同时进行债券交易和股票交易。利用这种知识可以采取积极的营销策略，扩展客户购买的产品范围，吸引更多的客户。

3) 丰富画面

商业智能可以用和/或改变查找条件，进行统计/排序，从而使列表画面更加直观可见；并且，商业智能可通过变换与设置条件相应的数值(单元格)的颜色来表示强调，依次变换视角可进行多方面的数据分析。在数值项目切换上，商业智能通过按钮类的阶层化，由整体到局部，一边分层向下挖掘，一边分析数据，可以更加明确地探讨问题所在。

4) 输出数据

商业智能能将统计分析好的数据输出给其他的应用程序使用。

5) 定型处理

当所需要的输出被显示出来时，商业智能可进行定型登录，以自动生成定型处理按钮。以后，只需按此按钮，即使很复杂的操作，也都可以将所要的列表、视图和图表显示出来。

3. 商业智能与大数据

商业智能和大数据是两个不同的概念。大数据常常需要新处理模式才能具有更强的决策力、洞察发现力和流程优化能力来适应海量、高增长率和多样化的信息资源。商业智能相对于大数据更倾向于分析模式，用于决策，适合支持经营指标支撑类的问题。大数据的内涵更广，倾向于刻画个体，更多地属于个性化的决策。商业智能与大数据的比较如表 7-4-1 所示。

表 7-4-1　商业智能与大数据的比较

比较项	商业智能	大数据
信息量	不太大，常为 TB 量级	大，常为 PB 量级
信息特征	结构化信息，非实时信息	主要为非结构化信息，如文本、图形、音频、视频等大多是实时信息
信息来源	主要为企业交易数据	主要是社会日常运作和各种服务中实时产生的数据挖掘，如在线搜索、微信和微博等社交媒体、移动通信、电子商务等
涉及技术	数据库、数据挖掘	云计算、大数据
关联关系	商业智能是达成业务管理的应用工具，没有商业智能，大数据就没有了转化为价值的工具，没办法变成决策的依据	大数据分析能够基于商业智能工具进行大容量和非结构化数据处理。与传统基于事务的数据仓库系统相比较，大数据分析不仅关注结构化的历史数据，它更倾向于对 Web、社交网络等非结构少量数据的分析
精确性要求	高	不高
因果与关联	重因果分析	重关联性分析
效益	通过数据分析提高决策能力	有很大价值的数据，更有利于深入了解业务运转和与客户的互动

4. 商业智能在企业中的应用

商业智能的表象是可视化分析报表的展现，但它的本质还是企业的业务问题、管理问题。商业智能数据分析来源于企业业务，通过数据呈现发现企业业务问题(比如好的或不好的，经验之内或之外的)，然后再次回到企业业务，重新优化提升企业业务运营，促进企业客户服务产品(或服务)不断创新，即商业智能的核心内涵是：将数据转变为信息、信息产生决策、决策产生价值。

1) 可视化报表的展现

商业智能通过柱状图、饼状图、折线图、二维表格等图形可视化的方式将企业日常的业务数据(财务、供应链、人力、运营、市场、销售、产品等)全面展现出来，再通过各种数据分析维度筛选、关联、跳转、钻取等方式查看各类业务指标。通过可视化报表的展现，不仅让企业的业务人员对企业日常的业务有了一个清晰、直接、准确的认识，还大大提高了工作效率。

2) 数据的“异常”分析

数据的异常分析利用的是对比分析法。企业业务人员如果在可视化报表中发现一些数据指标反映出来的情况超出了日常经验判断，则需要对这些“异常”数据进行有目的的分析，通过相关联的维度、指标使用钻取、关联等分析方式探索出可能存在的原因，以寻找解决方法，进而促进企业客户服务产品(或服务)创新。

3) 业务建模分析

业务建模分析通常由精通业务的业务人员提出，是通过合理的建模找出业务中可能存在的问题，将其反映在可视化报表上，并最后回归到业务，形成决策并不断优化的一个过程。业务建模分析是一种更深层次的业务数据的主动设计和探索分析，需要更加深入业务，围绕一个一个业务分析场景展开，对业务的认识要足够深。因此，业务分析建模需要由专业且具备数据分析思维意识的人员来推进和主导，再辅助合适的数据分析、挖掘或统计工具，这样商业智能的价值才能在企业中得到充分的发挥，数据的价值也才会得到充分的体现。

5. 相关法律法规

本任务涉及的相关法律法规包括《中华人民共和国个人信息保护法》《中华人民共和国数据安全法》《中华人民共和国民法典》《中华人民共和国产品质量法》等。

(二) 操作准备

(1) 了解什么是商业智能。
(2) 熟悉商业智能的功能。
(3) 能够区分商业智能与大数据。
(4) 理解商业智能在企业中的应用。

(三) 任务要领

1. 预测挖掘

商业智能通过数据分析、辅助决策，实现企业科学化、数据化的决策。商业智能还会对积累的大数据进行挖掘，得到数据之间潜在的规律或趋势，进而作出下一步预测，从而为企业客户服务新产品开发决策提供依据。商业智能在客户服务新产品开发中的作用体现在：调整工作流程和服务方式，提高企业的运营效率；分析客户的消费趋势，培养忠实客户；挖掘新的商业机会，开发新的客户群体；调整产品结构和分销渠道，减少成本支出；强化自己的产品(或服务)，使之脱颖而出；增强与客户、供应商、合作伙伴的可盈利关系等。

2. 有效整合企业数据

有效整合企业数据，打破数据孤岛，实现企业内数据的互联互通，使分散在企业各系统内大量有价值的数据发挥更大的作用，是商业智能带给企业的应有价值。因此，商业智能应具有强大的数据整合能力，能够从企业的不同业务系统(例如 ERP、CRM、OA、BPM 等，包括由其自行开发的业务系统软件)中提取有用的数据，执行数据集成与清洗，同时确保数据准确性，执行数据分析和处理，并使用适当的查询和分析工具快速、准确地为企业提供报告呈现和分析，以便为企业提供决策支持。

3. 提升数据展示效率

输出可视化报表是商业智能最直接的产物。商业智能将企业内纷繁复杂的数据实时快速地通过各式各样的可视化报表展现出来，不仅节省了企业的人力成本，而且大大提升了数据展示效率。根据数据连接、加工过程及用途，商业智能数据可视化展示应用模式大致可以分为以下四种：

(1) 格式报表：带格式的数据集合，如交叉表等。

(2) 在线分析：多维数据集合，如 Cube 等。

(3) 数据可视化：信息以尽可能多的形式展现出来，目的是使决策者通过图形这种直观的表现方式迅速获得信息中蕴藏的知识，如柱状图、仪表盘等。

(4) 数据挖掘：从大量的数据中抽取出潜在的、有价值的知识(模型或规则)的过程。

三、任务实施

(一) 任务流程

商业智能业务流程如图 7-4-1 所示。

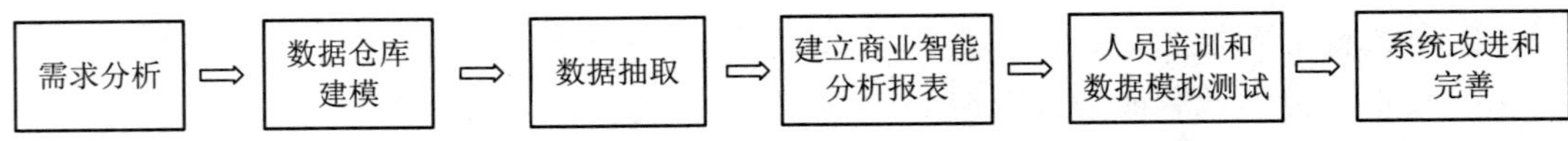

图 7-4-1　商业智能业务流程

商业智能业务流程说明如表 7-4-2 所示。

表 7-4-2　商业智能业务流程说明

工作序号	工作任务	操作指导	注意事项	备　注
1	需求分析	提供商业智能方案的原型图；引导业务人员说出需求；梳理出一个完整的业务分析需求	用业务人员能够理解的语言进行有效沟通	站在相互理解的角度进行有效沟通
2	数据仓库建模	建立数据仓库的逻辑模型；建立数据仓库的物理模型；规划商业智能的应用架构；将企业各类数据按照分析主题进行组织和归类	立足企业需求，根据企业实际进行构建	数据仓库建模水平将直接影响到商业智能的整体质量
3	数据抽取	将数据从数据源中抽取出来并存放在商业智能相应数据库中；根据数据分析的需要对存放在商业智能数据库中的数据进行转换、清洗；将转换、清洗好的数据加载到数据仓库中	目的明确，根据需要抽取	具有大量非结构化数据的NLP处理能力，可实现主题提取、自动摘要、自动分类等
4	建立商业智能分析报表	按照客户制订的格式进行开发；指导客户自行开发；针对不同的组织、部门、个人配置不同的报表	报表具有针对性，报表可视化效果好，报表输出效率高	各具特色
5	人员培训和数据模拟测试	给相关业务人员提供商业智能系统的操作培训；进行数据模拟测试与检验；全面启用系统	根据企业的实际需要进行；数据模拟测试与检验没有问题时，系统才能全面启动	为企业运营决策提供数据支持
6	系统改进和完善	系统的后续维护；系统的升级完善	立足企业需要	与时俱进，不断创新

(二) 任务操作

实施商业智能是一项复杂的系统工程，整个项目涉及企业管理、运作管理、信息系统、数据仓库、数据挖掘、统计分析等众多门类的数智化。其实施步骤如下。

1. 需求分析

需求分析是商业智能实施的第一步，在其他活动开展之前必须明确定义企业对商业智能的期望和需求，包括需要分析的主题、各主题可能查看的角度(维度)及需要发现企业哪些方面的规律。

2. 数据仓库建模

通过对企业需求的分析，建立企业数据仓库的逻辑模型和物理模型，并规划好商业智能的应用架构，将企业各类数据按照分析主题进行组织和归类。

3. 数据抽取

数据仓库建立后必须将数据从业务系统中抽取到数据仓库中，在抽取的过程中还必须将数据进行转换、清洗，以适应分析的需要。

4. 建立商业智能分析报表

商业智能分析报表需要专业人员按照客户制订的格式进行开发，客户也可自行开发。应针对不同的组织、部门、个人量身配置各自关注的报表，以满足客户个性化数据可视化的需要。

5. 人员培训和数据模拟测试

对于开发和使用分离型的商业智能系统，最终使用商业智能的人员只需要点击操作就可针对特定的商业问题进行分析。为了确保商业智能在企业中的使用效果和效率，在企业正式运用商业智能系统之前，通常需要先进行模拟测试，并根据实际进行相应的测试，经测试检验无误后，才会正式在企业中全面启用。

6. 系统改进和完善

任何系统的实施都必须是不断完善的，在使用一段时间后可能会对商业智能系统提出更多、更具体的要求，要根据企业的实际需要对其不断进行改进和完善。

四、任务评价

商业智能任务评价如表 7-4-3 所示。

表 7-4-3　商业智能任务评价表

任 务 清 单	完成情况
查阅商业智能在客户服务新产品开发中的运用案例	
查阅相关法律法规	
分析商业智能的功能	
分析商业智能在企业中运用的价值	
分析企业商业智能实施步骤	
尝试结合公司实际，设计符合企业需要的商业智能实施方案	

知识拓展

商业智能的应用范围

复习与思考

1. 什么是客户满意？客户满意和客户忠诚有何关系？

2. 影响客户需求变化的因素有哪些？企业应如何适应客户需求的变化？
3. 什么是客户服务新产品开发？怎样进行客户服务新产品开发？
4. 请说一说互联网时代如何实现客户服务超值体验。
5. 什么是商业智能？商业智能的主要功能有哪些？

课后练习

项目八　客户服务绩效管理

知识目标

(1) 理解客户服务人员关键绩效指标的定义和特点；
(2) 理解客户服务绩效管理的目的；
(3) 熟悉客户服务绩效管理的流程；
(4) 理解客户服务绩效考核标准和客户服务人员关键绩效指标；
(5) 理解智能培训的概念和功能。

技能目标

(1) 具备目标管理的能力；
(2) 具备制订客户服务考核标准和客户服务人员关键绩效指标的能力；
(3) 能够根据客户服务绩效管理目标，及时调整和改进自己的工作；
(4) 能够根据实际，对客户服务绩效管理提出合理的建议；
(5) 能够根据企业实际，设计出符合企业实际的智能培训方案。

素养目标

(1) 爱岗敬业，团结协作；
(2) 培养工匠精神，开拓创新；
(3) 讲求实效，具有责任感和事业心。

思政园地：团结协作、共创和谐，用好客户服务绩效管理

绩效管理是指为了达到企业目标，企业各级管理者和员工共同参与绩效计划制订、绩效辅导沟通、绩效考核评价、绩效结果应用、绩效目标提升的持续循环过程。绩效管理不仅是促进企业和个人绩效不断提升的关键，更能为企业人员甄选提供基础，促进管理流程和业务流程优化，保证企业战略目标的实现，进而营造一种积极向上的和谐组织文化氛围。

任务一　认识客户服务人员绩效考核标准

绩效考核标准是绩效考核的依据和准绳，是绩效考核结果公平、公正的前提和保证。根据企业的实际，制订科学合理的绩效考核标准，不仅是营造积极向上的和谐企业文化氛围的需要，更是实现企业战略目标，进而在企业中实现“人尽其才，物尽其用，用见其效”的关键。

一、任务情境

（一）任务场景

佛山某外贸服务公司于 2017 年成立，主要经营范围为：为有进出口业务的企业办理业务接洽、签订合同、代理报检、代办证件和退税手续；开展财务咨询、经济与商务咨询、物流信息咨询服务。随着公司规模的不断扩大，公司客户服务与管理问题日益突出，客户服务人员抱怨绩效考核不公，考核标准随意，绩效考核甚至成了某些管理层拉帮结派、玩弄权术的手段。公司高层认识到了问题的严重性，于是决定重新规划和设计公司的客户服务绩效管理体系。

（二）任务布置

公司现决定由客户服务部结合公司的实际设计并实施一套行之有效的客户服务部绩效考核标准。具体任务内容如下：

(1) 明确客户服务绩效管理的目的；

(2) 构建客户服务绩效考核指标；

(3) 制订客户服务绩效考核标准。

二、任务准备

（一）知识准备

知识点：客户服务绩效管理　客户服务人员绩效考核标准

1. 客户服务绩效管理

客户服务绩效管理是指在客户服务这个完整系统中，企业、客户服务管理人员和客户服务人员全部参与进来，客户服务管理人员和客户服务人员通过沟通、激励的方式，将企业客户服务的战略、客户服务管理人员的职责、管理的方式和手段以及客户服务人员的绩效目标等基本内容确定下来，在持续不断沟通的前提下，客户服务管理人员帮助客户服务人员清除客户服务工作过程中的障碍，提供必要的支持、指导和帮助，与客户服务人员一起共同完成客户服务绩效目标，从而实现企业的远景规划和战略目标的过程。

1) 客户服务绩效管理的特点

(1) 完整性与系统性。

客户服务绩效管理是一个由企业、客户服务管理人员和客户服务人员共同参与的，将企业的客户服务战略目标层层分解并在客户服务与管理实践中加以落实的过程。实施客户服务绩效管理中最重要的工作是制定目标、沟通管理，同时还要具备绩效管理所必需的技巧与技能。否则，企业的客户服务绩效管理就是低层次水平的。企业必须系统地、战略地看待客户服务绩效管理。

(2) 目标明确。

客户服务绩效管理强调目标管理，“目标 + 沟通”的绩效管理模式被广泛提倡和使用。客户服务绩效管理要求目标明确，不仅客户服务人员要明白自己努力的方向，客户服务管理人员也要清楚如何更好地借助客户服务人员的目标对客户服务人员进行有效管理，提供支持和帮助。只有这样，客户服务管理人员和客户服务人员才会更加团结一致，共同致力于绩效目标的实现，共同提高绩效能力，更好地服务于企业的战略规划和远景目标。

(3) 突出沟通。

沟通在客户服务绩效管理中起着决定性的作用。制订客户服务绩效的目标需要沟通，帮助客户服务人员实现自己的绩效目标要沟通，绩效考核要沟通，分析原因寻求进步要沟通。总之，客户服务绩效管理过程就是客户服务与管理人员和客户服务人员持续不断沟通的过程。离开了沟通，企业的客户服务绩效管理将流于形式。客户服务绩效管理需要致力于全面提高客户服务管理人员的沟通意识，提高客户服务管理人员的沟通技巧，进而改善企业客户服务管理水平和客户服务管理人员的素质。

2) 客户服务绩效管理的流程

客户服务绩效管理的流程包括六个阶段，即制订客户服务绩效计划、编制客户服务绩效评估指标、对客户服务绩效评估人员开展培训、实施客户服务绩效评估、客户服务绩效评估结果的反馈沟通和客户服务绩效评估结果的应用。

第一阶段，制订客户服务绩效计划。

客户服务绩效计划是指客户服务绩效管理人员与客户服务人员共同讨论，就实现客户服务绩效目标的时间、责任、方法和过程进行沟通，以确定客户服务人员以什么样的流程、完成什么样的工作和达到什么样的客户服务绩效目标的一个管理过程。客户服务绩效计划主要包括两大部分，一是客户服务绩效管理实施的具体计划，二是客户服务绩效目标的确定。一般来讲，制订具体的客户服务绩效计划主要是对客户服务绩效管理的整个运作流程从任务上、时间上、方法上、宏观层面和微观层面上进行总体规划，如在哪一具体时间段开展什么工作以及由谁来做，做的具体效果要达到什么水平和层次等细节性问题。在制订具体的客户服务绩效计划时需要注意的是，客户服务绩效计划力求切实可行和细化，切忌高谈阔论，华而不实。

制订客户服务绩效目标，需要把握两个关键问题：一是制订的客户服务绩效目标要源自和支撑企业战略目标；二是尽量采用参与性的方法制订被广大客户服务人员认同的绩效目标。只有企业与客户服务人员双方认可的绩效目标，才能对客户服务人员产生实质性的激励和导向作用。制订一个可行的客户服务绩效目标一般要做好三方面的工作：一是弄清企业未来一段时间内的战略目标；二是弄清楚客户服务部门和客户服务岗位的职责；三是要知晓企业和客户服务部门内外部环境。

第二阶段，编制客户服务绩效评估指标。

编制客户服务绩效评估指标即制订客户服务绩效考核标准，编制客户服务绩效评估指标可采用 SMART 的原则进行设定。所谓 SMART 原则，即目标必须是具体的(Specific)，目标必须是可以衡量的(Measurable)，目标必须是可以达到的(Attainable)，目标必须和其他目标具有相关性(Relevant)，目标必须具有明确的截止期限(Time-based)。SMART 原则是为了有利于员工更加明确高效地工作及方便管理者将来对员工实施绩效考核，从而制订相应的考核目标和考核标准时所应遵循的根本原则。SMART 原则不仅使考核更加科学化、规范化，而且还能保证考核的公正、公开与公平。

SMART 原则具有以下五层含义：

SMART 原则

(1) 明确性 S(Specific)。明确性就是要用具体的语言清楚地说明要达成的目标标准，要切中特定的工作指标，不能笼统。例如，目标如果表述为“增强客户意识”，这一目标表述就很不明确。实践中，增强客户意识的做法很多(如提升服务速度、降低投诉率、规范服务流程等)，不明确考核时就没办法评判、衡量。因此，不妨将其表述为“在月底前将客户投诉率降到 1%”。

(2) 可衡量性 M(Measurable)。可衡量性是指绩效指标是数量化或者行为化的，是实实在在的，可以证明和观察的；验证这些绩效指标的数据或者信息是可以获得的，并且有一组明确的数据作为衡量是否达成目标的依据。

(3) 可实现性 A(Attainable)。可实现性是指目标是可以让执行人实现、达到的。这要求绩效指标在付出努力的情况下可以实现，避免设立过高或过低的目标。

(4) 相关性 R(Relevant)。目标的相关性是指实现此目标与其他目标的关联情况。如果实现了这个目标，但与其他的目标完全不相关，或者相关度很低，那这个目标即使达到了，意义也不是很大。

(5) 时限性 T(Time-based)。时限性是指目标是有时间限制的。绩效指标是应在特定期限内完成的，首先坚持能够量化的指标一定要量化，不能量化的指标切勿勉强量化。指标量化固然能够使评估结果更加客观、准确，但若是将有些不能量化的指标勉强量化，不仅难以获取准确的信息，反而会使整体绩效评估效果降低。

SMART 原则的实施要求如下：

(1) 明确。将明确性落到客户服务绩效管理的绩效考核之中，即绩效考核目标的设置要有项目、衡量标准、达成措施、完成期限以及资源要求，使考核人员能够很清晰地看到部门或班组计划要做哪些事情，计划完成到什么样的程度。

(2) 量化。实践中，绩效的衡量标准应遵循“能量化的量化，不能量化的质化”。制订人与考核人应有一个统一的、标准的、清晰的可度量的标尺，杜绝在目标设置中使用形容词等概念模糊、无法衡量的描述。对于目标的可衡量性应该首先从数量、质量、成本、时间、上级或客户的满意程度五个方面来进行，如果仍不能进行衡量，可考虑将目标细化，细化后再从以上五个方面衡量，如果仍不能衡量，还可以将完成目标的工作进行流程化，通过流程化使目标可衡量。

(3) 适度。在客户服务绩效管理的绩效考核中，绩效考核目标设置要坚持员工参与、上下左右沟通，使拟定的工作目标在组织及个人之间达成一致。工作内容既要饱满，也要具有可达性。可以制订出跳起来“摘桃”的目标，不能制订出跳起来“摘星星”的目标。

(4) 相关。相关工作目标及绩效考核指标的设定应与岗位职责相关联，不能跑题。例如，考核客户服务专员的英语水平，因为外贸服务公司的客户服务专员在为客户服务时用得上英语，其英语水平和其客户(尤其是说英语的客户)服务质量有关联，所以提高客户服务专员的英语水平与提高客户服务专员的客户服务水平这一目标直接相关。但如果让客户服务专员学习会计技能，这一目标与提高客户服务专员的客户服务水平这一目标的相关度就非常低了。

(5) 限时。时限性的实施要求是目标设置要具有时间限制，根据工作任务的权重、事情的轻重缓急拟定出完成目标项目的时间要求，定期检查项目的完成进度，及时掌握项目进展的变化情况，以方便对下属及时进行工作指导，以及根据工作计划的异常情况变化及时地调整工作计划。

第三阶段，对客户服务绩效评估人员开展培训。

绩效评估是一项非常重要的工作，又是一项容易受人为因素干扰的工作。为了保障绩效评估反馈的信息真实可靠，我们有必要对客户服务绩效评估人员开展相关培训，使他们能够以高尚的职业道德和较高的工作技能，实事求是地推进绩效评估工作。

对客户服务绩效评估人员开展培训的第一步是对客户服务绩效评估人员的界定。所谓客户服务绩效评估人员，就是指参与企业客户服务绩效评估工作的相关组织成员。具体来讲，有六大类客户服务绩效评估人员：直接上级、同级同事、直接下属、被考核者本人、服务对象、外聘的考核专家或顾问。只有明确界定了客户服务绩效评估人员，才能有针对性地开展评估培训工作。培训的内容主要是职业道德和绩效考核工作技能。其中，职业道德的培训是指通过利害关系的学习和认知来塑造评估人员负责的工作态度和工作精神；绩效考核工作技能培训主要是让评估人员懂得如何选用评价工具，如何把握评价标准以及如何解读企业的有关政策。

第四阶段，实施客户服务绩效评估。

实施客户服务绩效评估这个阶段是整个绩效管理的关键。因为实施的效果如何将直接关系到所得出的绩效评估结果的公正性，进而关系到依据评估结果所制订的人力资源管理的政策的正确性和可操作性。就评估的实施来讲，应注意做好以下两方面的工作：

(1) 选择恰当的绩效考核方法。绩效考核方法合适与否，将直接影响到绩效考核结果的公平、公正。因此，在拟定了客户服务绩效考核指标之后如何选择合适恰当的方法，以保证获取真实可靠的绩效考核信息仍是需要重点把握的问题。

(2) 加强监督控制。绩效考核实施过程的监督控制问题，重在防御实施细节偏离绩效计划。

第五阶段，客户服务绩效评估结果的反馈沟通。

在向客户服务人员反馈绩效评估结果之前，应及时与客户服务人员进行正式有效的沟通，共同商讨存在的问题和制订相应的对策。开展反馈沟通的实质是增强组织人文关怀和凝聚力与实现企业目标互惠。绩效反馈面谈既表达了组织对客户服务人员的关心，增强了客户服务人员的归属感和工作满意度，也有利于帮助客户服务人员查找绩效不佳的原因，帮助客户服务人员制订下一周期的绩效计划，从而提高客户服务人员绩效，推动客户服务人员个人职业生涯的发展。反馈沟通绩效时应注意以下问题：

(1) 沟通对象的分类。实施反馈沟通的第一步就应依据考评表和考评结果所反映出的信息，将沟通对象从横向层次和纵向层次展开分类。

(2) 绩效沟通的总目标和分目标的定位。绩效沟通的总目标是通过与客户服务人员开展沟通来提高客户服务人员的工作绩效，从而带动企业战略目标的达成。而绩效管理的分目标实际上也就是针对每次具体沟通所拟定的一个沟通期望。如通过这次沟通，我要向客户服务人员传递什么信息，沟通之后要达成怎样的沟通效果等一些较为具体详细的目标。但要注意的是，分目标的确立一定要有针对性，要从评估表和工作分析表中提炼出依据性信息。

(3) 全面解读绩效评估结果。解读绩效评估结果应回答四个问题：一是沟通对象应该做什么；二是沟通对象已经做了什么；三是沟通对象为什么会得到这样的考评结果；四是沟通对象应该朝什么方向改进。

(4) 选择合适的场所和时机。恰当的沟通时机一般应选择在双方都认可的并有空闲的时间段进行。舒服愉悦的沟通环境应该是使沟通能够不受干扰(如无人员的进出、无电话铃声等)的环境。

(5) 制订沟通提纲。沟通提纲分为两类：一类是沟通计划，主要是对沟通全过程的一个事先安排，如什么时候开展沟通，在哪里进行沟通，沟通应由哪些人员参加等；另一类就是面谈提纲，主要是细化到对一个具体沟通对象的沟通安排，如问什么样的问题，如何记录，首先问哪些问题等。制订沟通提纲要注意有针对性和有选择性，一方面要使绩效沟通达到好的效果，另一方面又要注意沟通的效率。

第六阶段，客户服务绩效评估结果的应用。

客户服务绩效评估结果的应用主要集中在两方面：一方面是绩效奖惩，如客户服务人员工资的调整，相关人员的职位晋升或惩戒，发放绩效奖金等；另一方面就是绩效提升，企业需要通过绩效评估结果所反映出的问题制订服务于下一周期的绩效改善计划。就二者的关系来讲，二者相辅相成，互相促进和发展。绩效评估结果的应用即绩效激励，绩效激励主要是采用正激励与负激励相结合的策略，坚持做到应奖励的人员给予重点奖励，应惩罚的人员大力惩罚的公平原则，避免步入奖惩无效的境地。

3) 客户服务绩效管理的实施原则

(1) 关键性原则。客户服务绩效管理是整个客户服务人力资源管理的关键，其实施的效果将直接影响到企业客户服务人力资源管理其他工作的开展。客户服务绩效管理工作基本上可以被称为承前启后的一项工作。它既是对客户服务人员前阶段的工作成绩的一次评价，又直接为后阶段客户服务人员的培训、薪酬福利的发放、客户服务人员个人职业生涯的发展和企业文化的建设等提供客观参考依据。客户服务绩效管理如何实施、实施的效果如何也关系到整个客户服务人员人力资源管理系统的有效运转。企业管理人员要想发挥客户服务人力资源管理系统应有的强大功能，首先就要将客户服务绩效管理定位为客户服务人力资源管理的关键，采取谨慎和负责的态度操作客户服务绩效管理的每一环节。

(2) 目标达成原则。客户服务绩效管理的目标不是客户服务绩效考核，而是整个组织整体战略目标的达成。客户服务绩效管理相对于组织整体战略目标而言，只是一种重要的手段，而非一种管理目标。任何管理活动的开展都是为了实现组织的战略目标，绩效管理也不例外。因此，客户服务绩效管理不能仅停留在对客户服务人员的考核和评估上，而应发展到客户服务绩效改善，将客户服务绩效管理当作实现组织战略目标的重要工具，运用这个工具促使组织客户服务人员改进客户服务工作绩效，从而提高整个企业的运转绩效，促成企业战略目标的实现。

(3) 注重过程原则。客户服务绩效管理既要注重结果，也要注重过程。也就是说，客户服务绩效管理人员一方面要重视客户服务绩效考核结果的运用，另一方面也要注意对实施过程的监控。因为客户服务绩效管理追求的不是客户服务人员前阶段的工作的业绩如何，而是通过实施客户服务绩效管理来促进客户服务人员绩效管理的改进。影响客户服务人员绩效改进的因素是很多的，既包括客观因素，也包括主观因素。通过绩效管理实施过程中的各个环节，及时准确了解组织中存在的问题和对客户服务绩效管理过程进行监控，并不断与客户服务人员沟通和协调，力争使客户服务绩效评估反馈的结果真实、准确和可靠。

(4) 文化匹配原则。客户服务绩效管理的导入要注重与企业文化相匹配。企业文化就是指企业内绝大多数企业成员的行为作风和认可的价值观念以及行为规范。企业文化深入企业环境中的每一个角落。在引进先进的客户服务绩效考核方式、评估指标来制定客户服务绩效管理制度时，必须考虑本企业的文化，仔细斟酌和鉴别拟定的客户服务绩效管理制度是否与本企业的文化相协调。若是二者不相兼容，那企业最好重新从本企业的实际出发制定客户服务绩效管理制度，否则一味强制推行反而会导致事倍功半。

(5) 公开与全员参与原则。客户服务绩效管理的实施要坚持公开透明和全员参与的原则。客户服务绩效管理只是一种管理手段，不具有什么神秘性。实践中，有些企业在实施绩效管理时采取非透明化的操作，人为因素干扰太大；同时将客户服务绩效评估的结果与被评估对象的薪酬和职务的升降密切关联。这一方面导致一些人对客户服务绩效管理充满恐惧感，另一方面又导致一些人对客户服务绩效管理的实施采取漠然的态度，认为绩效管理的实施只是相关管理人员的事，自己充其量不过是一个被动的被考核者。然而，从本质上来讲，客户服务绩效管理必须坚持公开原则和全员参与原则，客户服务绩效管理的实施只有坚持了公开透明，让全体客户服务人员参与到客户服务绩效管理中来，才是真正意义上的客户服务绩效管理。

2. 客户服务人员绩效考核标准

客户服务人员绩效考核不可能对客户服务人员的所有行为都进行评价考核，即很难做到面面俱到，因此要抓住重点与关键指标，用数量合适的指标来反映员工的绩效模式。

1) 客户服务绩效考核标准制订的方法

常用的客户服务绩效考核标准制订方法有：量表等级评分法、目标考核法、工作标准法、关键事件法、360° 评估法、评语法、强迫选择法等。实践中，企业应根据自身实际，结合自身客户服务工作的特点选择其中一种或几种方法，制订出符合企业需要的、有自身特色的、行之有效的客户服务绩效考核标准。

2) 客户服务绩效考核标准的特征

(1) 客户服务绩效考核指标应与企业的战略目标相一致。在客户服务绩效考核指标的拟定过程中，首先应将企业的战略目标层层传递和分解，使企业中每个职位被赋予战略责任，每个员工承担各自的岗位职责。客户服务绩效管理是战略目标实施的有效手段，客户服务绩效管理指标应围绕企业战略目标逐层分解，而不应与战略目标的实施脱节。只有当客户服务人员努力的方向与企业战略目标一致时，企业整体的绩效才可能提高。

(2) 客户服务绩效考核指标应突出重点。抓关键不要空泛，即要抓住关键客户服务绩效指标。通常，指标之间是相关的，有时不一定要面面俱到，通过抓住客户服务关键业绩指标，将客户服务人员的行为引向组织的目标方向。指标一般控制在 5 个左右，太少可能无法反映职位的关键绩效水平；但太多太复杂的指标只能增加管理的难度和降低客户服务人员满意度，对客户服务人员的行为无法起到引导作用。

(3) 客户服务绩效考核指标应素质和业绩并重。重素质，重业绩，二者不可偏废。过于重“素质”，会使人束手束脚，过分重视个人行为和人际关系，不讲实效，而且妨碍人的个性、创造力的发挥，最终不利于组织整体和社会的发展。过于重“业绩”，又易于鼓励人的侥幸心理，令人投机取巧、走捷径、急功近利、不择手段。一套好的考核指标，必须在“业绩”和“素质”之间安排好恰当的比例。应该在突出业绩的前提下，兼顾对素质的要求。

(4) 客户服务绩效考核指标重在“适”字。客户服务绩效考核指标是根植在企业本身“土壤”中的，是非常个性化的。不同行业、不同发展阶段、不同战略背景下的企业，客户服务绩效考核的目的、手段、结果运用是各不相同的。客户服务绩效考核指标要反映绩效，关键并不在于考核方案多么高深精准，而在乎一个“适”字。现在的“适”，不等于将来永远“适”，必须根据企业的发展、根据企业的战略规划要求，适时做出相应调整，才能永远适用。

3) 客户服务绩效考核标准的作用

(1) 导向作用。客户服务绩效管理的导向作用主要体现在客户服务绩效考核标准的导向作用，客户服务绩效考核标准为客户服务人员明确了其客户服务工作目标，进而指导客户服务人员的客户服务工作。

(2) 约束作用。客户服务绩效考核标准常常会明确告诉客户服务人员哪些事应该做，所做的工作是否与绩效考核标准相符合，从而约束客户服务人员日常行为以及调整客户服务工作重点和目标。

(3) 凝聚作用。一旦客户服务绩效考核标准确定，客户服务人员就会利用各种资源、凝聚一切可利用的力量来实现和完成绩效目标，这可以把大家凝聚在一个共同的目标和方向下。

(4) 竞争作用。客户服务绩效考核标准设定了客户服务人员通过努力工作才能完成的目标，明确了客户服务人员努力的方向，这样就提供了客户服务人员之间、部门之间、企业与外部之间竞争的目标和对比标准，使客户服务人员为完成客户服务绩效考核而互相竞争。

3. 相关法律法规

本任务涉及的相关法律法规包括《中华人民共和国劳动法》《中华人民共和国劳动合同法》等。

(二) 操作准备

(1) 理解客户服务绩效管理和客户服务绩效考核标准的含义；
(2) 熟悉客户服务绩效管理的特点和流程；
(3) 掌握客户服务绩效考核标准制订原则，即 SMART 原则；
(4) 懂得如何有效制订客户服务绩效考核标准；
(5) 熟悉公司相关的规章制度，具有爱岗敬业、精益求精的职业精神。

(三) 任务要领

1. 以战略为导向设计客户服务绩效考核标准

客户服务绩效考核标准来自对公司战略目标的分解，是对公司战略目标的进一步细化和发展。也就是说客户服务绩效考核标准是公司战略目标的有效组成部分或支持体系，它所衡量的职位以实现公司战略目标的相关部分为自身的主要职责。如果客户服务绩效考核标准与公司战略目标脱离，则它所衡量的职位的努力方向也将与公司战略目标的实现产生分歧。

2. 以工作分析为基础设计客户服务绩效考核标准

工作分析是一切人力资源管理工作的基础，是设计绩效考核指标的基础依据。根据客户服务绩效考核目的，对客户服务人员的岗位工作内容、性质以及完成这些工作所具备的条件等进行研究和分析，了解客户服务人员在该岗位工作时应达到的目标、采取的工作方式等，初步确定绩效考核的各项要素。

3. 基于综合业务流程设计客户服务绩效考核标准

客户服务绩效考核标准必须在流程中去把握。根据被考核对象在流程中所扮演的角色、承担的责任以及同上游、下游之间的关系，来确定衡量其工作的绩效考核标准。并且，如果流程存在问题，还应对流程进行优化或重组。否则，客户服务绩效考核标准即使设计出来了，也难以实现其预期的目标。

三、任务实施

(一) 任务流程

客户服务人员绩效考核标准业务流程如图 8-1-1 所示。

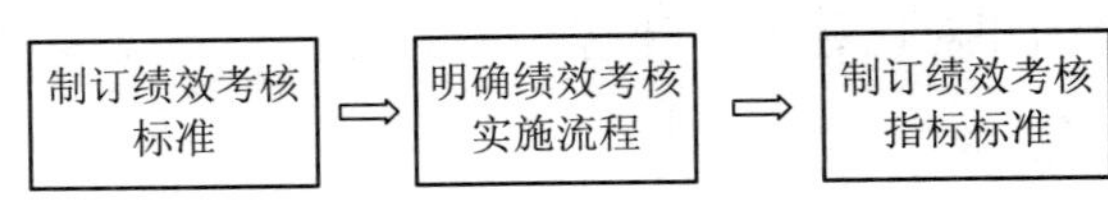

图 8-1-1　客户服务人员绩效考核标准业务流程

客户服务人员绩效考核标准业务流程说明如表 8-1-1 所示。

表 8-1-1　客户服务人员绩效考核标准业务流程说明

工作序号	工作任务	操作指导	注意事项	备注
1	制订绩效考核标准	根据企业总目标，制订可实现的客户服务绩效考核目标；根据 SMART 原则制订包含工作表现、工作态度、敬业精神、互助合作等内容的部门目标或个人目标；制订内容全面，所列岗位与企业、部门目标一致的岗位说明书；选择符合本企业的企业文化、管理方式和经营理念的考核方法；制订合理的绩效考核周期，明确考核范围；考核前后与客户服务人员充分沟通，得到客户服务人员的认可或达成一致；等等	立足企业实际，有利于企业总目标的实现，部门目标或个人目标要与实现目标的关键绩效指标相互对应，指标内容要全面，确保考核的公平、公正，注意与被考核的客户服务人员进行有效沟通	客户服务部门根据企业总目标制订客户服务部门目标，客户服务部门内各部门或小组根据客户服务部门目标制订各部门或小组目标，客户服务人员根据自己所在部门或小组的目标制订自己的个人目标
2	明确绩效考核实施流程	明确绩效考核体系建设标准；制订绩效考核实施流程	立足企业战略目标，及时汇总，依次确定，与被考核的客户服务人员进行有效沟通	客户服务人员、客户服务部门主管、人事部门协同合作，共同完成
3	制订绩效考核指标标准	以科学的理论为依据，设计严谨、科学的客户服务绩效指标体系；制订能全面体现工作环节，能全面、客观地描述被考核对象的绩效指标；从企业最高层向各个部门和职位层层分解绩效考核指标；征求客户服务人员意见，取得第一手资料；绩效考核指标初步确定后，及时与各部门客户服务人员沟通，形成正式的考核方案	设计绩效考核指标时应使用定量、定性相结合的方法，能量化的尽量量化，评价结果要可度量、有依据，考核绩效指标应及时征求客户服务人员的意见，绩效指标要可控	根据 SMART 原则来设定

(二) 任务操作

1. 制订绩效考核标准

客户服务人员绩效考核标准是绩效考核的依据，是客户服务人员绩效考核有效性的关键。制订客户服务人员绩效考核标准应注意做好以下十点：

(1) 客户服务人员绩效考核目标与企业总目标相一致，并服务于企业的战略目标，具有可实现性。

(2) 客户服务部门目标的分解具有科学性、有效性，符合 SMART 原则；客户服务人员绩效考核范围应覆盖全体客户服务人员。

(3) 客户服务部门或客户服务人员的个人目标与实现目标的关键绩效指标相互对应，指标内容覆盖客户服务人员的工作表现、工作态度、敬业精神、与同事之间的交流配合等。

(4) 岗位说明书所包含的内容全面，所列岗位与企业、部门目标一致，包括职位名称、所属部门、直属上级、薪资等级、填写日期、审核人、职位概要、岗位责任、评价标准、工作条件、任职资格及晋升方向等。

(5) 客户服务人员绩效考核的方法要与本企业的企业文化、管理方式和经营理念相符。

(6) 根据岗位特点合理制订客户服务人员绩效考核的周期；考核内容完整、全面，能在规定时间内完成考核。

(7) 对客户服务人员进行绩效考核前应与其进行沟通，得到其认可。

(8) 客户服务人员绩效考核应坚持公平、公正的原则，考核客观可行。

(9) 对客户服务人员进行绩效考核后应将考核的结果及时反馈给被考核的客户服务人员，并与对考核结果有异议的客户服务人员进行沟通，及时改进考核方法，与被考核的客户服务人员达成一致。

(10) 及时改进客户服务人员绩效考核过程中发现的问题，逐步完善客户服务人员绩效考核方法。

2. 明确绩效考核流程

1) 明确客户服务人员绩效考核体系建设标准

(1) 明确企业的战略目标，实施绩效管理是为了实现企业的战略目标，确保客户服务人员绩效考核目标与企业战略目标相一致。

(2) 界定关键绩效指标。以企业的战略目标为基础，在客户服务部门进行分解、细化，分析实现客户服务部门目标的关键绩效指标。

(3) 设计绩效考核内容。对客户服务部门的岗位进行岗位分析，撰写岗位说明书，详细说明岗位的工作要求、工作内容、工作职责，并以此作为客户服务人员绩效考核的重要依据。

(4) 明确考核方式和周期。客户服务部门及时汇总客户服务人员绩效考核指标，依次确定客户服务人员考核方式、考核范围以及考核周期，然后由企业相关部门进行审核。

(5) 沟通反馈。客户服务人员绩效考核方案确定后，由各客户服务部门负责人将客户服务人员绩效考核目标及指标设立、考核方法与本部门客户服务人员进行沟通，以确保考核工作的顺利进行。

2) 客户服务人员绩效考核实施流程

(1) 发放考核问卷，由客户服务人员、客户服务部门主管同时进行评价并及时收回。

(2) 上交考核结果，由企业人事部门综合考核结果，划分员工考核等级。

(3) 与被考核的客户服务人员进行沟通，及时解答客户服务人员关于考核结果的疑问或异议，并提出相应的措施，以进一步完善客户服务人员绩效考核方案等。

(4) 征求被考核的客户服务人员的意见，对绩效考核结果没有异议后，确认绩效考核结果，并依据绩效考核结果对相关员工采取调整薪酬、晋升及培训等奖惩措施。

(5) 调查并解决客户服务人员绩效考核中出现的问题，改善客户服务人员绩效考核体系。

3. 制订绩效考核指标标准

根据客户服务人员绩效考核目标和标准，制订详细且具体的绩效考核指标标准，以确保客户服务人员绩效考核具有可衡量性。制订客户服务人员绩效考核指标标准需要做好以下六点：

(1) 以科学的理论为依据，设计严谨、科学的，能全面体现客户服务工作环节尤其是关键环节的客户服务人员绩效考核指标体系。

(2) 从企业总目标出发，明确企业总的战略目标和业务重点，从企业最高层向各个部门和职位层层分解，确保客户服务人员考核指标与企业总目标及客户服务部门的部门目标的一致性。

(3) 客户服务人员绩效考核指标体系设置要简单明了，尽量用数量相对较少的指标涵盖更多方面的考核内容，以便既保证客户服务人员绩效考核工作的有效性，又能避免过于繁杂。

(4) 使用定量与定性相结合的方法设计可控的客户服务人员绩效考核指标。客户服务人员绩效考核指标能量化的尽量量化，确保客户服务人员绩效考核结果是可靠的、可度量的、有依据的。

(5) 在客户服务人员绩效考核指标方案初步设定时，要及时征求客户服务人员的意见，取得第一手资料。

(6) 客户服务人员绩效考核指标初步确定后，及时与各部门客户服务人员沟通，听取客户服务人员的意见，完善改进指标，进而形成正式的客户服务人员绩效考核方案。

四、任务评价

客户服务人员绩效考核标准任务评价如表 8-1-2 所示。

表 8-1-2　客户服务人员绩效考核标准任务评价表

任 务 清 单	完成情况
查阅客户服务人员绩效考核标准案例	
查阅相关法律法规	
分析客户服务绩效管理	
分析客户服务人员绩效考核指标	
分析如何制订客户服务人员绩效考核指标	
尝试结合公司实际，初步编制客户服务人员绩效考核方案	

知识拓展

客户服务人员绩效管理工作流程

任务二　设计客户服务人员关键绩效指标

关键绩效指标是一种企业目标式量化管理指标。立足企业实际，将企业总目标自上而下层层分解落实，常常是关键绩效指标体系形成的通用流程。效益、运营和质量目标是三大关键绩效指标。

一、任务情境

(一) 任务场景

佛山某外贸服务公司于2017年成立，主要经营范围包括：为有进出口业务的企业办理业务接洽、签订合同、代理报检、代办证件和退税手续；开展财务咨询、经济与商务咨询、物流信息咨询服务。为进一步提高公司客户服务人员客户服务工作的效果和效率，进而吸引和留住更多、更好的客户，公司决定重新规划和设计公司的客户服务绩效管理体系。在设计公司的客户服务绩效管理体系过程中，为了保证客户服务人员绩效考核的公平、公正，就客户服务人员关键绩效指标问题在公司内广泛征询意见。

(二) 任务布置

现请客户服务部门在前期意见征询结果的基础上，完成设计客户服务人员关键绩效指标的相关事宜。具体任务内容如下：

(1) 明确关键绩效指标的设定原则。

(2) 掌握关键绩效指标如何设计。

(3) 结合公司实际，设计客户服务人员关键绩效指标。

二、任务准备

(一) 知识准备

知识点：关键绩效指标(KPI)　客户服务人员关键绩效指标

1. 关键绩效指标(KPI)

1) 关键绩效指标的定义与特征

关键绩效指标(KPI)是对公司及组织运作过程中关键成功要素的提炼和归纳。关键绩效指标是衡量企业内部流程的一种目标式量化管理指标，是把企业的战略目标分解为可操作的工作目标的工具，是企业绩效管理的基础。关键绩效指标的设立可以使部门主管明确部门的主要责任，并以此为基础，明确部门人员的业绩衡量指标。建立切实可行的关键绩效指标体系，是做好绩效管理的关键。关键绩效指标是用于衡量员工工作绩效表现的量化指标，是绩效管理的重要组成部分，关键绩效指标具有以下三个特征：

(1) 将员工的工作与公司远景、战略相互连接，层层分解，层层支持，使每一名员工的个人绩效都与公司的整体效益直接挂钩。

(2) 保证员工的绩效与内外部客户的价值相连接，共同为实现客户的价值服务。

(3) 员工绩效考核指标的设计基于公司的发展战略与流程，而非岗位的功能。关键绩效指标少而精，是可控与可管理的。在设计关键绩效指标的时候，必须符合 SMART 原则。

SMART 原则是指设计的关键绩效指标应该是具体的、可衡量的、可行的、相关的和具有时限性的。

- 关键绩效指标必须是具体的，以保证其明确的导向性；
- 关键绩效指标必须是可衡量的，必须有明确的衡量指标；
- 关键绩效指标必须是可以达到的，不能因指标无法达成而使员工产生挫折感，但这并不否定其应具有挑战性；
- 关键绩效指标必须是相关的，它必须与公司的战略目标、部门的任务及职位职责相联系；
- 关键绩效指标必须是以时间为基础的，即必须有明确的时间要求。

2) 关键绩效指标的设计思路

(1) 确定部门或个人业务重点，确定哪些个体因素或组织因素与公司相互影响。

(2) 确定每一职位的业务标准，定义成功的关键因素，即满足业务重点所需要的策略手段。

(3) 确定关键绩效指标，确定判断一项绩效标准是否达到的实际因素。

3) 关键绩效指标的分解与落实

对于关键绩效指标可量化的员工，其关键绩效指标常常可根据其岗位工作职责来分解与落实。对于关键绩效指标难以量化的员工，如人力资源管理者、行政管理者、财务管理者，其关键绩效指标的确定难度相对大一些，但也并不是无法实现的。这类人员的关键绩效考核指标来源于：

(1) 职位职责中的关键责任；

(2) 对上级绩效目标的贡献(通过对公司目标或部门目标自上而下分解确定)；

(3) 对相关部门绩效目标的贡献(从横向流程分析，确定其对相关流程的输出)。

这类人员的关键绩效指标可以通过对其考核周期内的工作任务或工作要求的界定来实现，至于其衡量指标可以通过时间来界定，从实质上讲，被时间所界定的工作任务或工作目标也是定量指标。只要我们能够对员工的工作任务或工作目标作出明确的说明，同时提出明确的时间要求，这些关键绩效考核指标就可以被分解和落实。

在关键绩效指标的分解与制定过程中，各级管理者应承担起绩效管理的责任，由各级管理者来分解与制定其下属的关键绩效指标，而人力资源部门在这一过程中则提供专业咨询与服务。

4) 关键绩效指标如何设计

(1) 基于流程的沟通。召集相关成员共同开会讨论，专家组整理汇总出相应的KPI。讨论沟通过程是一个平衡与互相制约的过程。由参与企业整体工作流程的相关人员共同讨论各个部门人员的 KPI，只有在流程上下游的部门才知道最应该考评的这个部门的关键环节，由他们来担当裁判，分别对每个部门的KPI进行评价与平衡，可以保证KPI的相对公平性。通过这种开放式、多角度、多思维的讨论确定各个部门的 KPI，以保障企业战略发展目标的顺利实现。

(2) 基于部门的沟通。由专家组成员分别与各个部门负责人(或者部门全体成员)就初步提出的KPI进行沟通，征求部门的意见，并将沟通成果整理汇总。在考评体系建立及指标确定过程中与部门进行沟通，有利于增强部门的责任心与部门成员的满意感。在沟通过程中，重点是需要与部门确定考评指标的可行性及必要性。对一些需要考评但信息来源困难或难以衡量的KPI，需要用其他的指标来代替或者采用绩效管理系统来采集数据。

(3) 树立标杆。由专家组整理出不同职系部门的标杆KPI，专家组根据部门讨论结果，选取相对合理、比较完善的一两个部门作为标杆。对于不同的职系，需要分别选出一个标杆，例如，对于职能管理部门，选取一个KPI相对最好的部门作为标杆；对业务型部门，同样选取一个相对最优的部门KPI作为标杆。

(4) 协商一致。参照标杆部门 KPI，由部门主管领导与部门负责人协商确定本部门的KPI。标杆部门 KPI 实际上是企业对部门绩效考核的导向，而由主管领导与部门负责人参照标杆共同协商本部门的 KPI，就是一个考评者与被考评者博弈的过程，这个协商过程有利于增强企业对部门工作行为及结果的导向。同时在沟通协商过程中，可以增进上下级的了解，达成对部门绩效考核的共识，为下一步部门绩效管理奠定良好的基础。

(5) 高层审核。高层领导班子成员，即企业绩效考核委员会在企业范围内讨论确认各个部门的KPI，在各个部门与主管领导协商确定了KPI的基础上，召开企业层面的高层班子成员会议对各个部门KPI进行讨论，这是在企业层面对各个部门KPI全面性及平衡性进行审核的过程。高层审核过程要考虑以下问题：从企业整体利益角度出发来确定企业的所有战略发展目标是不是已经全部分解下去了，各个部门之间的KPI是否平衡，考评宽严度是否适当，各个部门的绩效考核是否遵循共同的价值导向，等等。在确认以上要求都得到满足后，部门KPI考评由公司层面高层班子成员审核通过，开始正式实施。

客户服务KPI的设定

2. 客户服务关键绩效指标

客户服务KPI即客户服务关键绩效指标，是衡量企业客户服务部门内部流程的一种目标式量化管理指标，是客户服务绩效管理的基础。客户服务KPI的设定可以使客户服务部门主管明确部门的主要责任，并以此为基础，明确客户服务部门人员的业绩衡量指标。客户服务KPI是衡量客户服务人员工作绩效表现的量化指标，是客户服务绩效管理的重要组成部分。

客户服务KPI通常包含效率指标、质量指标和运营指标三个方面。

1) 效率指标

(1) 沟通交流渠道数量。客户服务沟通交流渠道包括网络交流、电话交流、见面交流、语音自动服务等。统计客户服务人员沟通交流渠道数量，意在考核客户服务人员沟通交流效率，以及追踪和测评各种交流渠道本身的交流效率。

(2) 服务水平。服务水平包括服务响应时间、服务处理时间、服务准确性等内容。

(3) 首次问题解决率。为客户解决问题是客户服务的目的，客户出现问题并咨询企业客户服务人员时，都希望能够得到快速的解决，首次解决问题的程度及效率很大程度上决定了客户对企业的满意度。

2) 质量指标

(1) 客户满意度。客户满意度一定程度上反映出客户服务部门工作的质量，是一个关键的指标。

(2) 客户流失率。客户服务部门的服务质量会影响客户的忠诚度。客户流失率是一个定量的指标，虽然影响公司客户流失的因素很多，包括公司产品、公司人员流动等，但客户服务质量往往对吸引和留住客户起着相当重要的作用。

(3) 员工满意率。实践中，员工对工作、部门及企业的满意程度，将直接影响员工的工作热情，并进而影响客户服务质量和部门运营效率。

3) 运营指标

(1) 收入指标。收入指标主要适用于那些具有销售能力、能够产生收入的客户服务部门和人员。

(2) 成本指标。成本指标用于衡量目标成本的实现情况和成本计划指标的完成结果。成本指标是每个客户服务部门都应当注意和控制的指标，各部门应制订预算，并严格控制。

(3) 运营效率指标。运营效率是衡量企业在提供客户服务过程中资源利用和流程执行效率的重要指标。

3. 相关法律法规

本任务涉及的法律法规有《中华人民共和国劳动法》《中华人民共和国劳动合同法》《职工带薪年休假条例》《关于职工全年月平均工作时间和工资折算问题的通知》等。

(二) 操作准备

(1) 理解关键绩效指标。

(2) 掌握客户服务人员关键绩效指标。

(3) 能结合企业实际制定科学、合理、有效的客户服务人员关键绩效指标。

(三) 任务要领

1. 明确企业的战略目标

建立客户服务人员关键绩效指标的重点在于流程性、计划性和系统性。首先要做的是明确企业的战略目标，找出这些关键业务领域的关键绩效指标。

2．明确工作流程

部门负责人依据企业总体关键绩效指标分解出各部门的关键绩效指标，同时确定实现目标的工作流程，以便确定部门评价指标体系。

3．细分指标

各部门主管的客户服务人员将关键绩效指标进一步细分，分解成更细的关键绩效指标及各职位的业绩衡量指标，为客户服务人员工作考核提供依据。

4．设定评价标准

客户服务人员关键绩效指标体系确立后，还需要设定评价标准，即指标是从哪些方面来衡量的，还需要设定具体标准，明确客户服务人员在各个指标上分别应该达到什么样的水平。

5．审核关键绩效指标

确保关键绩效指标的综合可以用来评估绝大部分的工作目标，跟踪和监控这些关键绩效指标是否可以操作等。

三、任务实施

（一）任务流程

客户服务人员关键绩效指标业务流程如图 8-2-1 所示。

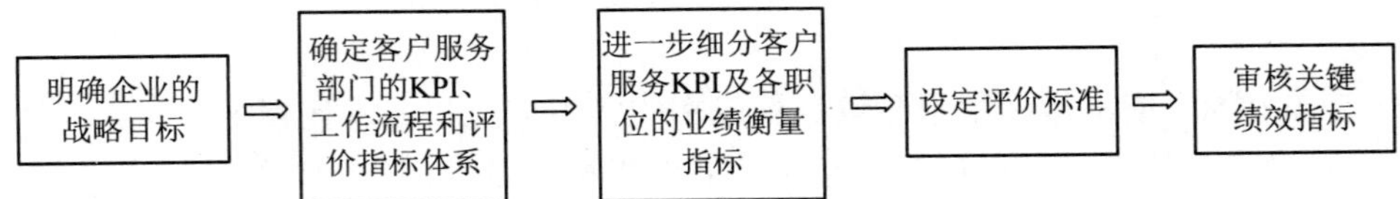

图 8-2-1　客户服务人员关键绩效指标业务流程

客户服务人员关键绩效指标业务流程说明如表 8-2-1 所示。

表 8-2-1　客户服务人员关键绩效指标业务流程说明

工作序号	工作任务	操作指导	注意事项	备　注
1	明确企业的战略目标	明确企业的战略目标；根据企业的战略目标找出客户服务关键业务领域的关键指标	客户服务关键业务领域的关键指标与企业战略目标一致，是企业战略目标在客户服务领域的体现	分解企业战略目标
2	确定客户服务部门的 KPI、工作流程和评价指标体系	依据企业总体KPI分解出客户服务部门的 KPI；确定实现本部门目标的工作流程；设立本部门评价指标体系	跟客户服务人员充分交流沟通	客户服务部门负责人负责完成

续表

工作序号	工作任务	操作指导	注意事项	备　注
3	进一步细分客户服务 KPI 及各职位的业绩衡量指标	部门员工将本部门 KPI 进一步细分，分解为更细的 KPI 及各职位的业绩衡量指标	客户服务人员关键绩效指标的设定一定要由被考核的客户服务人员参加，经全体被考核的客户服务人员同意	被考核的客户服务人员派代表参与制定并经全体被考核人员讨论通过
4	设定评价标准	明确衡量和评价所涉内容；设定具体标准；明晰各指标所应达到的等级水平	具体、明确、可操作性强、具有区分度	客户服务部门及客户服务人员共同讨论制定
5	审核关键绩效指标	审查与核实；调整与改进	实事求是；适时调整与改进	人事部门和客户服务部门协作完成

(二) 任务操作

1. 明确企业的战略目标

企业战略目标是企业各部门目标的集中体现，不仅为各部门目标指明了方向，还为其提供了标准和依据。只有明确企业的战略目标，企业的客户服务 KPI 才有据可依、有章可循。

2. 确定客户服务部门的 KPI、工作流程和评价指标体系

企业的总体 KPI 确定后，客户服务部门的负责人应依据企业总体 KPI 分解出客户服务部门的 KPI，同时确定实现本部门目标的工作流程，以便设立本部门评价指标体系。

3. 进一步细分客户服务 KPI 及各职位的业绩衡量指标

部门 KPI 确定后，部门员工将本部门 KPI 进一步细分，分解为更细的 KPI 及各职位的业绩衡量指标，从而为客户服务人员个人工作绩效考核提供依据。

4. 设定评价标准

设定相应的评价标准，即各指标应从哪些方面来衡量和评价，还需要设定具体标准，明确客户服务人员在各个指标上分别应该达到什么样的水平。

5. 审核关键绩效指标

为确保所设定的指标体系和评价标准可以用来评估绝大部分的客户服务工作的目标，以及跟踪和监控这些 KPI 是否有效，是否可操作等，还需要对这些 KPI 在实践中不断地进行审查和核实，并要根据实际对其进行适当的调整与改进。

四、任务评价

客户服务人员关键绩效指标任务评价表如表 8-2-2 所示。

表 8-2-2 客户服务人员关键绩效指标任务评价表

任 务 清 单	完成情况
查阅客户服务人员关键绩效指标案例	
分析客户服务人员关键绩效指标的含义	
分析客户服务人员关键绩效指标的构成	
分析客户服务人员关键绩效指标的制订流程	
结合公司实际，尝试制定客户服务人员关键绩效指标方案	

知识拓展

客户服务人员绩效考核方案——以电话客户经理考核为例

任务三 运用客户服务绩效考核结果——智能培训

智能培训的主要目的是通过提高员工的技能和知识水平，提高员工的工作效率和生产力，同时帮助企业更好地实现人才储备和人才培养。企业员工多种多样，其培训需要也不尽相同。智能培训通过大数据、人工智能等技术，为员工制订并实施个性化的培训，从而大大提高了培训的效果和效率。

一、任务情境

(一) 任务场景

惠州某外贸服务有限公司于 2020 年成立，主要为有进出口业务的企业代为办理业务接洽、签订合同、代理报检、代办证件和退税退费手续服务。随着公司业务的不断扩大，公司员工队伍迅速壮大。2022 年底公司对全体员工进行绩效考核，发现员工业务水平整体不错，但参差不齐。为了进一步提升员工的业务水平，公司决定根据绩效考核结果为员工提供有针对性的培训。

(二) 任务布置

为了确保培训的效果和效率，公司人力资源部现决定充分利用互联网、人工智能等现代技术，搭建一个能够为员工提供多样化、个性化的智能培训平台。具体任务内容如下：

(1) 明确公司智能培训的需求。

(2) 明确智能培训的功能和特点。

(3) 根据公司的实际，开发设计出一套能够充分满足公司员工需要的智能培训系统。

(4) 测试和完善智能培训系统。

(5) 培训员工合理使用智能培训系统。

二、任务准备

(一) 知识准备

知识点：智能培训

1. 智能培训的定义

智能培训是充分利用互联网、人工智能等现代技术开发设计的在线培训系统。智能培训作为在线培训系统，不仅能打破时空的限制，满足学习者随时随地学习的需要，更能让学习者根据自己的学习需要、学习能力等自主选择学习内容、学习进度等，从而能够较充分满足学习者多样化、个性化学习需要。并且，智能培训的资源是一次性上传且可以无数次反复使用的，因此，它还能最大限度减少人工培训的工作量，实现对培训场地和教师资源的合理安排，能够最大限度地利用教学资源。

智能培训的开发设计应根据客户的培训需求，定制系统功能，让系统完全适应客户的培训管理需求，让系统更人性化，操作起来简单容易，快速上手。

2. 智能培训的功能

智能培训的功能主要有课件管理、课程管理、培训计划、课程监控、虚拟课堂、数据分析。

(1) 课件管理。智能培训支持上传多种格式的学习课件，如 Word 文档、PPT 文档、PDF 文档、动画课程、音频等，课程资源丰富多样，能够较好地调动学习者的学习兴趣，帮助学习者更好地理解和掌握所学内容。

(2) 课程管理。智能培训可以根据需要自由地将一个或多个课件组成一个课程，可以设置课程时长，还可以通过课程的评定方式设置课后考试，因此，可以较好地满足学习者碎片化学习需要的同时及时反馈学习效果。

(3) 培训计划。通过智能培训，管理员可以把多个课程组成一个培训体系，规定培训中各课程的先后顺序、设定各课程允许参与的起止时间、培训参与对象、辅导老师等。智能培训通过培训计划设置可以较好地保证培训的针对性和系统性，进而提高培训的效果和效率。

(4) 课程监控。管理员可以通过智能培训监控台对学习者的培训活动进行实时监控，了解学习者的学习状态，回答学习者提出的问题以及设置课程讨论组。通过课程监控，管理员可以适时督促跟进。

(5) 虚拟课堂。培训系统为学习者提供了虚拟课堂功能，在虚拟课堂里学习者可以学习课件、做课堂笔记、发起并参与主题讨论、与教师或其他学习者互动交流、参与课程考试，课程结束时，学习者可以对课程作出相应的评价。

(6) 数据分析。为保证学习和考试安排的灵活性，智能培训可对学习者进行分组管理，能有效管理学习者各时间段的学习考核记录，通过对学习考试记录的统计分析，为培训管理提供数据支持。

3. 相关法律法规

本任务涉及的相关法律法规有《中华人民共和国劳动法》《中华人民共和国劳动合同法》《中华人民共和国个人信息保护法》《中华人民共和国网络安全法》《中华人民共和国数据安全法》《常见类型移动互联网应用程序必要个人信息范围规定》等。

(二) 操作准备

(1) 认识智能培训。

(2) 理解智能培训的功能。

(3) 能够根据企业及员工的需要自定义创建课程，搭建全流程培训体系。

(三) 任务要领

智能培训用于企业培训，为了确保培训的效果和效率，需要在智能培训系统中根据企业及员工的需要自定义创建课程，搭建全流程培训体系，以提高培训效率及员工的学习效果和效率。

1. 搭建流程化的课程培训体系

在设计企业培训计划之前，首先需要确定企业的培训需求和目标。接着根据企业的培训需求和目标在智能培训系统上搭建流程化课程培训体系，即上传课件→自定义创建课程→一键数智通知等操作。课程体系搭建好后，培训全流程自动化进行。搭建流程化课程培训体系时应注意确保所创建的课程符合企业的培训计划。

2. 制订个性化的培训计划

企业员工众多，不同部门、不同岗位、不同人员会有不同的培训需求和目标，因此，培训设计者应利用创建好的课程，搭建个性化的培训计划，并一键通知到对应的学习者。智能培训应能清晰地呈现出每位学习者的学习路径，学习者无须盲目选择课程，只需按照系统中的培训计划进行学习即可。

3. 适时评估和及时反馈

智能培训借助人工智能让学习者的教与学的数据可衡量。智能培训可以帮助企业跟踪学习者的学习进度，并提供了线上考试功能，能快速得出学习者的学习效果，从而可以根据学习者的学习情况及时调整和改进培训计划，以确保达到预期的效果和目标。

三、任务实施

(一) 任务流程

智能培训业务流程如图 8-3-1 所示。

图 8-3-1　智能培训业务流程

智能培训业务流程说明如表 8-3-1 所示。

表 8-3-1　智能培训业务流程说明表

工作序号	工作任务	操 作 指 导	注意事项	备　注
1	明确需求	明确企业的培训目标，根据企业的培训目标找准培训需求；学习者分组	培训目标应与企业战略目标一致；与各部门各岗位员工充分交流沟通	分解企业战略目标
2	搭建培训课程体系	依据企业的培训目标分解出各部门各岗位的培训目标和需求；根据各部门各岗位的培训目标和需求设置相应的课程；根据各部门各岗位的培训目标和需求设计各课程的学习内容、学习时长及配套考核等	课程知识体系自动化；学习内容模块化、碎片化；课程资源可反复使用；考核具有可统计性、可量化	资源管理
3	制订培训计划	企业培训负责部门根据选择偏好自主制订学习计划或在系统上选择特定的已经预先设定好的学习计划；学习者账户管理	因材施教，学习者可选择性强	系统配置
4	培训学习	学习者按学习计划自主学习；考核评价	培训内容碎片化；打破时空限制；满足个性化培训学习需要	批量维护
5	评估与反馈	自动记录学习者各时间段的学习考核情况；对学习考核记录进行统计分析；将统计分析结果可视化并形成相应的报表输出	有效记录，适时反馈；统计分析可视化强	学习记录管理

(二) 任务操作

1. 明确需求

立足企业实际，以企业整体战略目标为导向，明确企业各部门各员工的培训需求，是培训效果和效率的根本和保证。企业负责培训的相关部门可根据企业绩效考核的结果，与各部门各岗位员工充分交流沟通，以深入调查并准确把握员工的培训需求。将员工的培训需求进行分组分类，以利于后续课程的设置及学习、考核的灵活性安排。

2. 搭建培训课程体系

企业培训负责部门根据企业及员工的培训需求设置人事制度课程、业务相关课程及最新政策课程等相关培训课程，并根据企业员工的实际需要科学设计各课程的学习内容，包括知识点、文件、课件；明确学习时长，制订课程大纲，体现进度；设置配套考核既能检测培训学习成果又让管理员可视、可统计。为了充分满足学习者多样化、个性化的培训学习需求，课程资源应设置成可反复使用的形式。为了方便学习者学习，课程培训学习流程应自动化，即学习者一旦选择某一课程，即可自动生成学习内容和自主控制学习进度，从而完成相应的学习与考核。

3. 制订培训计划

智能培训中各企业培训组织部门可根据企业目标及培训需求自行制订培训计划。实践中，智能培训通常是按选择偏好来推荐生成学习内容并设定学习时长。选择偏好包括知识分类、业务方向、知识标签、所属专业、案例分类等。学习者可根据培训导师制订好的学习计划或经审核纳入公共池的学习计划进入学习。

4. 培训学习

智能培训的学习资源丰富，包括视频、音频、PDF 文档、PPT 文档等各类课程资源，学习形式多种多样。对于相关知识、技能的学习掌握，学习者既可以通过观看视频的方式进行，也可以通过查阅相关 PDF、PPT 等文档资料的形式进行，还可以通过答题的方式进行。如每日答题，学习者只需点击智能培训系统中的相关答题按键，即可进行每日答题，并通过相应的按键，获得相应的支持和帮助，以便对答题过程中发现的问题进行及时反馈。这种答题式培训不但能巩固专业知识，更能激发学习兴趣，进而提升学习效率。

5. 评估与反馈

在人工智能的帮助下，智能培训可适时记录学习者的学习轨迹，学习者和管理员能随时随地直观查看学习者培训考试情况，方便对学习者培训进行管理。并且，智能培训能利用人工智能、大数据技术有效管理学习者各时间段的学习考核记录，并对学习考核记录进行统计分析、可视化及数据挖掘，在此基础上自动生成报告并输出，从而为培训管理提供数据支持。

四、任务评价

智能培训任务评价表如表 8-3-2 所示。

表 8-3-2 智能培训任务评价表

任 务 清 单	完成情况
查阅智能培训案例	
分析智能培训系统的构成及功能	
分析智能培训业务流程	
查阅智能培训的发展趋势	
结合公司实际，尝试制订智能培训工作方案	

知识拓展

智能考勤

复习与思考

1. 什么是客户服务绩效管理？客户服务绩效管理具有什么特点？
2. 什么是 SMART 原则？SMART 的实施要求有哪些？
3. 如何有效制订客户服务绩效考核标准？
4. 什么是客户服务人员关键绩效指标？怎样制订客户服务人员关键绩效指标？
5. 什么是智能培训？智能培训有哪些功能？

课后练习

参 考 文 献

[1] 王鑫. 客户服务实务[M]. 2 版. 北京：高等教育出版社，2019.

[2] 李瑞丽，杜茜，沈婧，等. 客户服务与管理[M]. 北京：清华大学出版社，2021.

[3] 吕梁. 客户服务与管理(微课版)[M]. 北京：人民邮电出版社，2022.

[4] 杨明，刘春侠. 客户服务与管理[M]. 北京：高等教育出版社，2013.

[5] 中国就业培训技术指导中心. 客户服务与管理师(国家职业资格三级)[M]. 北京：中国劳动社会保障出版社，2011.

[6] 李文龙，徐湘江，包文夏. 客户关系管理[M]. 2 版. 北京：清华大学出版社，2020.

[7] 汤兵勇，雷铁. 客户关系管理[M]. 3 版. 北京：高等教育出版社，2015.

[8] 袁野. 互联网营销师实训教程[M]. 成都：西南财经大学出版社，2020.

[9] 杨莎莎. 销售团队管理常见问题清单[M]. 北京：地震出版社，2021.

[10] 吴智银. 社群营销与运营实战手册[M]. 北京：人民邮电出版社，2020.

[11] 张冠凤. 职业新赛道：互联网营销师成长攻略[M]. 北京：中国书籍出版社，2022.

[12] 钱文韬. 互联网营销师(中级工/四级)[M]. 北京：中国轻工业出版社，2022.

[13] 李艳华，张莉萍，张杰. 客户服务与管理[M]. 北京：中国人民大学出版社，2022.

[14] 李洁，张战杰. 呼叫中心客户服务与管理[M]. 北京：机械工业出版社，2020.

[15] 苏朝晖. 客户关系管理[M]. 2 版. 北京：高等教育出版社，2016.

[16] 王永贵，马双. 客户关系管理[M]. 2 版. 北京：清华大学出版社，2020.